本专著获2024年山西省高等学校教学改革创新项目"人工智能背景下高校英语教学改革研究与实践"（J20240902）资助出版

U0514736

基于博客语料库
汉语副词使用的性别差异研究

李二涛　著

On Gender Differences of
Chinese Adverbs Based on Blog Corpora

武汉大学出版社

图书在版编目(CIP)数据

基于博客语料库汉语副词使用的性别差异研究/李二涛著.—武汉:武汉大学出版社,2024.9
ISBN 978-7-307-23786-5

Ⅰ.基… Ⅱ.李… Ⅲ.汉语—副词—研究 Ⅳ.H146.2

中国国家版本馆 CIP 数据核字(2023)第 095108 号

责任编辑:邓　喆　　　责任校对:汪欣怡　　　版式设计:韩闻锦

出版发行:**武汉大学出版社**　(430072　武昌　珞珈山)
　　　　　(电子邮箱:cbs22@whu.edu.cn　网址:www.wdp.com.cn)
印刷:武汉邮科印务有限公司
开本:720×1000　1/16　　印张:16.5　　字数:236 千字　　插页:1
版次:2024 年 9 月第 1 版　　2024 年 9 月第 1 次印刷
ISBN 978-7-307-23786-5　　定价:75.00 元

前　　言

本书以语料库语言学为理论指导，以国家语言资源监测与研究中心大规模博客语料库为真实数据来源，以实际语料中语言现象的出现概率为依据，针对博客中使用的副词进行统计分析，以探寻男女性别人群语言差异。通过对总体副词、各次类副词、高低频副词、语义韵以及重叠副词五个方面的精准统计、详细观察和充分描写，归纳、概括了现代汉语副词在这五个方面所表现出来的共性和差异，并从社会语言学的角度对其形成原因进行了简明扼要的阐释。事实上，研究视角上的开创性丰富和发展了汉语副词的系统研究；研究方法上的实证性使副词研究更具科学性和准确性。

我们依托计算机强大的索引、分词、标注、统计、计算等功能，针对大规模博客语料库中的男女副词进行了较为系统性的研究，在研究方法和手段方面也进行了尝试性的探索，为自然语言处理开辟了新的途径，旨在为汉语语法教学、对外汉语教学、中文信息处理等方面提供语言运用的可靠信息和理论依据，为国内外语言专家学者提供相关学术性参考数据，也为国家语言政策、语言规划部门进行语言监测、制定国家语言标准提供真实语言数据。

除了第一章绪论和第二章关于语料库中副词的归类和判定外，本书内容大体分为六个部分：

第三章基于大规模博客语料库针对男女博客总体副词性别差异与共性进行了对比研究，发现共性大于差异。首先对国内外副词性别差异研究进行了述评，然后从男女博客总体副词、各次类副词、累加覆盖率与词种数关系、文本数与分布率、词长分布以及男女博客共用副词和独用

1

副词等方面进行了研究。男性副词和女性副词的总数以及三大类中各总数相差不大，具有较强一致性。男性和女性副词各次类所占的比例一致：限制性副词>描摹性副词>评注性副词。男性、女性副词累加覆盖率趋势曲线图具有较强的相似性，男女副词在博客真实文本中都具有一种规律极强的分布情况。男性副词根据频率排序与分布率排序总体较为相似，仅有个别副词的排序有所变动。由于该博客语料库规模庞大，所以分布统计法和频率统计法统计的结果大致相当，没有达到统计意义上的显著水平。女性比男性使用副词的频次平均值多 11628，女性在博客中使用副词的总体频次是男性的 1.83 倍，女性使用副词的频率远高于男性，这说明女性比男性更倾向于使用副词。随着男女副词词长的增加，平均频次却呈下降趋势。我们还发现女性副词的平均频次均比男性高，单字词高出的幅度最大，双字词其次，三字词的幅度更小，四字词的幅度最小。男性和女性副词共 983 个和 985 个，其中共用副词 961个，各自的非共用副词分别有 22 个和 24 个。男性倾向于使用与政治、工作、游戏等相关的内容，副词选用也较为正式；女性则倾向于使用与感情、心理等相关的副词。

　　第四章对男女博客各次类副词的性别差异与共性进行了研究，发现共性与差异并存。该章以网络博客语料库中真实的数据为研究对象，对男女博客副词的各次类从频次、频率、累计频率、累加覆盖率等方面进行统计分析，从而找出博客中不同性别对于副词各次类的不同使用规律，最终试图找出男女博客中的使用异同。在限制性副词的数量上，男性和女性大致相当。其中，各个次类的数量也大致相当。但女性使用时间副词、范围副词和程度副词数量都比男性多，男性使用关联副词、否定副词和协同副词数量都比女性多，频率副词和重复副词的数量等同。从各次类的数量上看，男性描摹性副词个数比女性多，其中，表方式、表状态和表情状的副词都比女性多，女性表比况的描摹性副词比男性多2 个，但差异并未达到统计上的显著水平。在描摹性副词的使用中，女性更倾向于使用表比况的描摹性副词；而男性更倾向于使用表示方式、状态和情状的描摹性副词。女性比男性更倾向于使用评注性副词。女性使用副词"太""还是""真""一定""真是"的频率明显大于男性，而男性使用"当然"的频率明显大于女性，说明这些评注性副词均是高频词，但也存在着一定的性别差异。

第五章针对不同性别高频出现和低频出现的副词展开深入研究，试图客观、真实地探寻它们使用的不同规律。研究发现高低频副词方面差异大于共性。男性由高到低排序前152位副词为高频副词，占所有男性副词词种数的15.46%；女性由高到低排序前90位副词为高频副词，占所有女性副词词种数的9.14%，说明女性高频副词的平均频率更高。根据男女累加覆盖率与副词词种数递增趋势曲线图可知，女性累加覆盖率在90%之前，坡度更大，递增速度更快，词种数较少；相反，男性累加覆盖率在90%之前，上扬的坡度相对较小，递增速度较缓慢，词种数较多。从词长的角度来看，单字词的平均频次最高，男性和女性的平均频次分别达454825和879442；双字词的平均频次次之，男性和女性平均频次分别达104109和38322；三字词的平均频次更低，男性和女性平均频次分别达59335和22818；四字词均为0。随着词长的增加，平均频次却相反呈下降趋势。男性高频副词平均频次是男性副词平均频次的5.8倍，女性高频副词平均频次是女性副词平均频次的9.4倍，悬殊之大，也足以说明高频副词的频率之高。最后，对男性和女性中的否定副词进行了统计，发现男性和女性均有29个否定副词。男性使用频率较高的否定副词的总体数量高于女性，说明男性在博客中否定表达的需要较多，与否定副词的使用频率偏高有直接关系。

第六章对博客语料库中副词语义韵的性别差异进行了研究，发现以共性为主。本章基于数据和基于数据驱动的方法对"严重××"的普遍性和局部性语义韵进行了较为系统的研究。研究发现，网络男女博客中不仅存在着由典型搭配构成的普遍性语义韵，而且还存在由异常搭配构成的局部性语义韵。与此同时，男性和女性之间也存在着细微的区别。语言使用者故意违背语言使用因循性，造成语义韵冲突，最终实现网络中特有、诙谐的表达效果。基于统计数据发现"严重+VP"、"严重+NP"和"严重+AP"三个类联接。其中，"严重+VP"类联接有205例，全部作状语，占全部有效频次的64.3%；"严重+NP"类联接有107例，全部作修饰语，占全部有效频次的33.5%；"严重+AP"类联结有7例，全部作状语，占全部有效频次的2.2%。基于统计数据，在319个实例中，3.8%（12/319）的搭配属于中性，其余96.2%（307/319）的搭配都是消极词汇，所构成的语义氛围都是消极语义，导致其右侧的语境是消极语义韵。我们认为"严重"具有极其明显的消极语义韵结构。

同时，我们也注意到"严重"的词类在三个类联接中有两个词类。在"严重+VP"和"严重+NP"类联接中"严重"均是形容词词性，分别修饰VP和NP，而在"严重+AP"类联接中"严重"应该是副词词性，相当于"非常"或"极其"。众所周知，纯状语性是副词的本质、区别性特征。其次，我们基于数据驱动的方法，计算出MI≥3的有效右侧搭配词共57个。其中，98.2%的搭配词具有消极的语义氛围，建立"严重"的语义韵结构。以上两种常规方法的研究表明：当距位为"N+1"时，"严重"的普遍性语义韵律具有明显的消极语义韵，搭配词在语境中营造了消极语义氛围。另外，我们对大规模博客语料库中男性和女性"严重"的局部性语义韵律进行了研究。在现实交际过程中，说话人可能故意违反搭配和谐的原则，选用不寻常的搭配在语义上构成冲突，形成积极、正面的语义氛围，最终造成语义韵冲突，并利用语义韵冲突实现特殊的交际效果。统计表明，在大规模博客语料库中已出现"严重"的异常搭配，频率极低，但已构成其积极局部性语义韵律。在男性博客语料中只发现了4个异常搭配，分别是"严重有感觉""严重地激励""严重清醒"和"严重感谢"；在女性博客语料中只发现了1个异常搭配，即"严重感谢"。

第七章利用大规模博客语料库对重叠副词进行准确的统计研究，重点考察了汉语中重叠副词男女使用的差异。男性重叠副词词种数为65个，占男性副词总种数的6.61%，女性为64个，占女性副词总种数的6.5%；其中60个为共用重叠副词；男性独用重叠副词的个数为5个，占男性重叠副词总数的7.69%，女性独用重叠副词的个数为4个，占女性重叠副词总数的6.25%。男性的独用重叠副词更倾向于客观、动作等的描述，副词选用也较为正式，如"迟迟"、"缓缓"、"轻轻"等；而女性则倾向于使用与感情、内心等相关的副词，如"独独"、"牢牢"、"默默"、"时时处处"等重叠副词。其次，我们将根据外在形式将副词重叠分为完全重叠和部分重叠。完全重叠的研究表明：单音节重叠 AA 式中，女性副词的使用频率普遍比男性高，这与女性更倾向于使用偶数（逢双）音节的习惯有直接关系；双音节重叠 AABB 式中，男性和女性重叠副词分别有 3 个和 4 个，分别占重叠副词总数的 3% 和 6%。部分重叠结构是在双音节 AB 的基础上，重叠为 AAB 式，只重叠词根，不重叠后缀，构成"AA 然"。在男性和女性博客语料库中，男性和女性均只有一个"AA 然"结构，即"悠悠然"，男性使用频次和频率均低于女性。再次，从重叠的内在结构角度，重叠式副词可分为有基式重叠副词和无基式重叠副词。作者分别对男性和女性中的有基式重叠和无基式重叠副词进行了详细的对比研究，结果发现：各种重叠式副词的词种数男女多少不一，女性使用频率普遍比男性偏高。最后，从语用的角度进行了对比，结果发现重叠式副词有两个相反的作用：一是使程度更深，语气更重，频率更快，二是使程度更浅，语气更轻，频率更低。

第八章是结语，指出本书在博客语料库中男女副词研究方面所进行的探索、不足以及后续可以开展的研究。

本书在完成过程中得到了众多老师、同学、领导和同事的关心和帮助，尤其是我的博士生导师李向农教授；武汉大学出版社对该书的出版也一直默默奉献、辛勤付出，在此一并表示衷心的感谢！诚挚希望同行专家不吝赐教、批评指正！

著者

2023 年 8 月于中北大学怡丁苑

目　　录

第一章 绪 论

1.1 现代汉语副词研究现状

1.1.1 现代汉语副词研究综述

汉语语法研究分为句法研究和词法研究两部分，词法研究又包括实词研究和虚词研究。一百多年来，尤其是近三十年来，汉语虚词研究，尤其是副词研究，一直是现代语法研究中的焦点和热点。

马建忠(1898，1983：21)在仿效西洋语法所写的《马氏文通》中曾指出：“事务不齐之情，有静字以形之。二事务之行亦至不一也。一人之语默行止，有疾徐轻重久暂之别。故学欲博，问欲审，思欲慎，辩欲明，行欲笃，皆以貌动字之容也。”其中，“凡实字以貌动静之容者”为“状字”，相当于英语中的“adverb”。后来的语法著作里，“状字”改为副词，一直沿用到现在。副词尽管不充当句子的主要成分，但可使句子的形式更加完整，语义更加准确。与印欧语相比较，汉语缺乏形态变化，所以词序和虚词在句中的作用十分重要，其中，汉语词类中的副词用法复杂、虚实不一、位置灵活，也是问题最多的一类。吕叔湘(1979：42)也曾指出“副词本来就是个大杂烩”，副词本身以及它与其他词类关系的复杂性可见一斑。

自《马氏文通》问世以来，汉语语法学经历了套用期、引发期、探求期等阶段，现代汉语虚词的研究，尤其是副词的研究，始终是语法学

1

界较为普遍关注和争议的内容。在现代汉语词类系统中，大部分副词的词汇意义较为空灵，语法意义较为突出。在现代汉语副词研究中，其性质、范围、归类标准、次类划分标准、功能、特征和用法等一直是我国汉语学界关注的热点和焦点，也是此类研究中引起争议和存在问题最多的一类(张谊生：2000)。副词在汉语中有着特殊的地位和作用，所以其运用和研究一直备受关注。

20世纪90年代以来，现代汉语副词的研究快速发展，研究角度更为全面，研究方法更为先进，研究理论更为多元，成果数量更为可观。首先，出现了一批高质量的关于副词的优秀博士论文，如刘立成(2008)《现代汉语限制性副词研究》、尹洪波(2008)《否定词与副词共现的句法语义研究》、曾炜(2007)《绝对程度副词及相关形式的应用研究》、吴立红(2006)《现代汉语程度副词组合研究》、齐春红(2006)《现代汉语语气副词研究》、崔诚恩(2002)《现代汉语情态副词研究》、褚俊海(2010)《汉语副词的主观化历程》、陈鸿瑶(2010)《现代汉语副词"也"的功能与认知研究》、贾改琴(2009)《现代汉语时间副词的形式语义研究》、吴善子(2010)《汉韩反诘语气副词对比研究》等。

其次，据不完全统计，关于现代汉语副词研究方面的专著已出版了10部(截至2012年3月)，大多是由博士论文改编而成，如张谊生(2000)《现代汉语副词研究》、周小兵等(2002)《对外汉语教学中的副词研究》、张亚军(2002)《副词与限定描状功能》、张谊生(2004)《现代汉语副词探索》、张谊生(2010)《现代汉语副词分析》、田原(2006)《评定副词"就"的歧义现象》、齐春红(2006)《现代汉语语气副词研究》、杨德峰(2008)《面向对外汉语教学的副词定量研究》、郝琳(2009)《现代汉语副词的语义指向及其计算机识别研究》和季薇(2011)《现代汉语程度副词研究》。张谊生(2004)指出，近些年来已取得的进展和成绩主要包括6个方面。(1)研究领域大为扩展，研究深度进一步挖掘。(2)理论上采用多元论，吸收了转换生成语法、格语法、配价语法、功能语法、认知语法等。(3)坚持用动态的、联系的观点对副词进行多角度、多侧面的研究。(4)借鉴并运用认知语法的语法化理论，将副词的历时演化和共时变异结合起来研究，在共时平面上对现代汉语副词研究中的各种交叉现象、模棱现象和两难现象作出科学合理的阐释。(5)从形式或意义出发，相互检验和印证，充分揭示副词的意义和形式之间的相互依存关系；从不同角度入手，加强对副词的语义特征、相关预设等现象的研究。(6)研究方法进一步更新，其具体方法是：以广泛的实际语料调查为基础，借助于计算机及相关的检索软件对具体的语料进行定量和定性分析；以归纳法为主，根据研究中的具体情况，采用归纳和演绎相结合、相验证的互动、互证的方法，力求做到观察准确、描写充分、解释充分。

自黎锦熙的《新著国语文法》(1924)始，研究者开始对现代汉语副词从不同角度进行了较为系统的总结和回顾。林华勇(2003)在其《现代汉语副词研究回顾》一文中针对 20 世纪我国现代汉语副词研究历程进行了回顾，包括对研究方法的回顾以及组合、聚合与个案研究的回顾，并提出组合与聚合相结合是将来副词研究的热点。刘冬青(2009)在其所著《现代汉语副词研究综述(1949—2009 年)》中，从宏观、中观、微观以及三者交叉等方面回顾了 1949—2009 年的现代汉语副词研究，并指出了存在的不足，如中文信息处理中对于副词的自动分词、标注等方面还有不少亟待解决的问题。肖奚强等(2006)总结现代汉语副词研究经历了传统期、突破期和深化期，从副词虚实、归属、分类、范围等宏观方面和个别副词研究等微观方面进行了回顾和梳理，并指出副词研究的不足及趋势。

针对现代汉语副词研究中的问题，张谊生(2004)指出汉语副词研究中还存在诸多薄弱环节和问题，主要表现为以下三个方面：(1)微观具体研究，尤其是分散的单个副词研究较多，而宏观的整体研究则相对薄弱，尤其是从总体上对某一类副词或某一种现象进行的深入、系统的综合性研究较少。(2)就汉语副词的历史和现状进行纯汉语事实的研究中，主要是针对各类书面文献中的副词进行分析研究，而将口语、方言、民族语、外国语以及语言类型学的研究成果结合起来，对汉语副词进行多角度的比较研究还比较少。(3)针对汉语具体的语言事实和语言现象所作的描写性研究及其成果比较多，而结合普通语言学语言理论和研究方法的深层次探讨还比较少。张谊生(2010)进一步指出汉语副词研究存在的问题：(1)微观的具体研究，尤其是两个副词的对照研究和对单个副词的用法探讨比较多，而宏观的整体研究乃至中观的类别研究则相对薄弱。(2)针对书面文献中的语料考察、归纳比较多，而将汉语副词与其他语料结合起来进行贯通的研究还比较少。

纵览中国知网(CNKI)"中国期刊全文数据库""中国博士学位论文全文数据库"以及"中国优秀硕士学位论文全文数据库"，近十年关于副词的研究依然存在研究对象和领域比例失调，尽管近年来有所改观，但目前在副词研究领域，实证统计分析研究还较少，基于大规模语料库的实证性研究则更为稀少。本研究依托华中师范大学自 2005 年开始建设的网络媒体监测语料库中的大规模博客语料库①，充分运用语料库方法(corpus-based approach)和统计方法等研究手段对博客语料中的副词现象进行整体、系统、宏观的综合性研究，同时也针对副词局部进行深入、细致、微观的考察，以面为主，以点带面，点面结合。

1.1.2 基于博客语料库的汉语研究现状

博客(weblog)是社会媒体网络的一部分，因其便捷性、互动性和自由性等特点，自 1997 年进入中国之后迅猛发展。博客语言，在目前乃至以后较长的时期，都将是前沿研究课题。博客语料库是博客语言研究最基本、不可或缺的语料。博客语料库的汉语研究是以博客中使用的真实语料为基本元数据，凭借计算机技术，采用数据驱动的实证主义研究方法，对现代汉语展开多层次、全方位的综合研究。

中国知网(CNKI)中，近十年(1999—2011)"博客语料库""博客语料库"以及"基于博客语料库的汉语副词研究"方面的博士论文、硕士论

---

① 语料包括来自 spaces. live. com，blog. sina. com. cn，blog. sohu. com，blogcn. com，bokee. com，blog. hexun. com，blogbus. com 等七大知名中文博客网站的一手口语语料。

文和期刊论文搜索情况如下：

篇数＼关键词	年份	语料库	博客语料库	基于博客语料库的汉语副词研究
博士论文	1999—2011	31①	1	0
硕士论文	1999—2011	521	7	0
期刊论文	1979—2011	2340	0	0

在 31 篇关于"语料库"的博士论文中，只有《基于网络监测媒体语料库（汉语）的性别语言差异实证研究》（王宇波：2011）1 篇博士论文是利用大规模博客语料库对汉字使用的性别差异进行了研究，并对网络媒体监测语料中词种最多、使用频率最高、频次最多的名词词类进行了详细的考察。其研究目的是揭示男女性别在博客使用过程中选择语言文字的不同规律，挖掘一些新的特有语言现象和特点；其余 30 篇博士论文是关于汉语、英语的普通语料库或平行语料库，且都未研究副词这一词类。

关于"博客语料库"的 7 篇硕士论文主要是研究汉英语的性别差异、篇章结构对比修辞以及博客文体特点，但遗憾的是，所有论文均未对副词这一特殊词类进行系统的研究。乙晓燕（2011）在其《中美网络博客中的语言性别差异对比研究》中采用 60 篇中美博客（中国、美国男女性博客各 15 篇）语料，对不同性别语言差异进行了研究，并对两国同性别博主在语言使用方面的差异进行了对比研究。周炎（2007）在《网络博客中的语言性别特征分析》中使用了来自新浪博客网和搜狐博客网的 288 篇博文，通过分析软件 ICTCLAS 和 NoteTab Pro 对男女语料进行词频定量分析，从中找出男女使用频率较高的词汇，并在原博文中展开话语分析。路亚明（2009）在其《基于语料库对于英文个人博客语言问题特点的

---

①　在 CNKI 中（http：//dlib. cnki. net/kns50/scdbsearch/cdbindex. aspx）选择"中国博士学位论文全文数据库"，输入"语料库"共搜索出 36 篇博士论文，与"语料库"无关的博士论文 5 篇，有效、相关的博士论文共 31 篇。

分析》中利用自建的 30 万字规模的英文个人博客语料库进行了统计分析，对英文个人博客语言文体进行了分析，研究结果表明博客文体不同于普通书面语和口语。

1.1.3 研究现状评述

从语料语体来看，就历史和现状的书面语副词进行研究的较多，博客语言实际运用中的副词研究还较少。随着网络技术的快速发展，原本临时、特殊的用法通过网络在大众语言中被模仿、被复制，而逐渐被接受。网络语言的使用群体主要是青年人，所以注定与一般语言不同。网络语言作为大众语言的一个变体，具有极大的研究价值。自《马氏文通》问世以来，副词研究的语料来自古代、近代和现代的书面语比比皆是，口语语料较少，博客语料更少。

从研究内容来看，以往和目前研究中多采用"直觉性数据"和"诱导数据"对副词或个别副词进行列举性分析，而忽略了整个副词词类系统的全面、综合考察之弊病，这样的结果与所使用的实际语料规模偏小不无关系。

从研究手段和方法来看，以往的研究手段过于陈旧、简单，主要是内省法(introspection)、诱导法(elicitation)。诸多副词研究仅仅局限于依靠直接观察静态分析和解释，依靠定性的方法来解决，势必影响到最终结论的全面性、科学性和可靠性。

从研究范围来看，微观的具体副词研究较多，宏观的总体副词研究较少。因为副词个性较强、种类繁多、界限不明，所以，迄今为止副词研究主要集中在单个副词上，而相应缺乏对副词整体或次类进行整体、深入、系统的分析和研究。

1.2 博客语料库简介

国家语言资源监测与研究中心旨在建立并逐步形成一种对社会语言

生活进行实时监测和规范引导的长效机制。国家教育部语言文字信息管理司自 2004 年以来牵头成立了国家语言资源监测与研究中心，并陆续成立五个分中心，分别是平面媒体分中心(北京语言大学)、网络媒体分中心(华中师范大学)、海外华语研究分中心(暨南大学)、教育教材分中心(厦门大学)、有声媒体分中心(中国传媒大学)。

本研究所使用的博客语料来自国家语言资源监测与研究中心网络媒体分中心(华中师范大学)包括 spaces. live. com，blog. sina. com. cn，blog. sohu. com，blogcn. com，bokee. com，blog. hexun. com，blogbus. com 等七大知名中文博客网站的第一手博客语料。

1.3　研究目的和意义

1.3.1　研究目的

20 世纪 80 年代以来，以语料库为基础的语言学研究在语言学和计算机科学研究中硕果累累。语料库在语言学和自然语言处理等领域发挥着愈来愈重要的作用。

第一，杨惠中(2004)提出"语料库语言学为语言学研究提供了一种全新的研究思路，它以真实的语言数据为研究对象，从宏观的角度对大量的语言事实进行分析，从中寻找语言使用的规律；在语言分析方面采用概率法，以实际使用中的语言现象的出现概率为依据建立或然语法进行语法分析。"不同于传统的研究，本研究并非采用"直觉性数据"和"诱导数据"，而是采用基于语料库的方法(corpus-based approach)，对大规模实际语料进行定性和定量相结合的研究，使研究更具科学性和准确性。

第二，数十亿字符次的连续文本构成的大型语料库给语言学工作者和语言研究者提供真实、强大、丰富的数据，加之科学有效的研究手段和方法，可对实际语料进行多层次、多角度的深入研究和准确描述。辛克莱(J. Sinclair)认为，"能够系统地对大数量的文本语料进行审视，使我们有可能发现一些以前从未有机会发现的语言事实"（Sinclair：1991）。

第三，李宇明（2006）指出："语料的抽选、校对与建库，学术性强而且工程量大，对语言文字进行科学标记与精密统计，在国内或者说国外都是没有被很好解决的科技课题，特别是分析从海量语料库当中统计得出来的数据，我们也缺乏经验。"本研究使用的语料来自国家语言资源监测与研究中心网络媒体分中心提供的国内目前规模最大的网络媒体监测语料库①，将以汉语网络媒体监测语料库中的博客语料为统计基础，以汉语副词的实证研究为中心，充分借助计算机、索引、统计等软件工具针对语料库进行定量统计和定性分析，综合利用各种研究手段和方法针对副词展开具有一定突破性的翔实、系统的研究。

1.3.2　研究意义

本研究针对以往和目前研究中多以个别副词的列举性分析替代对副词整个词类系统的全面、综合考察之弊病，利用北京大学杨尔弘教授研发的分词软件对 2275826 篇（1937732982 字符次）的大规模汉语博客语料库进行了自动分词，利用 SPSS V17.0 统计软件对博客语料库中的副词进行穷尽性的调查、统计和分析。本研究的意义在于：

第一，在立足大规模语料、坚持系统实证的基础上，采用语料库研究手段和定量词频统计分析与定性语言事实描写相结合的方法，对副词的总类、各次类频率以及副词的分布状况、句法功能特点、语义指向及语义表达特征等做出多角度、综合性的考察。

第二，利用自然语言处理手段和统计软件，对语料中的副词进行动态定量统计和定性分析，对语言使用过程中出现的新变异、新现象进行

---

① 监测语料库是语料库的一种，以语言监测为目的而建设的语料库。一般具有动态、流通的特点。国家语言资源监测语料库及下属的平面媒体语料库、有声媒体语料库、网络媒体语料库、教育教材语料库等，均属于监测语料库。

监测、分析与研究，也可作为国家语言文字方针政策、语言文字标准、规范制定和调整的参考。

第三，可以为大众正确使用祖国语言文字提供参考和服务，从而更积极有效地促进和引导社会语言生活健康、和谐发展。

1.4 研 究 方 法

1.4.1 数据提取

本研究主要针对副词在大规模博客语料库中的总体情况进行统计分析，主要涉及频次、出现文件数、频率、累计频率、覆盖率、累加覆盖率、分布率、频率差等。

（1）文本和分布率

文本指"语言的符号串，为文字信息处理的对象"。一个词语出现在一篇文章中就是一个文本数。

（2）频率和累加频率

频率指调查对象的频次与整个语料所含调查对象总频次的比值，其计算公式为：

$$F_i = n_i / N \times 100\%$$

其中，n_i 为调查对象 i 的出现次数，N 为预料中调查对象出现的总次数，F 表示频率，F_i 为调查对象 i 的频率。

累加频率指所有调查对象按照频次降序排列，每一调查对象的频次同其前调查对象频次的累加和，与所有语料中调查对象总次数的比值。其计算公式为：

$$A_i = \sum_{k=1}^{i} n_k / N \times 100\%$$

其中，n_k 为调查对象 k 的出现次数，N 为所有语料中调查对象的总次数，A 表示累加频率，A_i 为序列中道第 i 号调查对象时的累加频率。

9

（3）覆盖率和累加覆盖率

覆盖率指被调查语料内指定调查对象占所有调查对象总量的百分比，换言之，一个词的总出现次数在语料调查范围内所占的比重，其计算方法同"累加频率"。

累加覆盖率指所有词语的频率由高到低降序排列时，每一词语与其前词语的频率之和在全部语料中所占的比重。累加覆盖率的作用是能清楚地观察到每个词语在由高到低的频率排序中在词语整体中所处的位置。

1.4.2　统计软件

（1）SPSS V17.0（Statistics Program for Social Sciences）社会科学统计程序

（2）EmEditor Pro V10.0.6 文本编辑器

（3）GraphPad. Prism. V5.0 绘图统计分析软件

（4）自编搜索程序

第二章　基于大规模博客语料库副词的归类与判定

2.1　引　　言

　　本研究所使用的网络媒体监测语料库来自国家语言资源监测与研究中心网络媒体分中心（华中师范大学），博客语料包括 2005—2006 年 spaces. live. com，blog. sina. com. cn，blog. sohu. com，blogcn. com，bokee. com，blog. hexun. com，blogbus. com 七大知名中文博客网站的真实文本，共计 4938041 篇，1937732982 字符次。从中提取出具有性别标识的博客文本 2275826 篇，606571001 字符次，其中男性作者 54982 位，文章 773777 篇，女性作者 77007 位，文章 1502049 篇。男性有效文件大小为 2. 26GB（2433669745 字节），占用空间 3. 53GB（3798147072 字节），包含 615467 个文件，52971 个文件夹；女性有效文件大小 2. 89GB（3109469475 字节），占用空间 4. 89GB（5257601024 字节），包含 970063 个文件，73345 个文件夹。

　　本研究的基本研究方法是基于语料库的统计分析，力求将统计的作用发挥到极致，但严格意义上来说，"统计"并非完全自足的，统计的设计还需已有的语言学知识为支撑，统计出来的结果还需进行语言学分析。语料库词类自动分词和自动标注是语言信息处理技术研究中的基础工作。本研究采用北京大学杨尔弘教授研发的分词软件进行自动切分、词性标注，基本可以满足我们的研究需要。为进一步提高大规模语料库分词和标注的准确率，引进了规则和统计相结合的处理思想，更加充分发挥基于统计方法和基于规则方法各自的优势。

从语言类型学的角度来看，汉语是一种形态特征较不发达的分析性语言。汉语副词研究，在虚词研究中一直占有举足轻重的地位。由于副词个性强于共性、语法意义突出、词汇意义相对空灵，因此它一直是引起争议最多、问题最多的一个词类。吕叔湘（1979：42）也曾指出："副词的内部需要分类，可是不容易分得干净利索，因为副词本身就是个大杂烩。"副词总体上与形容词、时间名词、连词、代词、语气词甚至动词等词类都存在一定的交叉和纠葛现象，需要我们认真辨别；此外，副词内部不是一个均匀的整体，在各次类上，甚至各副词之间句法功能和语里意义可能都存在较大的区别。副词的各次类难以划分已是常识，主要是由于各词类的分类标准难以确定。众所周知，"意义标准"和"功能标准"对于副词均存在一定的问题。

本章将对现代汉语中副词的性质、语法特征以及副词范围进行系统的考察和梳理，结合大规模语料库的特点，对博客语料库中的副词进行归类和判定，同时对语料库中男性和女性博客使用副词的总体情况进行考察。

2.2　现代汉语副词的性质

汉语副词既是一传统词类，又是一特殊词类。从能否够充当句法成分的角度来看，副词一般被看作实词；从语法意义的角度来看，一般被认为是虚词。当然，自马建忠提出"有解者为实字，无解着为虚字"以来，学者们对"有解"和"无解"的理解不一，争论不止。况且，与印欧语相比较，汉语缺乏严格意义上的形态变化，所以，词序和虚词在句中的作用十分重要。其中，汉语词类中的副词用法复杂、虚实不一、个性凸显、位置灵活，也是问题最多的一类。对于副词的语法性质，众说纷纭，各执一词。张斌（2005）认为："不以意义为依据，着眼于结构功能，虚实问题也很难解决。最难处理的是副词，把它列入实词或虚词都可以说出一大堆理由。其实它的内部情况很不一致……"纵观汉语语法史，学者将副词的虚实归属分为三类：

（一）虚词

传统语法研究中，副词一直是虚词研究中十分重要的一部分。认为副词语义空灵应属于虚词的学者较多，以马建忠、黎锦熙、吕叔湘、朱德熙等为代表。马建忠在《马氏文通》中提出："凡字有事理可解者曰实字，无解而唯以助实字之状态者曰虚字。"他认为副词是虚词。吕叔湘、朱德熙（1979）在《语法修辞讲话》中指出："名词、动词、形容词的意义比较实在些，可以称为实词；代词、副词、连接词、语气词的意义比较空灵些，可以称为虚词，和以前所谓虚字的范围大致相同。"朱德熙后来进一步指出："①实词绝大部分是自由的（即能单独成句），虚词绝大部分是粘着的（不能单独成句）。②绝大部分实词在句法结构里的位置是不固定的，可以前置，也可以后置……③实词是开放类，虚词是封闭类。所谓开放类，指的是难于在语法书里一一列举其成员的大类。所谓封闭类是可以穷尽地列举其成员的不很大的类"。朱德熙坚持认为副词不能够充当句子主要成分，并且具有粘着、定位、封闭等特征，所以归为虚词。

另外，北京大学中文系 1955 级、1957 级语言班的《现代汉语虚词例释》，以及侯学超、张斌和王自强的三本同名的《现代汉语虚词词典》均将副词列入"虚词"的研究范畴之内。

（二）实词

从词的语法功能的角度，副词可以充当句子成分，所以一些学者将其归入实词。以陈望道、胡裕树、黄伯荣和廖序东、邢福义等学者为代表。陈望道先生（1978）认为："汉语里的名词、代词、动词、形容词、副词都能单独做句子成分，都是实词；介词、连词、助词都不能单独做句子成分，都是虚词。"黎锦熙（1954）把副词界定为区别词的一种（另一种是形容词)，虽没明确说明副词的虚实，他事实上是将副词作为实词看待的。邢福义(2000)在《汉语语法学》中将副词与名词、动词、形容词一起直接列入成分词。

(三)虚实之间

认为副词虚实兼有、半虚半实的学者也为数不少，并呈增多趋势。王力(1943)指出："副词可以说是介乎虚实之间的一种词。它们不算纯虚，因为它们还能表示程度、范围、时间等；然而它们也不算纯实，因为不能单独地表示一种实物，一种实情，一种实事。"所以，他把副词归为半实词。郭绍虞(1979)认为："词类中最成问题的就是动词和副词。因为动词是实词中最复杂的词类，而副词又是介于虚实之间的最复杂的词类。"张志公先生(1959)在《汉语语法常识》中认为，副词属于虚词一类，而在1982年他主编的中央广播电视大学教材《现代汉语》(试用本)中又将副词归入半虚词类。

邵敬敏(2011)指出："按照充当句法功能来看，一般看做实词，但是在论述虚词的意义和作用时，却几乎全都处理为虚词。这主要就是因为副词的句法功能跟语法意义的特殊性。"张谊生(2001)认为："与印欧语系诸语言相比，汉语的副词是一类比较特殊的词类：既拥有实词的某些语法特点，比如可以充当句法成分，具有一定的指代功能，部分副词还可以独用甚至单独成句，又具有虚的某些个性特征；比如粘着、定位、虚化、封闭，个性强于共性而且大多词汇意义空灵，语法意义突出。"

副词的虚化程度不一，有的副词意义比较实在，而有的副词意义已经虚化。从功能来说，副词能单独充当句子成分，与名词、动词、形容词相比较，副词的能力较弱，显得较虚；然而，与介词、连词、助词、叹词相比较，却显得较实。客观上，汉语副词数量并不算多[①]，但其功

---

① 本人对《现代汉语词典》(第5版)中所有副词逐一统计，副词总数为923个，其中包括13项口语副词词项，85个书面副词词项以及38个方言副词词项。

能、用法、位置都较为复杂多变，加之汉语又缺乏严格意义上的形态标志，副词充当着极其重要且不可替代的作用。

2.3　现代汉语副词的语法特征

词的语法特征一般表现在形态、组合能力和造句功能三个方面。邢福义(2003)在《词类辨难》中指出：“汉语里词的语法特点主要表现在组合能力和造句功能这两方面，尤其突出地表现在组合能力这一方面。”各家对副词语法特征的态度和描述大同小异。

(一)组合能力

邢福义(2003)指出：“某类词可以跟一些什么词发生组合关系，不能跟一些词发生组合关系，这就是词的组合能力。”在组合能力上，副词这一词类是以能修饰谓词作为必要条件。在词类判断过程中一定遵循此规律。一个词能够修饰动词或形容词，但不一定是副词，形容词也可以；反过来，如果一个词根本不能够修饰动词或形容词，那么它肯定不是副词。黎锦熙(1924)认为：“副词是就事物的动作、形态、性质等，再加以区别或限制的；所以必附加于动词、形容词或旁的词。”

(二)造句功能

关于副词的句法功能学者基本上都认为能够充当状语，只有“很”“极”等个别副词还可以作补语。有两类观点。一类观点是副词能且仅能充当副词。朱德熙(1982)认为副词“只能充任状语的虚词”。马真(1997)也指出：“只能作状语的词才叫副词。”邢福义(2000)认为：“副词是专门充当谓词修饰成分的词。作为成分词，就能否充当多种成分而言，副词的能力弱于名词、动词和形容词。”邢福义(2003)也同样在判别副词时指出：“判别副词，必须结合意义紧扣纯状语性这一条件，并且注意运用各种方法。”显而易见，邢福义主张副词能够并且仅能充当状语，即纯状语性。另一类观点是副词的主要功能是充当状语，吕叔湘、邢公畹等学者持此观点。吕叔湘(1982)指出："副词的主要用途是做状语。"朱德熙(1982)指出副词是"只能充当状语的虚词"。

词类主要是以词在句法结构中的语法功能为依据而划分出来的。在印欧语系中，词类与句法成分之间的关系基本上是一一对应的，换言之，名词作主语和宾语，动词作谓语，形容词作定语，副词作状语。如果动词出现在主宾语位置上，则可通过派生等构词法变为(动)名词形式(-ing，-ness，-ment，-tion 等)或采用动词不定式(infinitive)和分词形式(participle)。英语词类与句法功能对应关系如图 2-1 所示：

图 2-1　印欧语词类与句法功能对应关系图

从词类的角度来看，汉语中名词词类可以做主语、宾语和定语，在一定条件下也可以做谓语，当然，还有一些名词可以做状语；动词主要做谓语，但在一定条件下也可做主语、宾语、补语，有些也可做定语；形容词通常做谓语、定语，但在一定条件下也可做主语、宾语、状语和补语；副词一般只做状语，但少数也可做补语。由于汉语词类缺乏形态标志和形态变化，导致汉语词类和句法成分不是一对一的对应关系，而是一对多的对应关系。汉语词类与句法成分对应关系如图 2-2：

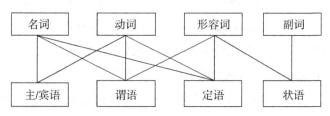

图 2-2　汉语词类与句法功能对应关系图

但由于汉语缺乏严格意义上的形态标志和形态变化，所以汉语词类与句法功能并非像印欧语言一样呈简单的一一对应关系。纵观以上印欧语和汉语词类与句法功能对应关系图，不难发现，纯状语句法特征是副词区别性特征。

2.4 现代汉语副词范围

相对名词、动词等词类而言，汉语副词的数量较为封闭。但自古以来，由于古汉语中动词谓语占压倒性优势，所以副词特别发达。在传统副词研究中，学者常常对副词的虚实、分类归类标准进行定性研究，而相对而言，针对副词的定量分析较为匮乏。学者们在基本认同句法功能为副词划分和判定的主要标准之后，副词范围就进入到了封闭类。但又由于"开放"和"封闭"是一对相对的概念，具有一定模糊性，又导致了副词的准确范围问题意见不一。可喜的是不少学者已开始采用列举的方式对副词的实际数量进行研究，由于对标准理解的不同，副词统计的数量也不相同。

本书对自 1980 年以来出版的相关虚词词典或专著进行了统计，共17 种词典，它们分别是吕叔湘《现代汉语八百词》(1980)，景士俊《现代汉语虚词》(1980)，北京大学中文系 1955 级，1957 级语言班《现代汉语虚词例释(1982)，王自强《现代汉语虚词用法小词典》(1984)，曲阜师范大学《现代汉语常用虚词词典》(1987)，姜汇川等《现代汉语副词分类实用词典》(1989)，王自强《现代汉语虚词词典》(1998)，侯学超《现代汉语虚词词典》(1998)，张谊生《现代汉语副词研究》(2000)，李晓琪《现代汉语虚词手册》(2003)，俞士汶《现代汉语语法信息词典详解》(2003)，李行健《现代汉语规范词典》(2004)，张斌《现代汉语虚词词典》(2004)，中国社会科学院语言研究所词典编辑室《现代汉语词典》(第 5 版)(2005)，朱景松《现代汉语虚词词典》(2007)等，具体副词统计如表 2-1 所示：

表 2-1　　　　　　　　　　**副词量化研究统计表**

专著、文章	编著者	年代	副词总数
《现代汉语八百词》	吕叔湘	1980	300
《现代汉语虚词》	景士俊	1980	348
《现代汉语虚词例释》	北京大学中文系 1955 级、1957 级语言班	1982	464
《现代汉语虚词用法小词典》	王自强	1984	861
《现代汉语常用虚词词典》	曲阜师范大学	1987	
《现代汉语副词分类实用词典》	姜汇川等	1989	
《现代汉语虚词词典》	王自强	1989	
《副词和副词的再分类》	李泉	1996	665
《现代汉语虚词词典》	侯学超	1998	654
《现代汉语虚词词典》	王自强	1998	592
《现代汉语副词词类及其特征描写》	杨荣祥	1999	440
《现代汉语副词研究》	张谊生	2000	948
《现代汉语虚词手册》	李晓琪	2003	331
《现代汉语语法信息词典详解》	俞士汶	2003	719
《现代汉语规范词典》	李行健	2004	223
《现代汉语虚词词典》	张斌	2004	582
《现代汉语词典》(第 5 版)	中国社会科学院语言研究所词典编辑室	2005	923
《现代汉语虚词词典》	朱景松	2007	1114
网络媒体监测语料库	自动切分+人工干预	2011	983(男)985(女)

汉语词类与句法成分之间存在的不是简单的一一对应关系。朱德熙 (1982)指出，同一个句法成分可以由不同词性的词来充任，而具有确定词性的同一个词又可以充当不同的句法成分，词本身的形态可以没有

任何变化。本研究所采用的自动切分和标注软件深受汉语中的词组本位语法体系的影响，换言之，是在词组本位语法体系的指导之下完成的。邢福义(2003)指出："词类是词的语法类别，给词定性归类，一定要紧紧扣住词的语法特点。"同时也指出："判别副词，必须结合意义紧扣纯状语性这一条件，并且注意运用各种方法。"我们从博客语料库中经过自动切分和标注软件处理，共得到 1299 个具有副词标记的词，后采用综合副词判定标准进行逐一人工判别，最后得出 983 个男性副词和 985 个女性副词。

2.5 博客语料库中词类总体情况

2.5.1 博客语料库的基本加工

汉语语料库的基本加工一般包括词语的切分和词性的标注。本研究使用北京大学杨尔弘教授研发的分词软件对该博客语料库进行自动分词和标注，博客切分和标注前后情况如表 2-2 所示：

表 2-2 　　　　　　　　博客切分前后情况对比表

切分前	七天的时间说短不短，说长不长，第一次决定这个假期不回家，并不是不想家了，只是不想让自己又产生对家的依恋，每天的上学放学可以让我以为我很坚强了，这样很好。
切分后	七天/TIM 的/u 时间/n 说/v 短/a 不/d 短/a ，/w 说/v 长/a 不/d 长/a ，/w 第一/NUM 次/q 决定/v 这个/r 假期/TIM 不/d 回家/v ，/w 并/c 不/d 是/v 不/d 想/v 家/n 了/y ，/w 只是/d 不/d 想/v 让/v 自己/r 又/d 产生/v 对/p 家/n 的/u 依恋/vn ，/w 每天/r 的/u 上学/v 放学/v 可以/v 让/v 我/r 以为/v 我/r 很/d 坚强/a 了/y ，/w 这样/r 很/d 好/a 。/w

生语料经过自动切分和标注，词语之间有了空格，斜杠之后的字母是该词语的标记，其中包括词性标记(如 r，n，v，a，d)、专有名词标记(如 ns)、动词和形容词的特殊用法标记(如 vn)。俞士汶等(2003)将其统称为"词性标记"。

对真实文本语料的分词和标注是中文信息处理中十分重要的一件事情，其中大规模博客语料中的自动分词和自动标注的准确率在整个研究中起着极其重要的作用。不同的切分会直接影响词语的有无、频次高低等统计结果。不同的切分也会导致不同的标注，最终也会影响本研究中副词的数据统计。

2.5.2 博客语料库切分后词性标注、频率情况

经过汉语词法分析系统的切分、标注，再利用自编程序对生语料进行加工，最后经过自编统计程序对熟语料进行统计，得出博客语料库初次切分的全部词语频次和频率统计，如表 2-3 所示：

表 2-3　　博客语料库初次切分全部词语频次和频率统计表

序号	词语	词性	频次	出现文件数	频率	累计频率
1	依旧	z	83661	65771	0.0000952076	0.0000952076
2	小小的	z	80475	68868	0.0000915818	0.0001867894
3	好好的	z	68983	58366	0.0000785038	0.0002652932
4	无比	z	66450	56827	0.0000756212	0.0003409144
5	正好	z	62972	56102	0.0000716631	0.0004125775
6	最佳	z	47877	27036	0.0000544848	0.0004670623
7	淡淡的	z	40350	32337	0.0000459189	0.0005129812
8	小小	z	37359	31314	0.0000425151	0.0005554964
9	永恒	z	37321	28637	0.0000424719	0.0005979683
...	...	...	...	...	...	...
65534	甜甜	a	205	184	0.0000002333	1.0000000000

其中词性代码分别代表不同的词类或语素，本研究基本采用北大提出的信息处理用现代汉语词语语语法功能分类的词性标记集①，如表 2-4所示：

表 2-4　　　信息处理用现代汉语语类标记规范词性标记集

代码	名称	实例
形容词	a	好、大、小、多、真、美
副形词	ad	一致、严格、详细、公开
形容词性语素	Ag	爽、博、秀、寒、酷、恶
名形词	an	幸福、快乐、痛苦、冲动
姓氏	APER	王、帅、周、张、李、刘
区别词	b	广大、特定、彩色、长期
连词	c	或者、于是、而是、即使
副词	d	不、也、都、就、最、又
副词性语素	Dg	狂、若、微、枉、故、煞
方位词	f	前、后、左、右、之间
成语	i	一如既往、肆无忌惮
简称	j	楚、桂、蜀、乾、浙大
习用语	l	居心不良、百闻不如一见
地点名词	LOC	香港、英格兰、巴黎、武汉
名词	n	妹妹、宝贝、人民、灵魂
名词性语素	Ng	季、众、臣、素、老、论
人名	nr	昕、朗、清、燕、铃、民
数词	m	一、多
其他专有名词	nz	紫光、思科、聊斋、阿迪达斯
机构名称	ORG	微软、中国队、麦当劳、新浪
人名	PER	东东、小白、舒马赫、耶稣
量词	q	个、次、种、句、件、张
代词	r	这儿、那儿、每人、每日

① 参见 2003 年《北大语料库加工规范：切分·词性标注·注音》

续表

代码	名称	实例
处所词	s	屋内、大门口、岸上、校外
时间词	TIM	一年、早上、年前、周末
动词	v	洗、结婚、享受、贴、聊
动词性语素	Vg	更、奋、促、息、遂、构
名动词	vn	污染、安慰、混合、创新
状态词	z	依旧、最佳、小小、永恒

其中，专有名词的分类标记，即人名 nr，地名 ns，其他专有名词 nz。语素的子类标记有名语素 Ng，动语素 Vg，形容语素 Ag，副语素 Dg 等，由于标注时仅仅使用子类标记，所以语素标记 g 并不出现在博客语料库中。另外，添加了动词和形容词的特殊用法标记，如名动词 vn，即具有名词功能的动词；名形词 an，即具有名词功能的形容词；副动词 vd 即直接作状语的动词；副形词 ad 即直接作状语的形容词。

2.5.3　各词类词种数对比情况

对各个词类进行排序和统计，得出各词类具体词种数①，按降序排列如表 2-5 所示：

表 2-5　　　　　　　　　各词类词种数排序表

序号	词性	词种数	序号	词性	词种数
1	名词	19267	16	区别词	809
2	动词	12064	17	名形词	740

---

① 本书采用国家语言资源监测与研究中心编辑的《中国语言生活状况报告（2008）》（下编）的定义。词种是指被调查语料中形式不同的分词单位。词种数是指被调查语料中词语（分词单位）出现次数之和。其中不包括标点、符号、纯西文、纯阿拉伯数字、数字与西文混合式、网址等分词单位。也称"词语总数、总词语数、总词数"。

续表

序号	词性	词种数	序号	词性	词种数
3	人名	4471	18	状态词	738
4	动名词	3865	19	简称	683
5	成语	3090	20	动词性语素	668
6	形容词	2643	21	量词	511
7	数词	2232	22	代词	457
8	时间词	2011	23	副形词	391
9	地点名词	1987	24	姓氏	368
10	习语	1723	25	处所词	353
11	名词性语素	1353	26	形容词性语素	316
12	副词	1299	27	机构名称	248
13	其他	952	28	方位词	242
14	人名	934	29	连词	200
15	其他专有名词	868	30	副词性语素	51

将表 2-5 中各词类个数数据输入 GraphPad Prism V5.0 中的 Data 1，该软件自动生成图 2-3，各词类个数对比更加形象、直观。

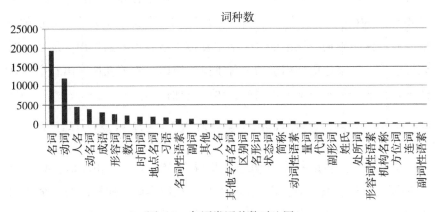

图 2-3 各词类词种数对比图

纵观表 2-5 和图 2-3 中各词类词种数，名词词种数最多，高达19267，其次动词词种数达 12064，其中形容词高达 2643，副词在 30 个词类中处于第 12 位。副词的绝对词种数并不算多，但其使用频次明显高于整体词类，具体参见表 2-6。

2.5.4 语料库总字次、词种数、使用频次统计

对全部语料进行自动切分和自动标注，得到并使用自制软件对所有语料中的包括副词的所有词类在总字次、词种数、使用频率等方面进行统计，旨在尽可能客观地反映副词及整体词类的使用情况。

表 2-6 **副词及整体词类总体使用情况对比表**

	副词	整体词类
总字次	88366892	878722266
词种数	1299	65534
使用频次(次/词种数)	68027	13409

如表 2-6 所示，博客中使用的总词种数为 65534，其中副词的词种数为 1299，约占总词种数的 2%；整体词类和副词的总字次分别为878722266 和 88366892。其总字次与词种数之比的使用频次分别为13409 和 68027，显而易见，副词的使用频次是全部词类使用频次的 5倍，充分说明副词在汉语语言生活中发挥中极其重要的作用。加之，副词可以使语言表达更加精确的一种手段，所以，副词在博客语料中可以使语句更加完整、语义更加精准、语气更加恰当。

2.5.5 初始切分副词频次、频率、累计频率统计

据统计，博客语料库自动分词共得到 65534 个字和词语，共分出30 种词类代码，其中副词的代码为"d"。从博客语料库初次切分全部词语频次和频率统计表中可抽取出全部副词，共 1299 个，如表 2-7 所示：

表 2-7 　　　　　初始切分副词频次、频率、累计频率统计表

序号	词语	词性	频次	出现文件数	频率	累计频率
1	不	d	10589606	2094910	0.1198368049	0.119836805
2	也	d	5950530	1727142	0.0673389079	0.187175713
3	都	d	5505610	1711221	0.0623039905	0.249479703
4	就	d	5456199	1656102	0.0617448331	0.311224537
5	很	d	4802217	1479329	0.0543440749	0.365568611
6	还	d	2859494	1238833	0.0323593366	0.397927948
7	又	d	2304921	1115117	0.0260835359	0.424011484
8	最	d	2063727	850126	0.0233540747	0.447365559
9	再	d	1407620	806203	0.0159292691	0.463294828
10	太	d	1364088	773398	0.0154366411	0.478731469
…	…	…	…	…	…	…
1298	形同	d	206	199	0.0000023312	0.999997692
1299	手	d	204	200	0.0000023086	1.000000000

2.5.6 初始切分副词性语素频次、频率、累计频率统计

同样方法也从博客语料库初次切分全部词语频次和频率统计表中可抽取出全部副词性语素，共 51 个，如表 2-8 所示：

表 2-8 　　　　　副词性语素频次、频率、累计频率统计表

序号	词语	词性	频次	出现文件数	频率	累计频率
1	甚	Dg	39011	33562	0.0000439297	0.7772999736
2	痛	Dg	19458	16619	0.0000219114	0.8373926353
3	俱	Dg	8967	7822	0.0000100976	0.8887630643
4	狂	Dg	7949	6924	0.0000089512	0.8957436728
5	复	Dg	7355	5821	0.0000082824	0.9000276310

序号	词语	词性	频次	出现文件数	频率	累计频率
6	顿	Dg	6563	5717	0.0000073905	0.9059133043
7	敢	Dg	6107	3527	0.0000068770	0.9096834592
8	淡	Dg	6077	5482	0.0000068432	0.9099098698
9	善	Dg	5618	4330	0.0000063263	0.9137064089
10	雅	Dg	4008	3020	0.0000045133	0.9293766850
11	素	Dg	3975	3171	0.0000044762	0.9297361054
12	若	Dg	3421	2324	0.0000038523	0.9357985065
13	斯	Dg	3200	2766	0.0000036035	0.9384336894
14	贼	Dg	3108	2501	0.0000034999	0.9395348721
15	随	Dg	2795	1919	0.0000031474	0.9435960299
16	弗	Dg	2569	1436	0.0000028929	0.9466012319
17	诚	Dg	2412	2106	0.0000027161	0.9487290753
18	微	Dg	2376	2216	0.0000026756	0.9492033902
19	匪	Dg	2309	1685	0.0000026001	0.9501215627
20	枉	Dg	2217	1971	0.0000024965	0.9514413162
21	故	Dg	2008	1804	0.0000022612	0.9544911991
22	横	Dg	1895	1749	0.0000021339	0.9562480177
23	愣	Dg	1784	1658	0.0000020089	0.9579366733
24	煞	Dg	1448	1373	0.0000016306	0.9635226785
25	剧	Dg	1417	1070	0.0000015957	0.9640692531
26	姑	Dg	1242	1019	0.0000013986	0.9672278729
27	许	Dg	1028	993	0.0000011576	0.9712606714
28	固	Dg	995	872	0.0000011205	0.9718502231
29	斯	Dg	987	852	0.0000011114	0.9720265376
30	窃	Dg	970	954	0.0000010923	0.9723350983
31	生	Dg	817	748	0.0000009200	0.9753134906
32	力	Dg	755	710	0.0000008502	0.9766093261

序号	词语	词性	频次	出现文件数	频率	累计频率
33	婉	Dg	748	598	0.0000008423	0.9767608003
34	时	Dg	734	717	0.0000008265	0.9770645650
35	务	Dg	706	618	0.0000007950	0.9776133535
36	洞	Dg	704	615	0.0000007928	0.9776681398
37	差	Dg	694	102	0.0000007815	0.9778743248
38	辄	Dg	693	587	0.0000007804	0.9779086817
39	疾	Dg	681	624	0.0000007669	0.9781499949
40	频	Dg	564	509	0.0000006351	0.9807788189
41	倏	Dg	562	451	0.0000006329	0.9808035376
42	益	Dg	525	474	0.0000005912	0.9816457770
43	幸	Dg	431	355	0.0000004853	0.9837628269
44	焉	Dg	396	350	0.0000004459	0.9846182573
45	飞	Dg	373	345	0.0000004200	0.9852188716
46	协	Dg	349	292	0.0000003930	0.9857881019
47	勉	Dg	340	329	0.0000003829	0.9860143189
48	猝	Dg	304	274	0.0000003423	0.9869503544
49	宁	Dg	293	257	0.0000003299	0.9872052224
50	劲	Dg	285	264	0.0000003209	0.9874057533
51	顷	Dg	277	227	0.0000003119	0.9876073237

标注集中的 Dg 代表副词性语素。副词代码为 d，语素代码 g 前面置以 D。鉴于副词性语素大多数为古代或近代语素，现代汉语中使用频率较低，所以基本上不列为本研究范围之内。但是，个别副词性语素，如"狂"，却在博客语料中的出现频率为 7949，排名第四，说明该词在博客中使用频率非常高，这与个人博客和语言运用均有直接的关系。

2.5.7　博客语料库中副词判定归类的思路

尽管计算机自动分词和标注程序的设计理念是规则和统计相结合的处理方法，按照指令运行，但毕竟还有一定的错误率，为确保本研究中副词各方面数据的准确性和权威性，在本研究中对初次自动分词和标注所得的"副词"逐一进行考察和排歧。计算机的分类体系主要依据"词的语法功能进行分类"的思想，但在具体操作过程中，我们还综合运用邢福义先生提出的给词归类定性的原则和方法对一些多类词、难辨词进行了细致的辨析和定性。

邢福义先生在《词类辨难》(2003)列举了两百多个难归类的词，提出了"直接判定法""排他法"、"类比法"三种论证方法给词归类定性。后来进一步指出，在归类判定词性时需要特别注意四点：(1)依靠充足性语法特征。(2)慎用非充足性语法特征。(3)联系具体的入局结果。(4)灵活运用直接判定法、排他法、类比法等证明方法。本研究中副词的判别思想是在计算机规则和统计相结合的处理方法基础上，参考吕叔湘主编《现代汉语八百词·增订本》(1999)，中国社会科学院语言所词典室编《现代汉语词典》(第五版)，曲阜师范大学编写组《现代汉语常用虚词词典》(1992)，北京大学中文系1955、1957级语言班《现代汉语虚词例释》，张斌主编的《现代汉口与虚词词典》以及张谊生的《现代汉语副词分析》[①]，融入"直接判定法""排他法"、"类比法"等方法，最终得出副词总表。本研究副词判别思路如图2-4所示。

2.5.8　博客语料库中最终副词频次、频率、累计频率统计

按照以上副词归类和判别思路，得出经过人工校对后最终的《附录一 男性副词频次、频率、累计频率统计表》和《附录二 女性副词频次、

[①]　该书附录《现代汉语副词范围统计对照表》中列举了《现代汉语词典》(第5版)和《现代汉语规范词典》(李行健主编)共904个副词，《现代汉语虚词词典》(朱景松主编)1114个副词。

频率、累计频率统计表》，具体如表 2-9 和表 2-10 所示：

图 2-4　副词判定思路结构图

表 2-9　　　　　　　**男性副词频次、频率、累计频率统计表**

序号	副词	总频次	频次	使用频率	累计频率
1	不	13773469	1658109	0.1203842692	0.1203842692
2	也	13773469	993089	0.0721015889	0.1924858581
3	就	13773469	886037	0.0643292550	0.2568151132
4	都	13773469	846641	0.0614689734	0.3182840866
5	很	13773469	684510	0.0496977196	0.3679818062
6	还	13773469	451736	0.0327975472	0.4007793534
7	又	13773469	360462	0.0261707490	0.4269501024
8	最	13773469	336772	0.0244507756	0.4514008780
9	再	13773469	221448	0.0160778668	0.4674787448
10	已经	13773469	206420	0.0149867836	0.4824655285
11	太	13773469	205030	0.0148858650	0.4973513935
12	却	13773469	204164	0.0148229905	0.5121743839
13	没	13773469	203937	0.0148065095	0.5269808935
14	没有	13773469	202696	0.0147164088	0.5416973022
15	更	13773469	188930	0.0137169510	0.5554142533
16	才	13773469	163483	0.0118694136	0.5672836669
17	还是	13773469	157425	0.0114295825	0.5787132494

续表

序号	副词	总频次	频次	使用频率	累计频率
18	其实	13773469	126923	0. 0092150351	0. 5879282844
19	只	13773469	123723	0. 0089827044	0. 5969109888
…	…	…	…	…	…
983	通盘	13773469	42	0. 0000030493	1. 0000000000

表 2-10　　　　女性副词频次、频率、累计频率统计表

序号	副词	总频次	频次	使用频率	累计频率
1	不	25243240	3163397	0. 1253165996	0. 1253166000
2	也	25243240	1704192	0. 0675108267	0. 1928274267
3	都	25243240	1690244	0. 0669582827	0. 2597857094
4	就	25243240	1592657	0. 0630924160	0. 3228781254
5	很	25243240	1532224	0. 0606983890	0. 3835765143
6	还	25243240	861655	0. 0341340890	0. 4177106033
7	又	25243240	695670	0. 0275586652	0. 4452692685
8	最	25243240	612215	0. 0242526316	0. 4695219001
9	太	25243240	423057	0. 0167592195	0. 4862811196
10	再	25243240	421233	0. 0166869625	0. 5029680821
11	却	25243240	383827	0. 0152051401	0. 5181732222
12	没	25243240	383085	0. 0151757461	0. 5333489683
13	没有	25243240	358632	0. 0142070511	0. 5475560193
14	已经	25243240	340114	0. 0134734685	0. 5610294879
15	还是	25243240	323466	0. 0128139652	0. 5738434531
16	才	25243240	306863	0. 0121562446	0. 5859996977
17	更	25243240	279231	0. 0110616149	0. 5970613126
18	一直	25243240	273795	0. 0108462701	0. 6079075828
19	其实	25243240	250516	0. 0099240826	0. 6178316654
…	…	…	…	…	…
985	迅即	25243240	46	0. 0000018223	1. 0000000000

2.6 小 结

本研究采用北京大学杨尔弘教授研发的分词软件对大规模博客语料库进行自动分词、标注，并进行了人工校对，进一步提高大规模语料库分词和标注的准确率，基本可以满足我们的研究需要。

首先，对现代汉语副词性质进行了探讨和总结。副词的虚化程度不一，有的副词意义比较实在，而有的副词意义已经虚化。从功能来说，副词能单独充当句子成分，与名词、动词、形容词相比较，副词的能力较弱，显得较虚；然而，与介词、连词、助词、叹词相比较，却显得较实。客观上，汉语副词数量并不算多，但其功能、用法、位置都较为复杂多变，加之汉语又缺乏严格意义上的形态标志，副词充当着极其重要且不可替代的作用。

其次，针对副词在组合能力和造句功能的语法特征进行了阐述了厘清。由于汉语缺乏严格意义上的形态标志和形态变化，所以汉语词类与句法功能并非像印欧语言一样呈简单的一一对应关系。纵观以上印欧语和汉语词类与句法功能对应关系，不难发现，纯状语句法特征是副词区别性特征。

再次，对1980年后出版的相关词典和文章中的副词数量研究进行了统计对比。同时，根据语料库自动切分和标注的结果，得出博客中使用的总字种数为65534，其中副词的字种数为1299，约占总字种数的2%；整体词类和副词的总字次分别为878722266和88366892。其总字次与字种数之比的使用频次分别为13409和68027，显而易见，副词的使用频次是全部词类使用频次的5倍，充分说明副词在汉语语言生活中发挥中极其重要的作用。根据计算机的词类分类体系和邢福义先生提出的给词定性归类的原则对副词进行了逐一辨析、定性和排歧，最终得到983个男性博客使用副词和985个女性博客使用副词。

第三章 博客总体副词的性别差异研究

3.1 国内外副词性别差异研究述评

自 20 世纪 60 年代以来，语言性别差异研究一直是语言学和社会语言学的研究热点和焦点之一，国内外语言学家曾进行了大量有意义的探索，在一定程度上发现了不同性别在语言选用和使用上的差异，也对其产生的原因进行了阐释。社会语言学研究表明，英语和汉语中都存在着诸多相对语言性别差异(gender difference)现象。时至今日，国外语言性别差异研究主要集中在语义(词汇的选择及其出现频率)、语法(句法结构及音韵)和音韵(语调)三个方面。国内研究成果主要涉及语音、语调、道歉语、语气词、称谓语、詈语、强势语等。

自 20 世纪末，随着网络的迅速普及，网络语言已经作为大众语言的一个变体被广大网民所接受，网络语言逐渐成为语言发展的一个分支，是应用语言学里社会语言学研究的对象。网络语言研究是跨学科的。博客是一种极其简单便捷的网络出版形式，正是由于博客的特殊性，国外已进行了大量的相关研究。相比于国外语言学界，利用汉语博客语料库进行的研究目前还较少。

本研究所采用的大规模博客语料来自于主流中文博客网站，根据网络访问量、网站规模等因素，该语料取自 2006 年 spaces. live. com, blog. sina. com. cn, blog. sohu. com, blogcn. com, bokee. com, blog. hexun. com, blogbus. com7 个知名的中文博客网站的部分网页，共计 4938041 个文本，1937732982 字符次。大规模实际语料库为副词研究提供一种全新的研究思路，以真实的语言数据为研究对象，以副词在男女博客中的出现概率为依据对男女副词及其各次类进行频次、频率、累计频率、累加覆盖率等方面进行定量统计和研究，使副词的量化研究更具科学性和准确性，从而找出博客中不同性别对于副词的不同使用规律，最终试图找出男女在使用副词时的共性和差异。

国内外学者曾提及个别副词男女使用的不同，主要采用定性或内省的方式，而利用大规模实际语料对副词的性别差异进行定量研究的还较少①，因而导致对副词的实际使用情况观察不够充分。语言学家韩礼德（M. Halliday）（1991）指出，"语言系统天生就是概率性的"（the linguistic system was inherently probabilistic），换言之，语言中的概率信息是语言本质重要的组成部分。杨惠中（2004）提出"语料库语言学为语言学研究提供了一种全新的研究思路，它以真实的语言数据为研究对象，从宏观的角度对大量的语言事实进行分析，从中寻找语言使用的规律"。辛克莱（J. Sinclair）（1991）也认为，"能够系统地对大数量的文本语料进行审视，使我们有可能发现一些以前从未有机会发现的语言事实"。黄昌宁（1993）认为："最原始、最可靠的语言证据只能来自使用中的客观的语言材料。这就是语料库语言学的一个基本观点。"张普（1999）也认为："语言不是静止的，语言在运用中不断地产生变化，语言的生命力就在于这种稳定中的变化。这些变化的端倪就隐藏在大规模的真实文本（无论它们是经典的还是非经典的文本）之中，甚至就隐藏在那些非规范现象里。"

---

① 1922 年 O. Jesperson 曾在其语言学著作《语言：本质、发展及起源》（Language：Its Nature，Development and Origin，1922）中曾阐述不同性别在词汇和句法方面的明显区别。曾炜（2007）在《口语中程度副词使用的性别差异》一文中自建小规模口语语料库对程度副词曾做尝试性研究。

3.2 男女博客总体副词词种数、频率对比

本书使用北京大学杨尔弘教授研发的分词软件对该博客语料库进行自动分词和标注，再利用自编程序进行频次、频率、累计频率等方面的统计。词种数指被调查语料中词语(分词单位)出现的次数之和副词总数。副词词种数指副词词种在所有语料出现的副词的总的个数。副词总频次是指某个副词在所有语料中出现的次数总和，频率是指以全部副词的频次总和为整体，某个副词与总频次的比值，副词频次/千词汇是指副词总频次乘以 1000 再除以词汇总频次所得的比值①。统计得知副词总频次、词汇总频次等数据，具体如表 3-1 所示：

表 3-1　　　　　　　**男女博客副词词种数、频次、频率对照表**

性别	副词词种数	副词总频次	词汇总频次	副词频次/千词汇
男性	983	13773469	150711385	91.390
女性	985	25243240	249417489	101.209

从上表可知，女性在博客中使用副词的总数、频次以及副词频次(每千词汇)都大于男性。男性和女性使用的副词总数大致等同，但女性在博客中使用副词的频次明显高于男性，每千词汇的副词频次也略高于男性，充分说明女性在网络博客中相对更倾向于使用副词来表达或修饰自己的语言表达，使表达效果更加委婉、严密。

男性在所有博客中使用的副词有 983 个，与女性使用副词个数基本等同；男性和女性副词的总频次分别为 13773469 和 25243240，其副词

---

① 副词频次/千词汇 $= \dfrac{副词词总频 * 1000}{词汇总频数}$

频次/千词汇分别为 91. 390 和 101. 249，^①计算可知，女性频率是男性的 1. 108 倍，女性比男性使用副词频率多 9. 859，多出的比例为 10. 8%，二者有一定区别。下面我们对副词词种数平均使用频率进行统计，得知女性副词词种数平均使用频率远远高于男性，具体如下：

表 3-2 　　　　　**男女副词词种数、频次、频率对照表**

性别	副词词种数	副词总频次	词种数使用频次
男性	983	13773469	14011
女性	985	25243240	25628

我们统计得出男性和女性使用副词的词种数以及使用的总频次，男性使用的副词词种数为 983 个，与女性使用的副词词种数相当，但男性副词使用总频次为 13773469，远远低于女性的 25243240，所以男性副词平均词种数使用频次 14011（次/词种）远远低于女性的 25628（次/词种）。说明女性副词使用频次很高，女性在博客中更多描述与生活、情感等有关的内容，更喜欢使用副词，使其表达更加委婉和精准。

3.3　男女各次类副词词种数、频率对比

男女副词总体分类及各次类划分的数据表明，男性和女性在网络博客中使用副词的总数大致相同，分别为 983 个和 985 个。由于个别副词具有多种分类可能，所以副词使用总数并不等于描摹性副词、评注性副词和限制性副词个数之和。不过，从统计分析结果来看，各次类副词在个数方面的区别不大，如表 3-3 所示：

———————

① 　总数的计算公式为 $\sum x_1 + x_2 + \cdots x_n = \sum_{i=1}^{n} x_i$

表 3-3　　　　　　　**男性和女性副词及各次类词种数统计表**

性别	副词词种数	描摹性副词个数	评注性副词个数	限制性副词个数
男性	983①	356	207	428
女性	985	349	211	434

将男性和女性博客中的描摹性副词、评注性副词和限制性副词个数相加，得到男性和女性的副词总数为 991 个和 994 个，再将各次类个数除以相对应的副词总数，可得各次类所占比例。男性描摹性副词占 35.89%，评注性副词占 20.87%，限制性副词占 43.25%；女性描摹性副词占 35.11%，评注性副词占 21.23%，限制性副词占 43.66%，如表 3-4 所示：

表 3-4　　　　　　　**男性和女性副词各次类比例统计表**

性别	描摹性副词比例	评注性副词比例	限制性副词比例
男性	35.887%	20.867%	43.246%
女性	35.111%	21.227%	43.662%

显而易见，男性和女性各次类所占比例的区别较小，说明从数量上看不出男女博客副词使用的差异。男性和女性副词各次类比例对照图见图 3-1。

我们从图 3-1 中可以较为清晰地观察到：男性和女性的各次类比例对照不显著，即男性和女性副词在各次类的个数上没有显著区别。由于限制性副词在男性和女性中所占的比例分别高达 43.246% 和 43.662%，因此这也验证了张谊生先生(2000)曾提出的"限制性副词是汉语副词的

---

①　男女副词总数 983 和 985 分别小于各词类副词个数之和，是由于将"也""就""都""还"等两项或两项以上义项的个别副词分别重复归类到不同副词次类所造成的，我们对副词各次类分别进行统计，由于是极少数情况，所以对统计结果不会造成太大影响。

主体"的论断。各次类副词数量排序是：限制性副词>描摹性副词>评注性副词。

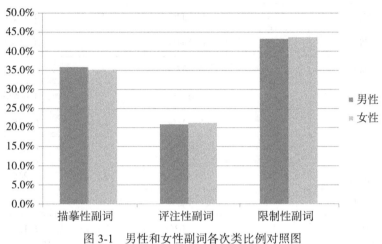

图 3-1 男性和女性副词各次类比例对照图

3.4 男女副词累加覆盖率与词种数关系对比

覆盖率指"被调查语料内制定调查对象占所有调查对象总量的百分比。"换言之，就是一个词的总出现次数在语料调查范围内所占的比重。累加覆盖率就是所有词语的频率由高到低降序排列时，每一词语与其前词语的频率之和在全部语料中所占的比重。累加覆盖率使我们能够清晰地看出每一个副词在由高到低的频率降序排序中的位置，更重要的是在频率降序排列中会表现出很有规律的构成趋势。将男性和女性在不同累加覆盖率情况下所包含的副词个数进行比较，探寻男女使用副词在覆盖率方面的差异及规律。表 3-5 中覆盖率以 10% 为基准增加，分别统计和对照了在 10%～100% 不同覆盖率下男女副词所使用的字种数的差异。

表 3-5 男女副词累加覆盖率对照表

累加覆盖率	男性		女性	
	词种数	词种数比例	词种数	词种数比例
10%	1	0.102%	1	0.102%
20%	2	0.203%	2	0.203%
30%	4	0.407%	4	0.406%
40%	6	0.610%	6	0.609%
50%	12	1.221%	10	1.015%
60%	20	2.035%	18	1.827%
70%	38	3.866%	32	3.249%
80%	73	7.426%	61	6.193%
90%	152	15.463%	90	9.137%
95%	258	26.246%	228	23.147%
100%	983	100.000%	985	100.000%

从该表观察可知，在覆盖率分别为 10%、20%、30%、40% 时，男女使用副词的词种数均为 1、2、4 和 6，字种数所占副词总词种数的比例当然也几乎相当；但在 50%~100% 覆盖率下，男性比女性更多使用词种数，女性使用频率较高的副词范围比较狭窄；女性副词区间比男性副词区间更为集中；与女性相比，男性在副词选用和使用方面显得更为宽泛；同时，如果达到同一覆盖率时，男性比女性所使用的副词词种数较多，所占比例也逐渐增加。我们将同一覆盖率下男性和女性副词词种数进行进一步统计发现：在 10%~40% 累加覆盖率区间范围内，男女词种数之差为 0；自累加覆盖率达 40% 之后，字种数之差就逐渐加大，达 90% 时，男女字种数之差达到最大值 62，之后开始减少，达 100% 时几乎完全持平，从图 3-2 中可十分清晰观察到曲线变化。

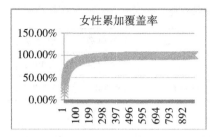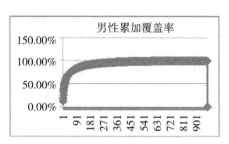

图 3-2 男女累加覆盖率与副词词种数递增趋势曲线图

男性、女性累加覆盖率趋势曲线图较为相似，趋势也极为相同。我们可以清楚观察到累加覆盖率在 60% 之前，词种数很少，曲线几乎表现为直立上扬；当累加覆盖率达到 60%～70% 时，曲线表现出一个明显的由直立上扬到往上右转陡升的趋势；当累加覆盖率达到 80%～90% 时，曲线由陡升逐渐进入平缓；当达到 90% 之后，曲线明显进入极为平缓的延续区。这充分说明，60% 之前的副词属于绝对高频副词区域，在 60%～90% 的副词属于相对高频词区域，90% 之后的副词属于低频词区域。

大规模博客语料库的副词词种数和累加覆盖率数据统计清楚地揭示出男女使用的副词在博客真实文本中都具有一种规律极强的分布情况：绝对高频副词数量极少，20 个左右，男女性使用副词数量相当；相对高频副词数量有限，男性有 130 个左右，女性有 70 个左右；低频副词数量极大，男女性使用均有 730 个左右。

3.5 男女文本数与分布率对比

文本是"语言的符号串，为文字信息处理的对象"。本研究中"一个副词出现在一篇博客中"就是一个文本数。该博客语料库提取出有性别标示的博客文本 2275826 篇，其中男性博客共 773777 篇，女性博客共 1502049 篇；男性作者共 54982 人，女性作者共 77007 人。

表 3-6 　　　　　　　　 男女博客文本数对比

性别	词种数	总频次	出现文本总数	文本总数	作者数
男性	983	13773469	7142131	773777	54982
女性	985	25253185	13453639	1502049	77007

　　文本数与调查对象的存在和分布状况密切相关。分布率又称作散布系数，是一个词所出现的文本数占调查范围内总文本数的比率，换言之，就是某个副词所出现的文本数与博客文本总数的比率。[①]

表 3-7 　　　　　　　 男性副词频率与分布率对比

			男　　　性			
排名	副词	频次	频率	副词	文本数	分布率
1	不	1658109	0. 011002	不	319649	0. 044755
2	也	993089	0. 006589	也	267019	0. 037386
4	就	886037	0. 005879	都	256185	0. 03587
3	都	846641	0. 005618	就	253075	0. 035434
5	很	684510	0. 004542	很	216781	0. 030352
6	还	451736	0. 002997	还	191047	0. 026749
7	又	360462	0. 002392	又	169740	0. 023766
8	最	336772	0. 002235	最	133157	0. 018644
9	再	221448	0. 001469	再	123957	0. 017356
10	已经	206420	0. 00137	太	115513	0. 016173
11	太	205030	0. 00136	已经	113286	0. 015862
12	却	204164	0. 001355	没	112252	0. 015717
13	没	203937	0. 001353	没有	111971	0. 015678

---

　　①　分布率 $D_i = t_i / T * 100\%$（其中：D_i 为分布率，t_i 为副词出现的文本数，T 为博客语料库的文本总数）

			男 性			
排名	副词	频次	频率	副词	文本数	分布率
14	没有	202696	0.001345	还是	102578	0.014362
15	更	188930	0.001254	却	101520	0.014214
16	才	163483	0.001085	更	99714	0.013961
17	还是	157425	0.001045	才	99235	0.013894
18	其实	126923	0.000842	只	80557	0.011279
19	只	123723	0.000821	其实	79874	0.011183
20	一直	116904	0.000776	一直	76336	0.010688

如上表所示，男性副词根据频率排序与分布率排序总体较为相似，仅有个别副词的排序有所变动，如"却"的频次是204164，频率排序为第12位，但其出现的文本数是101520，分布率排名是第15位，稍微低于其频率排序。"还是"的频次是157425，频率排序为第17位，但其出现的文本数是102578，分布率排名是第14位，稍微高于其频率排序。由于该博客语料库规模庞大，所以分布统计法和频率统计法统计的结果大致相当，没有达到统计意义上的显著水平。

表 3-8　　　　　　女性副词频率与分布率对比

			女性			
排名	副词	频次	频率	副词	文本数	分布率
1	不	3163397	0.125317	不	640512	0.047609
2	也	1704192	0.067511	都	533682	0.039668
4	都	1690244	0.66958	也	524665	0.038998
3	就	1592657	0.063092	就	508135	0.037769
5	很	1532224	0.060698	很	464746	0.034544
6	还	861655	0.034134	还	378795	0.028156

续表

			女性			
排名	副词	频次	频率	副词	文本数	分布率
7	又	695670	0.027559	又	344345	0.025595
8	最	612215	0.024253	最	257837	0.019165
9	太	423057	0.016759	再	245817	0.018271
10	再	421233	0.016687	太	241258	0.017933
11	却	383827	0.015205	没	220474	0.016388
12	没	383085	0.015176	没有	214589	0.01595
13	没有	358632	0.014207	还是	213723	0.015886
14	已经	340114	0.013473	已经	209338	0.01556
15	还是	323466	0.012814	却	206376	0.01534
16	才	306863	0.012156	才	198790	0.014776
17	更	279231	0.011062	一直	175354	0.013034
18	一直	273795	0.010846	更	170730	0.01269
19	其实	250516	0.009924	其实	166703	0.012391
20	只	233880	0.009265	只	160568	0.011935

如上表所示，女性副词根据频率排序与分布率排序总体也较为相似，仅有个别副词的排序稍微有所变动，如"却"的频次是383827，频率排序为第11位，但其出现的文本数是206376，分布率排名是第15位，稍微低于其频率排序。

3.6　词长分布性别差异

我们对男性和女性使用的副词的词长进行了统计，词长分为单字词、双字词、三字词和四字词，具体情况如表3-9所示：

表 3-9   男女副词词长统计

性别	副词词种数	一字词	双字词	三字词	四字词
男性	983	194	718	67	4
女性	985	198	712	70	5

总体来看，男性和女性所使用的副词中的单字词、双字词、三字词和四字词在数量上没有较大的区别，女性使用的一字词、三字词和四字词均比男性稍微多一些，但双字词却比男性少 6 个。我们又将不同词长副词的使用频次进行统计，求得其平均频次，找出男性和女性所使用的副词在词长与平均频次上的异同。

表 3-10   男女副词词长与平均频次对比

词长	男性				女性			
	词种数	比例	总频次	平均频次	词种数	比例	总频次	平均频次
单字词	194	19.74%	9154706	47189	198	20.10%	16905468	85381
双字词	718	73.04%	4454407	6204	718	72.28%	8066890	11235
三字词	67	6.82%	163166	2435	65	7.11%	268681	4133
四字词	4	0.41%	1190	298	4	0.51%	2201	550
总计	983	100%	13773469	14011	985	100%	25243240	25628

我们将男性和女性所使用的单字词、双字词、三字词和四字词的总频次以及平均频次进行了调查和统计，发现其中的单字词使用频次最高，男性和女性分别达到了 9154706 和 85381；双字词其次，分别达到了 4454407 和 8066890；三字词分别达到了 2435 和 4133；最小平均频次是四字词，平均频次分别是 298 和 550。随着词长的增加，平均频次却呈下降趋势。我们还发现女性使用副词的平均频次均比男性高，单字词高出的幅度最大，双字词其次，三字词的幅度更小，四字词的幅度

最小。

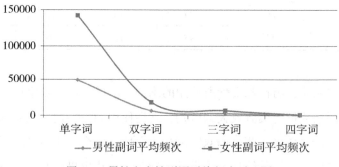

图 3-3　男性和女性副词平均频次对比图

表 3-11　　　　　　　　不同范围词长与平均频次对比

不同词长	数据	前 50 词		前 100 词		前 500 词	
		男性	女性	男性	女性	男性	女性
单字词	词种数	28	25	39	39	138	133
	总频次	8259750	15324326	8571121	16060512	9137488	16874643
	平均频次	294991	612973	219772	411808	66214	126877
双字词	词种数	22	25	59	59	339	345
	总频次	1987470	4104717	3033928	5726996	4312958	7872293
	平均频次	90340	164189	51423	97068	12723	22818
三字词	词种数	0	0	2	2	23	21
	总频次	0	0	58849	118670	149798	179947
	平均频次	0	0	29425	59335	6513	8569
四字词	词种数	0	0	0	0	0	0
	总频次	0	0	0	0	0	0
	平均频次	0	0	0	0	0	0

　　我们选取了前 50 词、前 100 词和前 500 词的范围对不同词长的词种数、总频次以及平均频次进行了统计，发现在不同范围内女性使用副

词的平均频次都比男性高；前50词中，男性和女性均没有出现三字词和四字词；前500词中均未出现四字词；男性和女性的单字词、双字词和三字词副词随着范围的扩大，平均频次都在减少；单字词和双字词的平均频次均高于三字词和四字词。我们分别将不同范围内不同词长的男女平均频次进行折线图对比，差异更加直观，如图3-4所示：

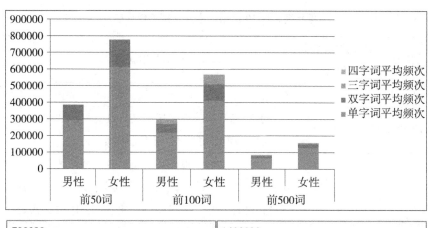

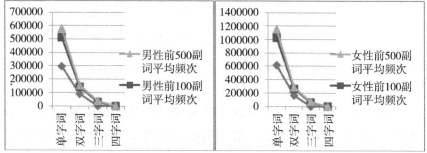

图3-4 不同范围男性和女性不同词长平均频次对比图

3.7 男女共用副词和独用副词

共用副词指男性和女性均使用的副词。高频共用副词指使用频率高的男女共用副词。低频共用副词指使用频率低的男女共用副词。

3.7.1 共用副词

按照频率自高到低的序列，对男性和女性副词进行降序排列，并对其中前 10 位、前 20 位和前 50 位副词分别进行统计，调查结果如表 3-12所示：

表 3-12　　　　　　男女高频前 50 位副词中共用副词统计表

位数	男女共用副词个数(个)	男女共用副词
前 10 位	9	不、也、就、都、很、还、又、最、再
前 20 位	20	不、也、就、都、很、还、又、最、再、已经、太、却、没、没有、更、才、还是、其实、只、一直
前 50 位	45	不、也、就、都、很、还、又、最、再、已经、太、却、没、没有、更、才、还是、其实、只、一直、真、不要、也许、终于、只是、一定、已、比较、就是、将、有点、总是、当然、非常、先、总、似乎、永远、曾经、真是、一、便、别、一起、并、挺、越、刚、是、实在

从表 3-12 中可以看出，在前 10 位副词中，男性和女性共有 9 个副词共用，充分说明这 9 个副词属于男女共用副词，基本不存在性别差异；在前 20 位副词中，全部是共用副词，说明前 20 个副词男女使用情况差别不大；在前 50 位副词中，有 45 个副词共用，趋于男女共用，相比较而言，其中个别副词的频次和频率有一定差异，如"真是""一起""当然"。

现将男女高频前 10 位中出现的 9 个共用副词进行降序排列，频率自高到低依次（">"表示"频率高于"）为：不>也>就>都>很>还>又>最>再。再把男性频率按"1"值、女性各共用副词的使用频率依次输入统计软件，便得出以下频率对比表：

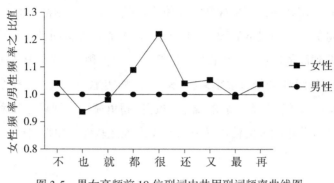

图 3-5 男女高频前 10 位副词中共用副词频率曲线图

从图 3-5 我们发现，男性和女性使用频率最高的前 10 位副词中，有 9 个共用副词在性别方面不存在显著差异。但是，相比而言，女性更倾向使用程度副词"很"，也验证了女性在语言表达中更倾向于使用该副词来表达夸张的口气，而男性更倾向于选用副词"也"。

按照频率自高到低序列，对男性和女性副词进行降序排列，并对最后 10 位、20 位和 50 位副词分别进行统计，调查结果如表 3-13 所示：

表 3-13　　　　　　**男女低频后 50 位副词中共用副词统计表**

位数	男女共用副词个数	男性女性共用副词
后 10 位	0	—
后 20 位	1	阔步
后 50 位	22	稍事、全天候、保准、酣然、保不齐、阔步、照实、逐字、趁势、正色、如实地、行、迅即、挨个儿、大批量、同声、不仅、鼎力、霍然、着意、鱼贯、超负荷

纵览表 3-13，不难发现在男性和女性使用频率最低的后 10 位副词中，没有共用副词，说明男女对于低频词的选用和使用具有极大差异；在后 20 位中只有 1 个共用副词，即"阔步"；在后 50 位中，共用副词有

22 个，不足 50%，说明在低频副词选用和使用中，虽然存在差异，但仍然具有一定共性，即男性和女性使用这些副词的频率都很低。

　　现将男女频率最低后 50 位中出现的 22 个共用副词进行升序排列，频率自低到高依次（">"表示"频率高于"）为：稍事>全天候>保准>酣然>保不齐>阔步>照实>逐字>趁势>正色>如实地>行>迅即>挨个儿>大批量>同声>不仅>鼎力>霍然>着意>鱼贯>超负荷。再把男性频率按"1"值、女性各共用副词的使用频率依次输入统计软件，便得出图 3-6：

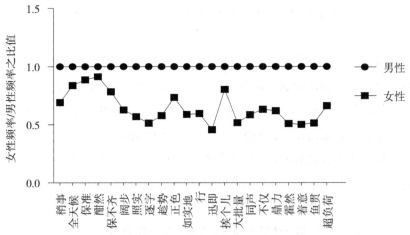

　　注：Y = 1.0 的直线代表以男性副词频率为基准，女性曲线表示女性频率除以男性频率的比值。横轴是男性和女性在使用频率最低的后 50 个副词中的 22 个共用副词，竖轴代表女性频率与男性频率之比。

图 3-6　男女低频后 50 位副词中共用副词频率曲线图

　　从图 3-6 可以发现，在低频后 50 位副词中的 22 个共用副词中，女性使用频率均低于男性，存在显著差异。仔细观察发现女性使用"迅即"的频率相对男性最低，说明男性更倾向于使用"迅即"；而女性使用"酣然"的频率与男性最接近，说明男性女性在使用"酣然"时差异不大。

3.7.2　独用副词

　　通过对男女性使用副词的统计分析，我们发现男女博客中的副词使用具有一定的共性，也具有一定的差异。独用副词指男性使用而女性不使用或女性使用而男性不使用的副词。通过对男女副词逐一对照和统计，发现男性使用而女性不使用的独用副词共 22 个，女性使用而男性不使用的独用副词共 24 个，具体如表 3-14 所示：

表 3-14　　　　　　　　　男女独用副词统计表

	男性	女性
覆盖率	100%	100%
共用副词	961	961
独用副词种数	22	24
独用副词比例	2.24%	2.44%
独用副词	则、原、轻轻、须、缓缓、最初、据此、默、低速、交互、锐意、举凡、小幅、少顷、逐月、逐条、逐级、形同、无日、约略、逐层、通盘	无奈、拼命、明、断、确实、来回来去、每、一骨碌、聊、统共、益发、当堂、怕、特为、可巧、止、远、倏然、些微、竭诚、愣、一准儿、好像、时时处处

观察男性和女性独用副词可知，男性倾向于使用与政治、工作、游戏等相关的内容，副词选用也较为正式，如"逐条、逐级、逐层、形同、约略、通盘"；女性则倾向于使用与感情、心理等相关的副词，如"好像、怕、无奈、来回来去、可巧、些微、一准儿"等女性独用副词。

3.8　小　　结

通过对大规模实际博客语料库中总体副词的研究，我们发现男女性别博客在使用副词时的规律和特点。总体来说，其共性和差异表现为以下几个方面：

第一，具体差异体现在总体副词、男性使用副词和女性使用副词的总数以及三大类中各总数的差异。女性使用的副词比男性多2个，区别很小；副词次类的总数之间也相差很小。根据副词各次类所占的比例可以发现男性和女性在使用副词时的共性：限制性副词>描摹性副词>评注性副词。

第二，女性比男性使用副词的频次平均值多11628，女性在博客中使用副词的总体频次是男性的1.83倍，女性使用副词的频率远高于男性，这说明女性比男性更倾向于使用副词。

第三，男性、女性累加覆盖率趋势曲线图较为相似，男女副词在博客真实文本中都具有一种规律极强的分布情况。

第四，男性使用副词根据频率排序与分布率排序总体较为相似，仅有个别副词的排序有所变动。由于该博客语料库规模庞大，所以分布统计法和频率统计法统计的结果大致相当，没有达到统计意义上的显著水平。

第五，随着男女性使用的副词词长的增加，使用的平均频次却呈下降趋势。我们还发现女性使用副词的平均频次均比男性高，单字词高出的幅度最大，双字词其次，三字词的幅度更小，四字词的幅度最小。

第六，男性和女性的共用副词有961个，各自的非共用副词分别有22个和24个。男性倾向于使用与政治、工作、游戏等相关的内容，副词选用也较为正式；女性则倾向于使用与感情、心理等相关的副词。

第四章　博客各次类副词的
性别差异研究

4.1　引　　言

词汇是语言的建筑材料，是构成语言的要素之一。词汇丰富性能够反映语言的状态。苏新春(1995：6)认为人类语言的词汇系统是语言与文化的"富矿"。国内外学者针对词汇文化内涵挖掘得较为深入，成果较多，但对词汇，尤其是副词以及各次类副词的系统性别差异研究少之又少。本章将以网络博客语料库中真实的数据为研究对象，对男女副词的各次类进行频次、频率、累计频率、累加覆盖率等方面进行统计和研究，从而找出博客中男性和女性对于副词各次类的不同使用规律，最终试图找出男女博客中副词的使用异同。

4.2　男女博客各次类副词研究

吕叔湘(1979)曾认为"副词的内部需要分类，可是不容易分得干净利索，因为副词本身就是个大杂烩"。自马建忠的《马氏文通》开始，国内对汉语副词的分类有马建忠的"状字"六类、黎锦熙(1924)的六类、王力(1943)的八类、吕叔湘(1944)的七类、丁声树(1961)的五类、赵元任(1979)的九类、邢福义(1991)的七类以及张谊生的三大类十小类。

本书基本上采用张谊生先生副词分类标准及体系。副词的分类标准是以句法功能为主要标准，以相关意义为辅助标准，以共现顺序为参考标准。副词可以分为三个大类，即（1）描摹性副词；（2）限制性副词；（3）评注性副词。根据构成语素、表义特点和形成来源，描摹性副词又可以大致分为四小类：（1）表方式；（2）表状态；（3）表情状；（4）表比况。根据连用时的共现顺序和所表示的意义，限制性副词可再分为八个小类：（1）关联副词；（2）时间副词；（3）频率副词；（4）范围副词；（5）程度副词；（6）否定副词；（7）协同副词；（8）重复副词。根据副词及各词类词种数统计，我们将进一步深入考察和研究副词的使用情况。

4.3　描摹性副词男女博客使用差异研究

描摹性副词指以表示词汇意义为主的副词。采用张谊生先生对描摹性副词的分类标准，对男女副词中所有描摹性副词进行详细统计和具体分类，得出男女描摹性副词中四小类的具体数据，如表4-1所示：

表4-1　　　　　　　　　　男性和女性描摹性副词统计表

性别	总数（个）	描摹性副词			
		表方式（个）	表状态（个）	表情状（个）	表比况（个）
男性	356	84	195	61	16
女性	349	83	191	57	18

由表4-1观察可知，男女描摹性副词的总数分别是356个和349个。其中，男性描摹性副词中表方式、表状态、表情状和表比况的副词分别有84个、195个、61个和16个；女性描摹性副词中表方式、表状态、表情状和表比况的副词分别有83个、191个、57个和18个。男性和女性描摹性副词中各次类个数差异极小。

现将以上表格中男性和女性四小类副词个数输入统计软件后，得到

图 4-1:

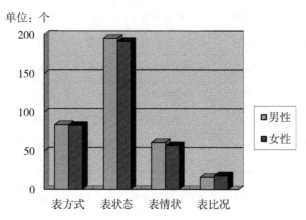

图 4-1　男女博客描摹性副词中四小类副词个数对比图

其中 $p = 0.9783 > 0.05$（$t = 0.02832$ d$f = 6$）

所以，男性和女性描摹性副词中四小类副词的个数在统计学上没有显著性意义，即男性和女性在四小类的个数上没有显著区别。

4.3.1　表方式的前 20 个高频描摹性副词对比

对男性和女性使用描摹性副词频次和频率统计表中表方式的副词分别逐一统计，得出男性和女性表方式描摹性副词对照表（如表 4-2 所示）。现对频率最高的前 20 位副词进行查找和比对，找出 16 个共用副词，试图发现男性和女性在选用和使用表方式的描摹性副词过程中的异同。

表 4-2　男女高频前 20 位表方式描摹性副词中共用副词对照表

序号	男性副词	频次	频率	女性副词	频次	频率
1	不禁	7121	0.000517000	不禁	10687	0.000423361
2	大声	6140	0.000445800	大声	13163	0.000521447
3	一眼	6007	0.000436100	一眼	11215	0.000444277

续表

序号	男性副词	频次	频率	女性副词	频次	频率
4	刻意	3902	0.000283300	刻意	7924	0.000313906
5	特意	3031	0.000220100	特意	6107	0.000241926
6	一头	2531	0.000183800	一头	4165	0.000164995
7	一手	2523	0.000183200	一手	3427	0.000135759
8	一口气	2386	0.000173200	一口气	4377	0.000173393
9	随手	2038	0.000148000	随手	3275	0.000129738
10	亲手	1921	0.000139500	亲手	3839	0.000152080
11	不由得	1915	0.000139000	不由得	2558	0.000101334
12	一心	1497	0.000108700	一心	2453	0.000097175
13	亲眼	1441	0.000104600	亲眼	2481	0.000098284
14	一个劲	1330	0.000096560	一个劲	2700	0.000106959
15	肆意	1325	0.000096200	肆意	2745	0.000108742
16	随身	1284	0.000093220	随身	2196	0.000086994

　　观察表 4-2 可知，以上 16 个表方式的描摹性副词都是高频共用副词，是以频率自高到低的降序排列。其使用频率相差不大，不具有显著的性别差异。

4.3.2　表状态的前 20 个高频描摹性副词对比

　　对男性和女性描摹性副词频次和频率统计表中表状态的副词分别逐一统计，得出男性和女性表状态描摹性副词对照表（如表 4-3 所示）。现对其频率最高的前 20 位副词进行查找和比对，找出 17 个共用副词，试图发现在选用和使用表方式的描摹性副词过程中男性和女性之间的异同。下表为男女表状态描摹性副词 17 个高频共用副词频次、频率对照表：

表 4-3　　男女高频前 20 位表状态描摹性副词中共用副词对照表

序号	男性副词	频次	频率	女性副词	频次	频率
1	先	62621	0.0045465	先	91828	0.003637726
2	慢慢	31483	0.0022858	慢慢	58967	0.002335952
3	相	20127	0.0014613	相	33259	0.001317541
4	到处	11394	0.0008272	到处	20859	0.000826320
5	互相	10746	0.0007802	互相	19032	0.000753944
6	顺便	10285	0.0007467	顺便	16334	0.000647064
7	逐渐	9951	0.0007225	逐渐	10390	0.000411595
8	赶紧	9531	0.000692	赶紧	15198	0.000602062
9	独自	9177	0.0006663	独自	18025	0.000714053
10	尽量	8908	0.0006468	尽量	12526	0.000496212
11	相互	6441	0.0004676	相互	9116	0.000361126
12	随时	6361	0.0004618	随时	11859	0.000469789
13	轻易	5916	0.0004295	轻易	12835	0.000508453
14	整整	5589	0.0004058	整整	10830	0.000429026
15	赶快	4225	0.0003067	赶快	8336	0.000330227
16	早点	3802	0.000276	早点	7363	0.000291682
17	着实	3495	0.0002537	着实	5911	0.000234162

（注：表中副词是以男性副词的频率高低进行的排序。）

将表 4-3 中男性和女性共用副词的使用频率输入统计软件，得到以下两组曲线，如图 4-2 所示。

显而易见，副词"先""逐渐""尽量"的使用频率，相比而言男性更高，尤其是"先"，说明男性更明显倾向于选用和使用该副词。其中曲线图中的 $p = 0.1109 > 0.05$（$t = 1.687$ d$f = 16$），表明两组数据不具有显著性，这说明男性和女性在表状态的描摹性副词使用频率最高前 20 位中的共用副词不具有显著性区别。

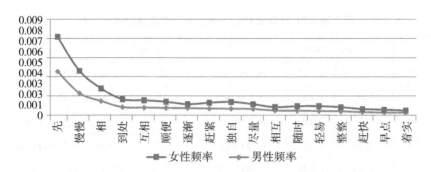

图 4-2 男女高频前 20 位中表状态描摹性共用副词频率曲线图

4.3.3 表情状的前 20 个高频描摹性副词对比

对男性和女性描摹性副词频次和频率统计表中表情状的描摹性副词逐一进行统计，得出男性和女性表情状描摹性副词对照表。现对其频率最高的前 20 位副词进行查找和比对，找出 15 个共用副词，试图发现在选用和使用表情状的描摹性副词过程中男性和女性之间的异同。表 4-4 为男女表情状描摹性副词中 15 个高频共用副词频次、频率对照表：

表 4-4 男女高频前 20 位表情状描摹性副词中共用副词对照表

序号	男性副词	频次	频率	女性副词	频次	频率
1	依然	27866	0.0020231650	依然	50204	0.0019888097
2	偶	19507	0.0014162740	偶	73221	0.0029006181
3	偷偷	5858	0.0004253100	偷偷	13651	0.0005407784
4	深深	4792	0.0003479150	深深	9794	0.0003879851
5	悄悄	3629	0.0002634780	悄悄	7169	0.0002839968
6	狠狠	3606	0.0002618080	狠狠	8756	0.0003468651
7	苦苦	2367	0.0001718520	苦苦	3565	0.0001412259
8	深深地	2169	0.0001574770	深深地	3557	0.0001409090
9	依稀	1929	0.0001400520	依稀	2962	0.0001173383
10	悄然	1819	0.0001320660	悄然	2624	0.0001039486

续表

序号	男性副词	频次	频率	女性副词	频次	频率
11	迟迟	1558	0.0001131160	迟迟	2721	0.0001077912
12	快快	1433	0.0001040410	快快	4585	0.0001816328
13	毅然	1388	0.0001007740	毅然	1801	0.0000713458
14	牢牢	1289	0.0000935857	牢牢	2172	0.0000860428
15	草草	1187	0.0000861802	草草	1868	0.0000740000

（注：表中副词是以男性副词的频率高低进行的排序。）

将表 4-4 中男性和女性共用副词的使用频率输入统计软件，得到图 4-3 中的两组曲线：

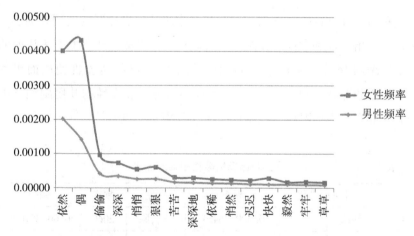

图 4-3　男女高频前 20 位中表状态描摹性共用副词频率曲线图

显而易见，副词"偶"在图中男女差异极大，但是该词在博客语料中具有一定的特殊性，"偶"除了作副词之外还可以用来指"我"，其使用频率也较高，上图中所示的"偶"的频率可能包含"我"的义项，所以该副词较为特殊。同时，本书中所使用的自动标注软件准确率有限，导致"我"义项的"偶"部分标注为副词，造成男性和女性的频次和频率都相对偏高。例如：

（1）那/r 为/p 虾米/n 偶/d 还/d 心甘情愿/i 喝/v 这么/r 难/ad 喝/v 的/u 东西/n...-_,-/w（blog\female\use\1\00lydia\2006-07-23 21.14.06.txt(5)）

（2）偶/d 等/v 您/r 请/v 吃饭/v 捏/v ~/w
（female\use\1\00lydia\2006-07-31 17.15.50.txt(22)）

曲线图中的 $p=0.1109>0.05$（$t=1.687$ df$=16$），表明两组数据不具有显著性，这就说明男性和女性在表状态的描摹性副词使用频率最高前 20 位中的共用副词不具有显著性区别。

4.3.4 表比况的描摹性副词对比

对男性和女性描摹性副词频次和频率统计表表比况的副词分别逐一统计，得出男性和女性表比况描摹性副词表对照表。男性共有表比况的描摹性副词 16 个，女性共有 17 个，其中"一骨碌"为女性使用而男性并未使用的非共用副词，其余 16 个副词为男性和女性的共用副词。下表为全部男女表比况描摹性副词频次、频率对照表：

表 4-5　　　　　　　　　男女表比况描摹性副词对照表

序号	男性副词	频次	频率	女性副词	频次	频率
1	一转眼	1053	0.000076451	一转眼	2060	0.000081606
2	死活	1005	0.000072966	死活	2214	0.000087707
3	飞速	890	0.000064617	飞速	1095	0.000043378
4	百般	814	0.000059099	百般	1691	0.000066988
5	眼看	786	0.000057066	眼看	1224	0.000048488
6	万般	368	0.000026718	万般	907	0.000035930
7	誓死	252	0.000018296	誓死	478	0.000018936
8	拼死	237	0.000017207	拼死	319	0.000012637

续表

序号	男性副词	频次	频率	女性副词	频次	频率
9	火速	234	0.000016989	火速	424	0.000016797
10	一溜烟	215	0.000015610	一溜烟	350	0.000013865
11	斗胆	180	0.000013069	斗胆	170	0.000006735
12	死	129	0.000009366	死	248	0.000009824
13	一窝蜂	112	0.000008132	一窝蜂	163	0.000006457
14	联袂	95	0.000006897	联袂	69	0.000002733
15	群起	75	0.000005445	群起	53	0.000002100
16	鱼贯	66	0.000004792	鱼贯	62	0.000002456
17				一骨碌	98	0.000003882

（注：表中副词是以男性副词的频率高低进行的排序。）

把表 4-5 中男性和女性全部使用频率输入统计软件，得到以下两组曲线：

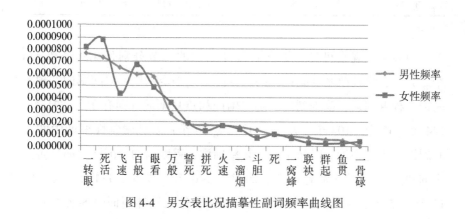

图 4-4　男女表比况描摹性副词频率曲线图

在共用副词中"死活"和"飞速"的使用频率较高，女性使用"死活"的频率高于男性，而男性使用"飞速"的频率明显高于女性，显然这两个副词具有一定的性别倾向。而在女性所使用的非共用副词中，"拼命"的使用频率远远高于其他所有副词的使用频率，说明女性非常爱用该词，可以把它界定为女性高频专用副词。"一骨碌"这一女性使用的非共用副词的使用频率非常低。

4.4　限制性各次类副词男女博客使用差异研究

对所有限制性副词进行详细统计和具体分类，得出男性和女性限制性副词频次和频率统计表，再具体细分，即可得到男女限制性副词中的八小类的具体数据，如表4-6所示：

表4-6　　　　　男性和女性限制性副词各次类统计表

性别	总数（个）	关联副词（个）	否定副词（个）	时间副词（个）	频率副词（个）	程度副词（个）	范围副词（个）	协同副词（个）	重复副词（个）
男性	429	2	31	144	47	104	77	16	15
女性	434	1	29	146	47	111	81	13	15

由表4-6观察可知，男女限制性副词的总数分别是429个和434个。其中，男性限制性副词中的关联副词、否定副词、时间副词、频率副词、程度副词、范围副词、协同副词和重复副词分别有2个、31个、144个、47个、104个、77个、16个、15个；女性限制性副词中的关联副词、否定副词、时间副词、频率副词、程度副词、范围副词、协同副词和重复副词分别有1个、29个、146个、47个、111个、81个、13个、15个。从个数方面来看，男性和女性限制性副词中各次类差异很小。

现将表4-6中男性和女性八小类副词个数输入统计软件后，得到图4-5：

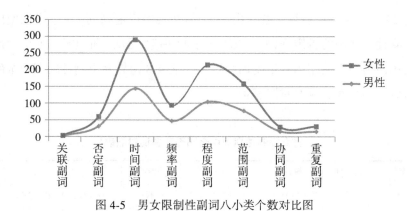

图 4-5 男女限制性副词八小类个数对比图

其中 $p = 0.9731 > 0.05$（$t = 0.03428$ d$f = 14$），所以，男性和女性限制性副词中八小类副词个数在统计学上没有显著性意义，即男性和女性在八小类的个数上没有显著区别。

4.4.1 关联副词

关联副词是从句法功能、逻辑功能、篇章功能的角度划分出来的一种特殊的副词小类。张谊生认为："在现代汉语中，纯粹意义的关联副词是不存在的。"因此，本书所统计的男性和女性使用的关联副词都极少，具体情况如表 4-7 所示：

表 4-7　　　　　男女关联副词频次频率对照表

序号	男性副词	频次	频率	女性副词	频次	频率
1	则	37432	0.002717689	为此	5655	0.00022402
2	为此	4546	0.000330055	—	—	—

4.4.2 否定副词

笔者分别对男性和女性否定副词进行逐一统计，得出男性和女性限制性副词中否定副词对照表。其中，男性否定副词共有 31 个，女性共有 29 个。逐一比较后，统计出 28 个男女共用否定副词，3 个男性使用而女性不使用的否定副词，它们分别是"白""无从"和"徒"，1 个女性使用而男性不使用的否定副词"从没"。表 4-8 为男女限制性副词中全部否定副词频次、频率对照表：

表 4-8　　　　　男女限制性副词中全部否定副词对照表

序号	男性副词	频次	频率	女性副词	频次	频率
1	不	1658109	0.120384	不	3163397	0.125317
2	没	203937	0.014807	没	383085	0.015176
3	没有	202696	0.014716	没有	358632	0.014207
4	不要	94604	0.006869	不要	205800	0.008153
5	别	46696	0.003390	别	84668	0.003354
6	不再	32126	0.002332	不再	66943	0.002652
7	未	26845	0.001949	未	36628	0.001451
8	不用	26245	0.001905	不用	52416	0.002076
9	非	11119	0.000807	非	16940	0.000671
10	莫	6320	0.000459	莫	8300	0.000329
11	瞎	4650	0.000338	瞎	8778	0.000348
12	绝不	4633	0.000336	绝不	6878	0.000272
13	永不	3819	0.000277	永不	6413	0.000254
14	空	3349	0.000243	空	4947	0.000196
15	勿	3158	0.000229	勿	3566	0.000141
16	尚未	3031	0.000220	尚未	3432	0.000136
17	从没	2532	0.000184	无从	3626	0.000144
18	再不	2457	0.000179	再不	5294	0.000210
19	白白	2078	0.000151	白白	5448	0.000216
20	虚	1411	0.000102	虚	1650	0.000065
21	并未	1390	0.000101	并未	1374	0.000054
22	免	1078	0.000078	免	1592	0.000063

续表

序号	男性副词	频次	频率	女性副词	频次	频率
23	毋	450	0.000033	毋	440	0.000017
24	不堪	445	0.000032	不堪	659	0.000026
25	甭	413	0.000030	甭	646	0.000026
26	胡	406	0.000029	胡	600	0.000024
27	穷	233	0.000017	穷	405	0.000016
28	徒然	214	0.000016	徒然	366	0.000015

（注：表中副词是以男性副词的频率高低进行的排序。）

把表 4-8 中男性和女性全部使用频率输入统计软件，得到以下两组曲线，如图 4-6 所示：

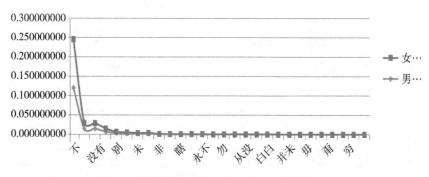

图 4-6　男女限制性副词中否定副词频率曲线图

图 4-6 显示，首先，男性和女性在使用限制性副词中的否定副词方面总体上区别不大，而且男性和女性否定副词中使用频率最高的都是"不"，其频率远远高于其他共用否定副词。其次，否定副词"没""没有"和"不要"的使用频率相对较高，其他共用副词使用频率都较低，且相差不大。

曲线图中的 $p = 0.3061 > 0.05$（$t = 1.043$　$\mathrm{d}f = 27$），表明两组数据无显著差异，说明男性和女性在全部否定副词中的 28 个共用副词不具有显著性别区别。

4.4.3 时间副词

对男性和女性限制性副词中的时间副词分别逐一统计，得出男性和女性限制性副词中时间副词对照表。男性时间副词共有 145 个，女性共有 146 个，再对时间副词进行逐一比较，统计出高频前 20 位时间副词中的 18 个男女共用副词。表4-9 为 18 个男女共用时间副词频次、频率对照表：

表4-9　　　　男女高频前 20 位时间副词中共用副词对照表

序号	男性副词	频次	频率	女性副词	频次	频率
1	就	886037	0.064329255	就	1592657	0.063092416
2	已经	206420	0.014986784	已经	340114	0.013473469
3	才	163483	0.011869414	才	306863	0.012156245
4	一直	116904	0.008487622	一直	273795	0.010846270
5	已	77207	0.005605487	已	111876	0.004431919
6	将	74240	0.005390073	将	69080	0.002736574
7	永远	56357	0.004091707	永远	125873	0.004986404
8	曾经	55372	0.004020193	曾经	113720	0.004504969
9	便	48398	0.003513857	便	70030	0.002774208
10	刚	42993	0.003121436	刚	72127	0.002857280
11	就要	32994	0.002395475	就要	61662	0.002442713
12	曾	32741	0.002377106	曾	49980	0.001979936
13	快	27903	0.002025851	快	56937	0.002255535
14	正在	23361	0.001696087	正在	30097	0.001192280
15	马上	21215	0.001540280	马上	34641	0.001372288
16	刚刚	20717	0.001504124	刚刚	37779	0.001496599
17	仍然	20204	0.001466878	仍然	31135	0.001233400
18	从来	19978	0.001450470	从来	42714	0.001692097

（注：表中副词是以男性副词的频率高低进行的排序。）

　　将表4-9中男性和女性共用副词的使用频率输入统计软件，得到以图4-7两组曲线：

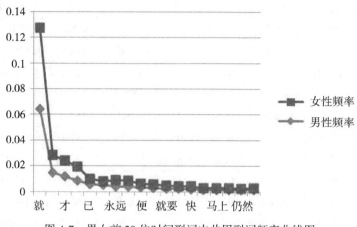

图4-7　男女前20位时间副词中共用副词频率曲线图

　　图4-7显示，男性和女性前18位共用时间副词的使用频率都相对较高，且总体上区别不大。"就"的使用频率远远高于其他任何时间副词，说明该时间副词没有性别差异。仔细观察曲线图，还可发现女性使用时间副词"一直"的频率略高于男性，而"将"的使用频率略低于男性。其他共用时间副词频率男性和女性之间相差不大。曲线图中的 $p = 0.3471 > 0.05$（$t = 0.9669$ d$f = 17$），表明两组数据无显著差异，说明男性和女性在全部时间副词中的18个共用副词不具有显著性别区别。

4.4.4　频率副词

　　对频率副词分别逐一统计，得出男性和女性限制性副词中的频率副词对照表。男性频率副词共有145个，女性共有146个，再对男性和女性频率副词进行逐一比较，统计出高频前20位频率副词中的19个男女共用副词。表4-10为前20位频率副词中的19个男女共用频率副词频次、频率对照表：

表 4-10　　　　　男女高频前 20 位频率副词中共用副词对照表

序号	男性副词	频次	频率	女性副词	频次	频率
1	还	451736	0.032797547	还	861655	0.034134089
2	总是	70219	0.005098135	总是	166758	0.006606046
3	经常	32274	0.002343201	经常	47839	0.001895121
4	不断	27785	0.002017284	不断	37404	0.001481743
5	有时候	23385	0.001697829	有时候	52363	0.002074338
6	有时	21422	0.001555309	有时	43588	0.001726720
7	常	20874	0.001515522	常	35871	0.001421014
8	往往	19838	0.001440305	往往	24340	0.000964219
9	常常	16185	0.001175085	常常	36780	0.001457024
10	偶尔	14591	0.001059356	偶尔	34792	0.001378270
11	天天	12362	0.000897523	天天	26856	0.001063889
12	通常	11428	0.000829711	通常	14601	0.000578412
13	老是	6041	0.000438597	老是	13201	0.000522952
14	时常	4888	0.000354885	时常	8797	0.000348489
15	渐	4683	0.000340002	渐	7567	0.000299763
16	不时	4244	0.000308129	不时	6238	0.000247116
17	每每	3682	0.000267326	每每	7375	0.000292157
18	一度	3672	0.000266600	一度	5910	0.000234122
19	时不时	3455	0.000250845	时不时	7085	0.000280669

（注：表中副词是以男性副词的频率高低进行的排序。）

　　把表 4-10 中男性和女性 19 个共用频率副词的使用频率输入统计软件，得到图 4-8 中的两组曲线：

　　从图 4-8 可以发现，男性和女性前 19 位共用频率副词的使用频率都相对较高，且总体上区别不大。"还"的使用频率远远高于其他任何频率副词，说明该频率副词没有性别差异。其次，"总是"的男女使用频率也比较高。相对而言，女性使用这两个副词的频率略高于男性。仔细观察曲线图，还可发现女性使用时间副词"不断"和"往往"的频率略低于男性，其他共用时间副词频率男性和女性之间相差不大。

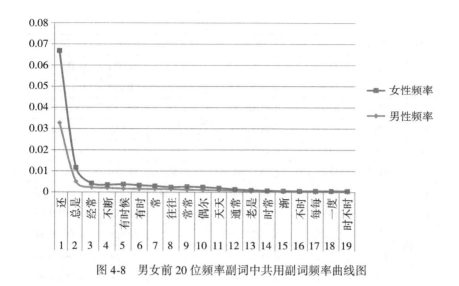

图 4-8 男女前 20 位频率副词中共用副词频率曲线图

曲线图中的 $p = 0.3169 > 0.05$（$t = 1.029$ d$f = 18$），表明两组数据无显著差异，说明男性和女性在前 20 位副词中的 19 个共用副词的频率不具有显著性别区别。从男女限制性副词中的频率副词总体上看，男性和女性的个数相同，频率差异极小。

4.4.5 程度副词

对程度副词分别逐一统计，得出男性和女性限制性副词中程度副词对照表，其中男性程度副词共有 104 个，女性共有 111 个，再进行逐一比较，统计出高频前 20 位程度副词中的 19 个男女共用副词。表 4-11 为前 20 位程度副词中的 19 个男女共用副词频次、频率对照表：

表 4-11 **男女高频前 20 位程度副词中共用程度副词对照表**

序号	男性副词	频次	频率	女性副词	频次	频率
1	很	684510	0.0496977	很	1532224	0.0606984
2	还	451736	0.0327975	还	861655	0.0341341
3	最	336772	0.0244508	最	612215	0.0242526
4	更	188930	0.013717	更	279231	0.0110616

续表

序号	男性副词	频次	频率	女性副词	频次	频率
5	比较	75530	0.0054837	比较	100971	0.0039999
6	有点	71908	0.0052208	有点	148753	0.0058928
7	非常	67066	0.0048692	非常	95622	0.003788
8	挺	43854	0.0031839	挺	84197	0.0033354
9	越	43126	0.0031311	越	80158	0.0031754
10	特别	38441	0.0027909	特别	78024	0.0030909
11	越来越	35464	0.0025748	越来越	66307	0.0026267
12	好好	34519	0.0025062	好好	88552	0.0035079
13	好	31855	0.0023128	好	80225	0.0031781
14	几乎	31420	0.0022812	几乎	43629	0.0017283
15	大	31184	0.0022641	大	47411	0.0018782
16	还要	30087	0.0021844	还要	57245	0.0022677
17	多	26811	0.0019466	多	48345	0.0019152
18	更加	24560	0.0017831	更加	36588	0.0014494
19	绝对	21332	0.0015488	绝对	33635	0.0013324

（注：表中副词是以男性副词的频率高低进行的排序。）

把表 4-11 中男性和女性 19 个共用频率副词的使用频率输入统计软件，得到以图 4-9 两组曲线：

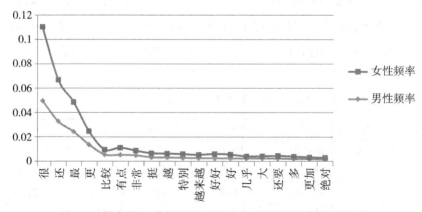

图 4-9　男女前 20 位限制性副词中共用程度副词频率曲线图

从图 4-9 可以发现，男性和女性前 19 位共用程度副词的使用频率都相对较高，且总体上区别不大。尽管男性和女性程度副词中使用频率最高的都是"很"，但是女性使用频率大大高于男性，说明女性更倾向于选用和使用该词。在高频词中，"很""还""最"和"更"的使用频率都远远高于其他副词。曲线图中的 $p = 0.4778 > 0.05$（$t = 0.7250$ $df = 18$），表明两组数据无显著差异，说明男性和女性在前 20 位副词中的 19 个共用副词的频率不具有显著性别区别。

4.4.6 范围副词

对范围副词分别逐一统计，得出男性和女性限制性副词中范围副词对照表，其中男性范围副词共有 78 个，女性共有 81 个。再对范围副词进行逐一比较，统计出高频前 20 位范围副词中的 19 个男女共用副词。表 4-12 为前 20 位范围副词中的 19 个男女共用副词频次、频率对照表：

表 4-12　　　**男女高频前 20 位范围副词中共用副词对照表**

序号	男性副词	频次	频率	女性副词	频次	频率
1	就	886037	0.0643292550	就	1592657	0.0630924160
2	都	846641	0.0614689734	都	1690244	0.0669582827
3	才	163483	0.0118694136	才	306863	0.0121562446
4	只	123723	0.0089827044	只	233880	0.0092650547
5	只是	82647	0.0060004491	只是	174759	0.0069230020
6	就是	74581	0.0054148305	就是	127416	0.0050475296
7	一	49129	0.0035669300	一	84619	0.0033521450
8	至少	31479	0.0022854809	至少	49235	0.0019504232
9	不过	29495	0.0021414358	不过	53943	0.0021369285
10	全	22210	0.0016125204	全	35166	0.0013930858
11	只有	19382	0.0014071981	只有	31851	0.0012617635
12	仅	14182	0.0010296607	仅	15459	0.0006124016

续表

序号	男性副词	频次	频率	女性副词	频次	频率
13	仅仅	12502	0.0009076871	仅仅	13471	0.0005336478
14	即	10952	0.0007951519	即	10239	0.0004056135
15	皆	9957	0.0007229116	皆	10240	0.0004056532
16	只不过	9711	0.0007050511	只不过	13713	0.0005432345
17	分别	9626	0.0006988799	分别	10760	0.0004262527
18	共	9273	0.0006732509	共	10277	0.0004071189
19	光	8992	0.0006528493	光	13265	0.0005254872

（注：表中副词是以男性副词的频率高低进行的排序。）

　　把表 4-12 中男性和女性 19 个共用范围副词的使用频率输入统计软件，得到以下频率对比曲线图（图 4-10）：

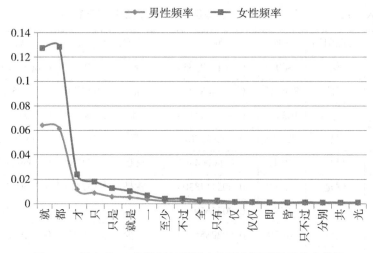

图 4-10　男女前 20 位限制性副词中共用范围副词频率曲线图

　　从图 4-10 中可以发现，男性和女性前 19 位共用范围副词的使用频率都相对较高，且总体上区别不大。副词"就"和"都"的使用频率在男性和女性范围副词中都是最高的两个，远远高于其他范围副词。但是，男性使用"就"的频率略高于女性，而女性使用"都"的频率明显高于男性。在高频词中，还有"才""只""只是"和"就是"等副词的频率都相对高于其他副词。曲线图中的 $p = 0.7244 > 0.05$（$t = 0.3582$ d$f = 18$），表明两组数据无显著差异，说明男性和女性在前 20 位副词中的 19 个共用副词的频率不具有显著性别区别。

4.4.7　协同副词

对男性和女性范围副词分别逐一统计，得出男性和女性限制性副词中协同副词对照表，其中男性协同副词共有 16 个，女性共有 13 个；再对表中的协同副词进行逐一比较，统计出共用副词。

表 4-13　　　　　男女限制性副词中全部协同副词对照表

序号	男性副词	频次	频率	女性副词	频次	频率
1	一起	46209	0.003355	一边	3043	0.001547
2	一边	19143	0.001390	边	33961	0.00135
3	边	16472	0.001196	同时	7546	0.000299
4	同时	6398	0.000465	共同	7284	0.000289
5	共同	5900	0.000428	一块	6956	0.000276
6	一道	5666	0.000411	一同	5661	0.000224
7	一块	4667	0.000339	一面	4874	0.000193
8	一同	344	0.000243	同	4333	0.000172
9	一面	2920	0.00212	一路	2528	0.000100
10	同	2675	0.000194	一齐	2298	0.000091
11	齐	1782	0.000129	齐	1965	0.0000778
12	一路	1189	0.000086	一块儿	801	0.0000312
13	一齐	1129	0.000082	另外	286	0.000011
14	一块儿	522	0.000038			
1	另外	197	0.000014			
16	举凡	57	0.000004			

（注：表中副词是以男性副词的频率高低进行的排序。）

把表 4-13 中男性和女性协同副词的使用频率输入统计软件，得到图 4-11 中的簇状柱形图：

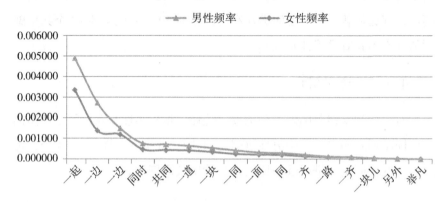

图 4-11　男女限制性协同副词频率对照图

从图 4-11 可以发现：

（1）男女限制性协同副词在使用总数上不同，男性有 16 个，女性有 13 个，其中男女共用的有 13 个，另有 3 个协同副词男性使用而女性并不使用，它们分别是："一起""一道"和"举凡"。观察图 4-11 可以发现：男性使用"一起"的频率远远高于男女所使用的其他协同副词，这足以说明"一起"带有浓厚的男性话语色彩；同时，"一道"和"举凡"也明显带有男性话语色彩。

（2）男性和女性前 13 位共用协同副词的使用频率都相对较高，且总体上男女使用情况区别不是很大。协同副词"一边"和"边"的使用频率在男性和女性共用协同副词中都是最高的，且远远高于其他协同副词，但女性使用这两个副词的频率略高于男性。但是，男性使用"同时""共同""一块"的频率略高于女性。

（3）曲线图中的 $p = 0.6353 > 0.05$（$t = 0.4865$　$df = 12$），表明两组数据无显著差异，说明男性和女性 13 个共用协同副词的使用频率不具有显著性别区别。

4.4.8 重复副词

对男性和女性范围副词逐一统计，得出男性和女性限制性副词中重复副词对照表，其中，男性重复副词共有 15 个，女性共有 14 个；进行逐一比较后，统计出 14 个共用副词，如表 4-14 所示。

表 4-14　　　　　　　　男女限制性副词中重复副词对照表

序号	男性副词	频次	频率	女性副词	频次	频率
1	也	993089	0.0721015889	也	1704192	0.0675108267
2	还	451736	0.0327975472	还	861655	0.0341340890
3	又	360462	0.0261707490	又	695670	0.0275586652
4	再	221448	0.0160778668	再	421233	0.0166869625
5	更	188930	0.0137169510	更	279231	0.0110616149
6	重新	22956	0.0016666825	重新	35066	0.0013891244
7	再次	22858	0.0016595674	再次	31433	0.0012452047
8	重	13580	0.0009859535	重	20673	0.0008189519
9	一再	2377	0.0001725782	一再	4353	0.0001724422
10	再度	2322	0.0001685850	再度	3100	0.0001228052
11	再三	1085	0.0000787746	再三	1815	0.0000719004
12	来回	432	0.0000313646	来回	761	0.0000301467
13	反反复复	205	0.0000148837	反反复复	663	0.0000262645
14	复	91	0.0000066069	复	86	0.0000034069

（注:表中副词是以男性副词的频率高低进行的排序。）

把表 4-14 中男性和女性重复副词的使用频率输入统计软件，得到图 4-12 中的两组柱状对比图：

观察图 4-12 可以发现：男性和女性使用"也"的频率远远高于他们

所使用的其他重复副词，可见该词的普遍适用程度极高。(2)男性和女性的共用重复副词使用情况区别不是很大。重复副词"也""还""又""再"和"更"的使用频率在男性和女性重复副词中都是最高的，且远高于其他重复副词。另外，男性使用"也"和"更"的频率略高于女性，说明男性更倾向于使用这两个重复副词。(3)曲线图中的 $p=0.4182>0.05$ ($t=0.8360$ df=13)，表明两组数据无显著差异，说明男性和女性 14 个共用副词的使用频率不具有显著性别区别。

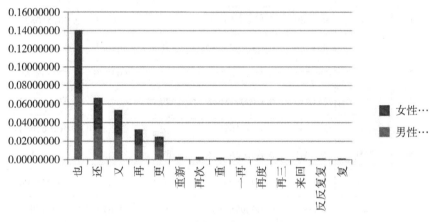

图 4-12　男女限制性重复副词频率对比图

4.5　评注性副词男女博客使用差异研究

评注性副词主要表示说话者对事件、命题的主观评价和态度。对男性和女性评注性副词进行逐一统计，得出男性和女性评注性副词对照表。现对其频率最高的前 20 位评注性副词进行查找和比对，找出 16 个共用副词，试图发现在选用和使用评注性副词过程中男性和女性之间的异同。表 4-15 为男女评注性副词 16 个高频共用副词频次、频率对照表：

表 4-15   男女高频前 20 位评注性副词中共用副词对照表

序号	男性副词	频次	频率	女性副词	频次	频率
1	太	205030	0.014885865	太	423057	0.01675922
2	却	204164	0.014822991	却	383827	0.01520514
3	还是	157425	0.011429583	还是	323466	0.012813965
4	真	95630	0.006943058	真	216084	0.008560074
5	也许	92708	0.006730911	也许	173911	0.006889409
6	终于	87984	0.006387933	终于	178686	0.007078568
7	一定	79560	0.005776323	一定	175361	0.00694685
8	当然	68530	0.004975508	当然	91428	0.003621881
9	总	60420	0.004386694	总	127459	0.005049233
10	似乎	57344	0.004163367	似乎	98068	0.003884921
11	真是	54001	0.003920654	真是	143302	0.005676847
12	刚	42993	0.003121436	刚	72127	0.00285728
13	是	42610	0.003093629	是	79782	0.003160529
14	实在	42482	0.003084336	实在	76952	0.00304842
15	居然	40704	0.002955247	居然	83701	0.003315779
16	本来	39481	0.002866453	本来	73846	0.002925377

（注：表中副词是以男性副词的频率高低进行的排序。）

将表 4-15 中男性和女性全部使用频率输入统计软件，得到以下两组曲线：

图 4-13 显示：女性使用副词"太""还是""真""一定""真是"的频率明显大于男性，而男性使用"当然"的频率明显大于女性。说明尽管这些副词均是高频词，仍存在着一定的性别差异。曲线图中的 $p = 0.0322 < 0.05$（$t = 2.361$ d$f = 15$），表明两组数据有显著差异，说明男性和女性在高频前 20 位评注性副词中 16 个共用副词的使用上具有显著性区别。

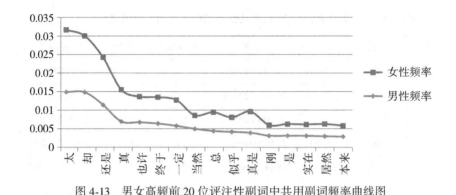

图 4-13 男女高频前 20 位评注性副词中共用副词频率曲线图

4.6 小 结

通过对大规模实际博客语料库中副词的研究，我们发现男女性别博客在使用副词时的规律和特点。在副词各次类方面具体表现为：

第一，从各次类的数量上看，男性描摹性副词个数比女性多，其中，表方式、表状态和表情状的副词都比女性多，女性表比况的描摹性副词比男性多 2 个，但差异并未达到统计上的显著水平。在描摹性副词的使用中，女性更倾向于使用表比况的描摹性副词，而男性更倾向于使用表示方式、状态和情状的描摹性副词。

第二，女性比男性更倾向于使用评注性副词。女性使用副词"太""还是""真""一定""真是"的频率明显大于男性，而男性使用"当然"的频率明显大于女性。说明这些评注性副词均是高频词，但也存在着一定的性别差异。

第三，在限制性副词的数量上，男性和女性大致相当。其中，各个次类的数量也大致相当。但女性使用时间副词、范围副词和程度副词数量都比男性多，男性使用关联副词、否定副词和协同副词数量都比女性多，使用频率副词和重复副词的数量等同。

第五章　博客高低频副词的
性别差异研究

5.1　引　言

本章将以统计出来的男女高频副词为研究对象，针对不同性别高频出现和低频出现的副词展开深入研究，试图客观、真实地描述和解释它们使用的不同规律。在博客全部语料中覆盖率达到90%的副词均视为高频副词。①

5.1.1　高频副词基本情况

根据附录一和附录二中男女累加频率和累加覆盖率的统计，男性由高到低排序前 152 位副词为高频副词，占所有男性副词词种数的15.46%；女性由高到低排序前 90 位副词为高频副词，占所有女性副词词种数的9.14%。统计如表 5-1 所示：

表 5-1　　　　　　　男性和女性高频副词词种数对比表

性别	全部副词词种数(个)	高频副词词种数(个)	比例
男性	983	152	15.46%
女性	985	90	9.14%

① 参见国家语言资源监测与研究中心编《中国语言生活状况报告》(2008)下编，商务印书馆 2008 年版，第 424 页。

男性和女性高频副词的具体排序和频率如表 5-2 和表 5-3 所示：

表 5-2　　　　　男性前 152 位高频副词及其频次统计表

序号	副词	频次	序号	副词	频次	序号	副词	频次
1	不	1658109	24	终于	87984	47	越	43126
2	也	993089	25	只是	82647	48	刚	42993
3	就	886037	26	一定	79560	49	是	42610
4	都	846641	27	已	77207	50	实在	42482
5	很	684510	28	比较	75530	51	居然	40704
6	还	451736	29	就是	74581	52	甚至	39839
7	又	360462	30	将	74240	53	本来	39481
8	最	336772	31	有点	71908	54	特别	38441
9	再	221448	32	总是	70219	55	则	37432
10	已经	206420	33	当然	68530	56	或许	36495
11	太	205030	34	非常	67066	57	必须	36079
12	却	204164	35	先	62621	58	竟然	36056
13	没	203937	36	总	60420	59	越来越	35464
14	没有	202696	37	似乎	57344	60	原来	35317
15	更	188930	38	永远	56357	61	好好	34519
16	才	163483	39	曾经	55372	62	正	33389
17	还是	157425	40	真是	54001	63	就要	32994
18	其实	126923	41	一	49129	64	曾	32741
19	只	123723	42	便	48398	65	经常	32274
20	一直	116904	43	别	46696	66	不再	32126
21	真	95630	44	一起	46209	67	好	31855
22	不要	94604	45	并	44755	68	慢慢	31483
23	也许	92708	46	挺	43854	69	至少	31479

续表

序号	副词	频次	序号	副词	频次	序号	副词	频次
70	几乎	31420	98	相	20127	126	就算	13998
71	大	31184	99	从来	19978	127	基本上	13943
72	还要	30087	100	往往	19838	128	首先	13755
73	不过	29495	101	根本	19615	129	重	13580
74	毕竟	28334	102	到底	19510	130	简直	13473
75	快	27903	103	偶	19507	131	难以	13206
76	依然	27866	104	多么	19466	132	更是	12882
77	不断	27785	105	只有	19382	133	必	12779
78	未	26845	106	一边	19143	134	仅仅	12502
79	多	26811	107	最好	18879	135	天天	12362
80	不用	26245	108	不得不	18479	136	要	12247
81	大概	25297	109	仍	18094	137	早就	12162
82	更加	24560	110	只好	18075	138	约	11816
83	有时候	23385	111	较	16877	139	早已	11521
84	正在	23361	112	亦	16578	140	通常	11428
85	重新	22956	113	边	16472	141	到处	11394
86	再次	22858	114	常常	16185	142	反而	11207
87	全	22210	115	相当	16084	143	非	11119
88	尤其	21596	116	极	15977	144	即将	11061
89	有时	21422	117	忽然	15861	145	即	10952
90	绝对	21332	118	连	14896	146	特	10917
91	马上	21215	119	始终	14893	147	竟	10881
92	难道	21119	120	偶尔	14591	148	互相	10746
93	反正	20976	121	倒	14503	149	果然	10652
94	常	20874	122	渐渐	14482	150	顺便	10285
95	刚刚	20717	123	蛮	14262	151	倒是	10217
96	的确	20510	124	仿佛	14259	152	究竟	10137
97	仍然	20204	125	仅	14182			

表 5-3　　　　　　　**女性前 90 位高频副词及其频次统计表**

序号	副词	频次	序号	副词	频次	序号	副词	频次
1	不	3163397	31	就是	127416	61	并	63366
2	也	1704192	32	永远	125873	62	就要	61662
3	都	1690244	33	曾经	113720	63	慢慢	58967
4	就	1592657	34	已	111876	64	还要	57245
5	很	1532224	35	一起	108080	65	快	56937
6	还	861655	36	比较	100971	66	甚至	56728
7	又	695670	37	似乎	98068	67	不过	53943
8	最	612215	38	非常	95622	68	不用	52416
9	太	423057	39	先	91828	69	有时候	52363
10	再	421233	40	当然	91428	70	依然	50204
11	却	383827	41	好好	88552	71	曾	49980
12	没	383085	42	别	84668	72	至少	49235
13	没有	358632	43	一	84619	73	多	48345
14	已经	340114	44	挺	84197	74	经常	47839
15	还是	323466	45	居然	83701	75	大	47411
16	才	306863	46	好	80225	76	大概	46963
17	更	279231	47	越	80158	77	正	44063
18	一直	273795	48	是	79782	78	几乎	43629
19	其实	250516	49	原来	79409	79	有时	43588
20	只	233880	50	特别	78024	80	从来	42714
21	真	216084	51	实在	76952	81	反正	41945
22	不要	205800	52	本来	73846	82	多么	41512
23	终于	178686	53	偶	73221	83	到底	41186
24	一定	175361	54	竟然	73192	84	毕竟	40162
25	只是	174759	55	刚	72127	85	一边	39043
26	也许	173911	56	便	70030	86	必须	38897
27	总是	166758	57	将	69080	87	刚刚	37779
28	有点	148753	58	不再	66943	88	不断	37404
29	真是	143302	59	越来越	66307	89	忽然	36816
30	总	127459	60	或许	65493	90	常常	36780

从表5-2和表5-3可以看出，否定副词"不"是男性和女性使用最多的一个词，其频次分别达到1658109和3163397。男性高频词的词种数为152，女性高频词的词种数为90，说明女性高频副词的平均频率更高。根据图3-2《男女性累加覆盖率与副词词种数递增趋势曲线图》中曲线可知，女性累加覆盖率在90%之前，坡度更大，递增速度更快，词种数较少；相反，男性累加覆盖率在90%之前，上扬的坡度相对较小，递增速度较缓慢，词种数较多。

5.1.2　高频副词词长分布情况

为了调查高频副词词长分布状况，笔者按词长将副词分为单字词、双字词、三字词和四字词，分别进行了统计，具体如表5-4所示：

表5-4　　　　　　　　　　　**男女高频副词词长统计**

性别	高频词种数（个）	单字词（个）	双字词（个）	三字词（个）	四字词（个）
男性	152	57	91	4	0
女性	90	35	53	2	0

总体来看，由于男性高频副词词种数比女性多，所以男性高频副词中的单字词、双字词、三字词在数量上都比女性多，四字词均为0。我们又将不同词长副词的频次进行统计，求得其平均频次，找出男性和女性副词词长与平均频次的异同，如表5-5所示。

我们发现单字词、双字词、三字词在男女各自高频副词中的使用比例都较相近，但女性高频副词的平均使用频次远远高于男性，分别是239504和29329。从频次比例来看，男性中双子词的使用比例最高，达

81

表 5-5　　　　　　　　　男女高频副词不同词长分布对比

| 词长 | 男性 | | | | | 女性 | | | | |
| | 词种数 | | 频次 | | | 词种数 | | 频次 | | |
	数量(个)	比例	数量(个)	比例	平均值(个)	数量(个)	比例	数量(个)	比例	平均值(个)
单字词	57	37.50%	879442	19.73%	15429	35	38.89%	1591886	73.85%	454825
双字词	91	59.87%	348731	78.23%	38322	53	58.89%	5517800	25.60%	104109
三字词	4	2.63%	91271	2.04%	22818	2	2.22%	118670	0.55%	59335
四字词	0	0	0	0	0	0	0	0	0	0
总计	152	100.00%	4458054	100.00%	29329	90	100.00%	21555356	100.00%	239504

78.23%；其次为单字词，比例达 19.73%；三字词更次之。这说明男性更倾向于使用双字词。而女性中频次最高的是单字词，其比例高达 73.85%；其次是双字词，达 25.60%；三字词更次之。这说明女性更倾向于使用单字词。图 5-1 和图 5-2 更清楚地显示了男性和女性高频副词中单字词、双字词、三字词和四字词的频次比例关系。

从词长的角度来看，单字词的平均频次最高，男性和女性的平均频次分别达 454825 和 879442；双字词的平均频次次之，男性和女性平均频次分别达 104109 和 38322；三字词的平均频次更低，男性和女性平均频次分别达 59335 和 22818；四字词均为 0。随着词长的增加，平均频次却相反呈下降趋势。我们通过图 5-3 的折线图可以更加清晰地观察到这一规律。

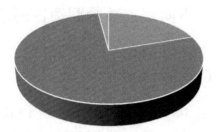

■单字词　■双字词　■三字词　■四字词

图 5-1　男性高频副词频次比例

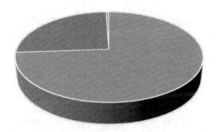

■单字词　■双字词　■三字词　■四字词

图 5-2　女性高频副词频次比例

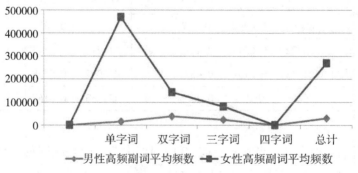

图 5-3　男性和女性高频副词平均频次对比折线图

5.2　不同级别高频副词性别差异

5.2.1　前 10 个高频副词对比

根据表 5-2 和表 5-3 可知，男性最高频前 10 位副词分别是"不、也、就、都、很、还、又、最、再、已经"；女性最高频前 10 位副词分别是"不、也、就、都、很、还、又、最、太、再"。具体频次、频率、累积频率如表 5-6 所示：

表 5-6　　　　　　　　　**男性和女性前 10 位高频副词对比**

序号	男 性				女 性			
	副词	频次	频率	累积频率	副词	频次	频率	累积频率
1	不	1658109	0.1204	0.1204	不	3163397	0.1253	0.1253
2	也	993089	0.0721	0.1925	也	1704192	0.0675	0.1928
3	就	886037	0.0643	0.2568	都	1690244	0.067	0.2598
4	都	846641	0.0615	0.3183	就	1592657	0.0631	0.3229
5	很	684510	0.0497	0.368	很	1532224	0.0607	0.3836
6	还	451736	0.0328	0.4008	还	861655	0.0341	0.4177
7	又	360462	0.0262	0.427	又	695670	0.0276	0.4453
8	最	336772	0.0245	0.4514	最	612215	0.0243	0.4695
9	再	221448	0.0161	0.4675	太	423057	0.0168	0.4863
10	已经	206420	0.015	0.4825	再	421233	0.0167	0.503

我们观察发现，男女高频前 10 位副词中有 9 个是相同的，男性中只有"已经"和女性中的"太"是独有的，其他 9 个副词均为共有副词。男性和女性前 10 位高频副词的累积频率高达 0.4825 和 0.503，说明这 10 个副词的使用频率已达到所有副词使用频率的一半，属于使用频率极高的副词。其中，男性和女性最高频副词都是"不"，频次也分别达

到 1658109 和 3163397，其频率分别高达 0.1204 和 0.1253。我们将男性和女性的 10 个副词累积频率绘制各自累加覆盖率，男性和女性的高频副词累积频率曲线均为逐渐递增趋势，在性别上没有显著差异，如图5-4 和图 5-5 所示。

5.2.2　前 20 个高频副词对比

根据表 5-2 和表 5-3 可知，男性最高频前 11~20 位副词分别是"太、却、没、没有、更、才、还是、其实、只、一直"；女性最高频前 11~20 副词分别是"却、没、没有、已经、还是、才、更、一直、其实、只"。具体频次、频率、累积频率如表 5-7 所示。

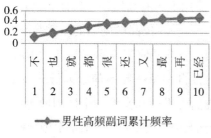

图 5-4　男性高频副词累积频率曲线图

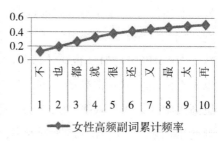

图 5-5　女性高频副词累积频率曲线图

表 5-7　　　　　　男性和女性前 11~20 位高频副词对比表

序号	男　性				女　性			
	副词	频次	频率	累积频率	副词	频次	频率	累积频率
11	太	205030	0.0149	0.4974	却	383827	0.0152	0.5182
12	却	204164	0.0148	0.5122	没	383085	0.0152	0.5333
13	没	203937	0.0148	0.5270	没有	358632	0.0142	0.5476
14	没有	202696	0.0147	0.5417	已经	340114	0.0135	0.5610
15	更	188930	0.0137	0.5554	还是	323466	0.0128	0.5738
16	才	163483	0.0119	0.5673	才	306863	0.0122	0.5860
17	还是	157425	0.0114	0.5787	更	279231	0.0111	0.5971

续表

序号	男 性				女 性			
	副词	频次	频率	累积频率	副词	频次	频率	累积频率
18	其实	126923	0.0092	0.5879	一直	273795	0.0108	0.6079
19	只	123723	0.0090	0.5969	其实	250516	0.0099	0.6178
20	一直	116904	0.0085	0.6054	只	233880	0.0093	0.6271

　　我们观察发现，男女高频前 11~21 位副词中有 9 个是相同的，只有男性中的"已经"和女性中的"太"是独有的，其他 9 个副词均为共有副词。如果将高频副词自高到低降序排序的前 20 位副词放在一起考察，我们发现男性和女性前 20 位高频副词全部共用，没有独用副词，这充分说明男性和女性在高频副词选取和使用上具有高度的一致性，只是个别副词的排序有微小变化。男性和女性前 20 位高频副词的累积频率高达 0.6054 和 0.6271，说明该区间的 10 个词语使用频率累积已达 10%，也属于使用频率非常高的副词，但其各自和总体频率却远远低于前 10 位高频副词的累积频率(约 50%)。我们将男性和女性这个区间的 10 个副词累积频率绘制各自累加覆盖率，男性和女性的高频副词累积频率曲线均为逐渐递增趋势，在性别上没有显著差异，但女性的比率比男性偏高，如图 6-6 和图 6-7 所示。

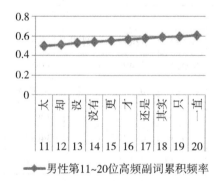

图 5-6　男性第 11~20 位高频副词累积频率曲线图

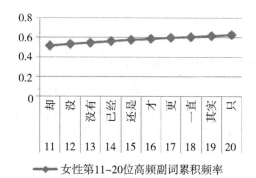

图 5-7 女性第 11~20 位高频副词累积频率曲线图

5.2.3 前 50 个高频副词对比

根据表 5-2 和表 5-3，我们对男性和女性前 21~50 位高频副词分别进行了统计，具体频次、频率、累积频率如表 5-8 所示：

表 5-8 **男性和女性前 21~50 位高频副词对比**

序号	男 性				女 性			
	副词	频次	频率	累积频率	副词	频次	频率	累积频率
21	真	95630	0.0069	0.6123	真	216084	0.0086	0.6357
22	不要	94604	0.0069	0.6192	不要	205800	0.0082	0.6438
23	也许	92708	0.0067	0.6259	终于	178686	0.0071	0.6509
24	终于	87984	0.0064	0.6323	一定	175361	0.0069	0.6578
25	只是	82647	0.0060	0.6383	只是	174759	0.0069	0.6648
26	一定	79560	0.0058	0.6441	也许	173911	0.0069	0.6716
27	已	77207	0.0056	0.6497	总是	166758	0.0066	0.6783
28	比较	75530	0.0055	0.6552	有点	148753	0.0059	0.6841
29	就是	74581	0.0054	0.6606	真是	143302	0.0057	0.6898
30	将	74240	0.0054	0.6660	总	127459	0.0050	0.6949
31	有点	71908	0.0052	0.6712	就是	127416	0.0050	0.6999

续表

序号	男性				女性			
	副词	频次	频率	累积频率	副词	频次	频率	累积频率
32	总是	70219	0.0051	0.6763	永远	125873	0.0050	0.7049
33	当然	68530	0.0050	0.6813	曾经	113720	0.0045	0.7094
34	非常	67066	0.0049	0.6862	已	111876	0.0044	0.7138
35	先	62621	0.0045	0.6907	一起	108080	0.0043	0.7181
36	总	60420	0.0044	0.6951	比较	100971	0.0040	0.7221
37	似乎	57344	0.0042	0.6993	似乎	98068	0.0039	0.7260
38	永远	56357	0.0041	0.7034	非常	95622	0.0038	0.7298
39	曾经	55372	0.0040	0.7074	先	91828	0.0036	0.7334
40	真是	54001	0.0039	0.7113	当然	91428	0.0036	0.7371
41	一	49129	0.0036	0.7149	好好	88552	0.0035	0.7406
42	便	48398	0.0035	0.7184	别	84668	0.0034	0.7439
43	别	46696	0.0034	0.7218	一	84619	0.0034	0.7473
44	一起	46209	0.0034	0.7251	挺	84197	0.0033	0.7506
45	并	44755	0.0032	0.7284	居然	83701	0.0033	0.7539
46	挺	43854	0.0032	0.7316	好	80225	0.0032	0.7571
47	越	43126	0.0031	0.7347	越	80158	0.0032	0.7603
48	刚	42993	0.0031	0.7378	是	79782	0.0032	0.7634
49	是	42610	0.0031	0.7409	原来	79409	0.0031	0.7666
50	实在	42482	0.0031	0.7440	特别	78024	0.0031	0.7697

经过对比，观察发现，男女第21~50位高频副词中有25个副词是共用的，男性中只有"便""并""刚""将""实在"5个副词和女性中的"好""好好""居然""特别""原来"5个副词是独有的。这说明男性和女性在此范围内高频副词的选取和使用上仍然具有高度的一致性。男性和女性这30位高频副词的累积频率高达0.7440和0.7697，说明该区间的

30 个副词使用频率累积已达 13% 左右，也属于使用频率较高的副词，但其各自和总体频率却远远低于前 10 位高频副词的累积频率（约 50%）。我们将男性和女性这个区间的 30 个副词累积频率绘制各自累加覆盖率，男性和女性的高频副词累积频率曲线均为逐渐递增趋势，在性别上没有显著差异，但女性的频率比男性稍微偏高，如图 5-8 和图 5-9 所示：

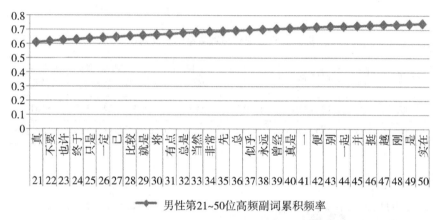

图 5-8　男性第 21～50 位高频副词累积频率曲线图

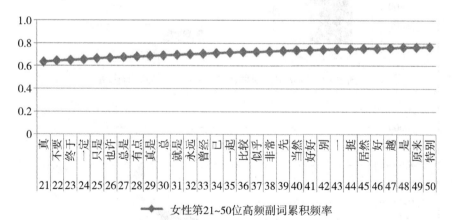

图 5-9　女性第 21～50 位高频副词累积频率曲线图

5.3　不同高频范围词种数性别差异

我们将覆盖率达90%的高频副词进行统计，男性共152个副词，女性共90个副词，分别占各自副词总词种数的15.46%和9.13%，高频副词平均频次高达81614和239504，具体如表5-9所示：

表5-9　　　　　　　男女高频副词词种数与平均频次对比

性别	副词词种数	副词总次	副词平均频次	高频副词	比例	高频副词总频次	高频副词平均频次
男性	983	13773469	14011	152	15.46%	12405372	81614
女性	985	25243240	25628	90	9.13%	21555356	239504

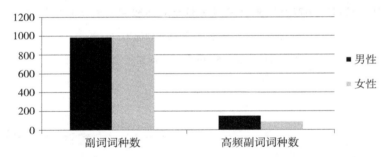

图 5-10　男女副词词种数与高频副词词种数对比图

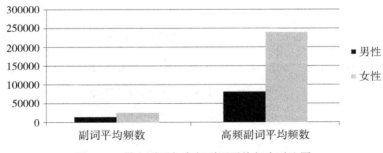

图 5-11　男女副词与高频副词平均频次对比图

根据图 5-10 所示，男女高频副词占副词词种数的比例都较小，男性比例稍微偏高，说明男性频率较低，女性频率较高。图 11 所示，男女副词总体的平均频次都较少，而高频副词的平均频次非常高。据统计，男性高频副词平均频次是男性副词平均频次的 5.8 倍，女性高频副词平均频次是女性副词平均频次的 9.4 倍，悬殊之大，也足以说明高频副词的频率之高。

5.4 男女副词最高、最低频次和频率对比

男女副词频次和频率统计表中的数据显示，男性和女性在博客中使用的副词频次和频率有所差异，分别将具体数据进行整理，绘制表 5-10：

表 5-10 男女副词最高、最低频次和频率对照表

性别	最高频次	最高频率	最低频次	最低频率
男性	不	不	通盘	通盘
	1658109	0. 1203842692	42	0. 0000030493
女性	不	不	迅即	迅即
	3163397	0. 1253165996	46	0. 0000018223

从表 5-10 观察发现：（1）男性、女性最高频次和最高频率副词相同，均是限制性副词"不"，分别达到 12 频次/每千字、12.5 频次/每千字；（2）男性、女性最低频次和最低频率副词不同，分别是描摹性副词"通盘"和限制性副词"迅即"。

通过对男性、女性最高最低频次和最高最低频率副词的考察和对照，我们发现男女在使用副词"不"时有共性，表明"不"在使用上性别差异不显著，它本身基本不含有性别色彩，男性和女性在语言使用过程中，描述中否定表达均较多。对于男性、女性使用最低频次和最低频率副词"通盘"和"迅即"，其使用频率差异较大。

5.5 高频否定副词个案研究

5.5.1 否定副词研究概述

否定(negation)范畴是人类语言最基本的语法范畴之一。否定意义的表达往往使用否定词(negatives)。自 20 世纪 20 年代以来至今,关于否定的研究经历了几个历史阶段。第一阶段为 20 世纪 80 年代以前。最早当以金兆梓的《国文法之研究》(1922)和黎锦熙的《新著国语文法》为代表。金兆梓明确指出:"凡是肯定句与否定句的分别只须看表词中有否'不''无''非''弗''莫'等否定副词就可辨得出",采取简单的形式标准即可划分肯定句与否定句。

20 世纪四五十年代当以吕叔湘为代表。他在《中国文法要略》(1924)中细致、深入地描述了汉语中的各种否定词,并指出了否定句的确定标准,从形式和意义两方面论述了"不"和"没有"的差异,如"不"是副词,"没"是动词和助动词;"不"是单纯否定,"没"是完成态(了)和经验态(过)的否定。王力《中国现代语法》(1943)和《中国语法理论》(1945)、高名凯《汉语语法论》(1948)、丁声树《现代汉语语法讲话》(1962)以及苏联的汉学家 A. A 龙果夫《现代汉语语法研究》(1958)均对否定副词或否定范畴进行了简洁明了的阐释和举例。60 和 70 年代应以赵元任为代表。他在《汉语口语语法》(1968)里提列举了汉语中的种种否定现象。80 年代以前,关于否定副词的研究一直处于零乱、静止、不系统的状态之中。

自 20 世纪 80 年代开始,关于否定副词的研究逐渐升温,并在汉语学界逐渐掀起谈论热潮。胡裕树(1979)认为肯定和否定是句子语气。邢福义(1982)单独谈论了"不"字独说之功用。卢甲文(1983)从语法意义和语法功能两方面对"不"与"没有"的相同之处和不同之处进行了归纳,分别得出七点结论。沈开木(1984)讨论了"不"字的否定范围、中心及"不"字句的前提。吕叔湘(1985)讨论了几个常用否定词的应用场合和作用。

钱敏汝(1990)提出多层面考察更符合语言结构的本质，对否定载体"不"从语义和语法两个角度在语义、语法语言层面上的否定范围和焦点进行了考察，并对"的""地""得"的聚集作用进行了考察。殷兴鹰(1991)对否定词从句法、语义、语用的多角度进行了考察，明确了否定词的职能和在词类系统中的地位，并深刻分析了否定词的否定语义指向否定焦点。李瑛(1992)概括了否定副词"不"最主要、最常见的否定意义，能影响"不"组合的因素以及其分布情况。最终还总结出凡语义中含有主观因素的词能够被"不"直接否定，而表示不受主观因素的客观性行为事物的词语不能用"不"否定。石毓智(1992)运用定量、非定量、连续量和离散量等概念详细考察了汉语的肯定和否定的对称与不对称状况。徐杰等对否定范畴和带否定范畴的句子语义中心与广义焦点的关系以及不同层次的表达问题，从而揭示了否定中心取决于焦点的选择而与否定词没有必然的语序关系。沈家煊(1993)运用语用学中的"适量准则"和"适宜条件"理论对五种语用否定进行了考察。史锡尧(1995)讨论了"不"的各种否定对象及相应的语法位置，并谈到了"不"与"没有"的语用区别问题。张伯江(1996)根据功能主义语言观考察了两个以上否定形式表达同一个而否定以及它们之间的强弱等级。李宇明(1998)谈论了各类形容词和形容词级次上的肯定和否定的不平行性以及"不"和"没有"的否定差异。

戴耀晶(2000)提出否定和肯定在句法形式和语义上存在不平行现象。否定有质的否定和量的否定，当否定事物或事件在性质上的规定性时，"没"的语义含义是"无"；当否定事物或事件在数量上的规定性，并不一定否定事物或事件本身时，语义含义是"少于"。区分了"不""没"在否定的时间语义方面存在着的明显差别，指出"不"具有泛时性，"没"具有历时性。白荃(2000)对"不"与"没有"的对比研究进行了总结，指出以往的观点存在三个方面的误区。袁毓林(2000)考察了三种连谓结构的否定表达形式以及个别结构受"不""没有"等否定词修饰的情况，并从句法、语义、认知等方面进行了详细的解释。他在《论否定句的焦点、预设和辖域歧义》中指出否定在表层结构上是一种线性的语法范畴，否定有独立的辖域和焦点，以及否定词的位置有特定的语序效用。聂仁发(2001)的《否定词"不"与"没有"的语义特征及其时间意义》(2001)一文主要考察了"不"和"没有"的语义特征，归纳为：(1)"没有"具有[＋否定][＋实现]；(2)"不"具有[＋否定][－实现]或[＋否定]/[＋意愿]/[＋性状]。

朴汀远(2010)在其硕士论文《否定副词"不"和"没有"比较研究》中认为否定副词"不"与"没(有)"的使用最广、最普遍，从语义分析出发，结合句法和语用，对现代汉语否定副词"不"和"没有"进行了比较综合全面的研究，在此基础上进一步进行汉语和韩语的否定副词对比研究。尹洪波(2008)在其博士论文《否定词与副词共现的句法语义研究》中运用功能语言学、语义学以及语用学的相关概念和理论，对现代汉语否定词"不"和"没"与语气副词、时间副词、范围副词和程度副词等共现时的句法、语义问题作出了翔实的描写和解释。

5.5.2　男女博客使用否定副词频率差异

英语中的否定词有"not"和"no"，否定副词在古代汉语中的数量有32个，如"不、非、亡、勿、休、别"，但在现代汉语词汇系统已有所减少。不过常见的否定词"不、没、没有"等使用频率一直很高。李泉指出否定副词共有16个，它们分别是"甭、别、不、不曾、不必、非、没、没有、莫、未、未必、未曾、未尝、无从、无须、无庸"。而郝雷红(2003)认为否定副词不止16个，而是31个，它们分别是"白、白白、甭、别、不、不必、不曾、不要、不用、非、干、何必、何曾、何尝、何须、空、没、没有、莫、徒、徒、徒然、枉、未、未曾、未尝、无从、无须(无须乎、无需、勿须)、毋庸(无庸)、勿、瞎、休、虚"。本节采用博客语料对男性和女性否定副词进行统计和分析，发现否定副词的范围与以前的研究稍有不同。根据对博客语料中否定副词的统计，男性和女性均有29个否定副词，它们分别是"不、没、没有、不要、别、不再、未、不用、非、莫、白、瞎、绝不、永不、空、勿、尚未、从没、再不、白白、虚、徒、免、勿、不堪、甭、胡、穷、徒然"。为研究方便，将男性和女性所有否定副词的频次、频率统计如表5-11所示：

表5-11　　　　　　　　男女否定副词频次、频率对比表

原序号	男性	频次	频率	原序号	女性	频次	频率	频比
1	不	1658109	0.120384	1	不	3163397	0.125317	0.960641
13	没	203937	0.014807	12	没	383085	0.015176	0.975669
14	没有	202696	0.014716	13	没有	358632	0.014207	1.035852
22	不要	94604	0.006869	22	不要	205800	0.008153	0.842492
43	别	46696	0.003390	42	别	84668	0.003354	1.010793
66	不再	32126	0.002332	58	不再	66943	0.002652	0.879535
78	未	26845	0.001949	91	未	36628	0.001451	1.343235
80	不用	26245	0.001905	68	不用	52416	0.002076	0.917666
143	非	11119	0.000807	146	非	16940	0.000671	1.202968
195	莫	6320	0.000459	221	莫	8300	0.000329	1.395535
233	白	4774	0.000347	223	白	8221	0.000326	1.064289
241	瞎	4650	0.000338	215	瞎	8778	0.000348	0.970866
242	绝不	4633	0.000336	252	绝不	6878	0.000272	1.234531
264	永不	3819	0.000277	256	永不	6413	0.000254	1.091416
287	空	3349	0.000243	295	空	4947	0.000196	1.240723
297	勿	3158	0.000229	343	勿	3566	0.000141	1.623052
305	尚未	3031	0.000220	352	尚未	3432	0.000136	1.618603
328	从没	2532	0.000184	280	从没	5353	0.000212	0.866898
334	再不	2457	0.000178	282	再不	5294	0.000210	0.850595
374	白白	2078	0.000151	374	白白	5448	0.000216	0.699053

续表

原序号	男性	频次	频率	原序号	女性	频次	频率	频比
434	虚	1411	0.000102	490	虚	1650	0.000065	1.567274
435	徒	1397	0.000101	474	徒	1812	0.000072	1.412993
485	免	1078	0.000078	497	免	1592	0.000063	1.241016
652	毋	450	0.000033	720	毋	440	0.000017	1.874397
654	不堪	445	0.000032	651	不堪	659	0.000026	1.237589
670	甭	413	0.000030	654	甭	646	0.000026	1.171708
674	胡	406	0.000029	661	胡	600	0.000024	1.240157
776	穷	233	0.000017	737	穷	405	0.000016	1.054393
788	徒然	214	0.000016	754	徒然	366	0.000014	1.071604

根据基本意义，否定副词可以分为以下六类：意愿否定类、事实否定类、行为劝禁类、必要否定类、逻辑否定类、推测否定类。其中，以"不"为代表的意愿否定类和以"没"为代表的事实否定类副词尤其重要，其使用频率也非常高。据博客语料库的统计，"不"的男女使用频率均为最高，位序排列均居第一，"没"的使用频率位序排列也较高，但明显低于"不"，其频率、频次具体如表5-12所示：

表5-12　　　　　男女否定标记词"不"和"没"使用频率对比

副词	男性			女性		
	排序	频次	频率	排序	频次	频率
不	1	1658109	0.12038	1	3163397	0.12532
没	13	203937	0.01481	12	383085	0.01518

根据男女副词频率统计，否定副词"不"的频率均为最高，频次分别达1658109和3163397，频率分别达0.12038和0.12532；"没"的频次达203937和383085，频率分别达0.01481和0.01518，在男女副词

中的总体排序分别为 13 位和 12 位。这说明男性和女性均喜爱使用否定副词"不",且女性的使用频率稍微高一些;同样作为否定副词,"没"的排名甚至不在十位之内,与"不"的使用频率相差较大。

　　为更清晰地进行对比,笔者根据表 5-11 中否定副词频率,生成否定副词频率柱状图,如图 5-12 所示。

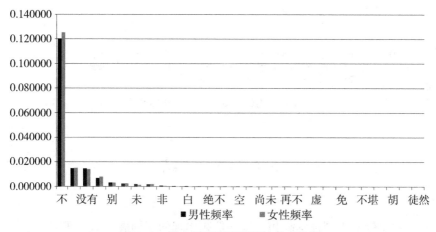

图 5-12　男女否定副词频率柱状对比图

　　很显然,通过图 5-12 数据可知,男性和女性否定副词中使用频率最高的前 5 个副词分别是"不""没""没有""不要"和"别",其中女性中的"不""没"和"不要"的频率均比男性稍高,而"没有"和"别"的频率稍低于男性。由于最高频率和最低频率相去甚远,所以排序在后的否定副词频率很难直观看出。为了更加直观地看出男性和女性的频率之差,现将女性的频率设为 1,以男性频率除以女性频率的比值绘制曲线图,如图 5-13 所示。

　　纵观图 5-13 的男性折线,男性使用频率较高的否定副词的总体数量高于女性,说明男性在博客中否定表达的需要较多,与否定副词的使用频率偏高有直接关系。

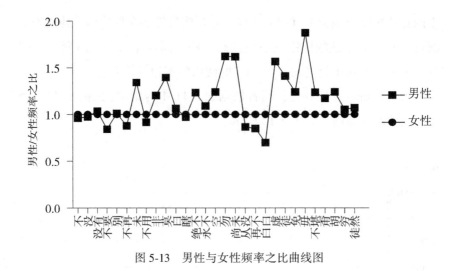

图 5-13　男性与女性频率之比曲线图

5.6　小　　结

本章针对不同性别高频出现和低频出现的副词展开深入研究。

首先，男性由高到低排序前 152 位副词为高频副词，占所有男性副词词种数的 15.46%；女性由高到低排序前 90 位副词为高频副词，占所有女性副词词种数的 9.14%。说明女性高频副词的平均频率更高。根据图 3-2《男女性累加覆盖率与副词词种数递增趋势曲线图》的曲线可知，女性累加覆盖率在 90% 之前，坡度更大，递增速度更快，词种数较少；相反，男性累加覆盖率在 90% 之前，上扬的坡度相对较小，递增速度较缓慢，词种数较多。

其次，从词长的角度来看，单字词的平均频次最高，男性和女性的平均频次分别达 454825 和 879442；双字词的平均频次次之，男性和女性平均频次分别达 104109 和 38322；三字词的平均频次更低，男性和女性平均频次分别达 59335 和 22818；四字词均为 0。随着词长的增加，平均频次却相反呈下降趋势。

再次，男性高频副词平均频次是男性副词平均频次的 5.8 倍，女性高频副词平均频次是女性副词平均频次的 9.4 倍，悬殊之大，也足以说明高频副词的频率之高。

最后，对男性和女性中的否定副词进行了统计，发现男性和女性均有 29 个否定副词。男性使用频率较高的否定副词的总体数量高于女性，说明男性在博客中否定表达的需要较多。

第六章　语义韵的性别差异个案研究

6.1　引　　言

词语搭配(collocation)是语料库语言学研究活动中最为活跃的研究领域，处于中心地位。随着语料库语言学的持续、深度的发展，产生了丰富、强大的数据资源。词语搭配之父 Firth 提出使用"验证数据"(attested data)(Firth：1957)。语料库语言学就其方法特征来说，是基于语料库的语言学(Corpus-based linguistics)或语料库驱动的语言学(Corpus-based linguistics)。Halliday 和 Sinclair 继承并深入了 Firth 的研究。Halliday(1976)认为："词语学似乎只要求承认词项在某种显著的临近范围内的线型共现，或者是在一定区域内，或者是在某个截断点内。正是这种组合关系，才是所说的搭配。"Sinclair(1993)认为搭配是两个或两个以上的词在文本中短距离内的共现(Collocation is the occurrence of two or more words within a short space of each other in a text.)。近年来，语料库证据驱动的词语搭配研究已成为一个研究热点。研究表明有些词项的搭配行为显示着一种特殊趋向，即当某节点词习惯地吸引某一类具有相同或相似语义特点的词项时，与之形成搭配，这一节点词就具有其特殊的语义氛围。Louw(1993)称这种氛围就是语义韵(semantic prosody)。语义韵是语料库语言学中的一个重要研究对象，也是 Sinclair 运用"音韵"(prosody)新创的一个专为语料库语言学研究使用的术语。Partington(1998：68)将其定义为超越单个词界联想色彩(connotational colouring) 。Stubbs(1996：176)把语义韵分为积极语义韵(positive prosody)、中性语义韵(neutral prosody)和消极语义韵(negative prosody) 。在积极语义韵中，节点词习惯性地吸引的词语几乎都具有积极语义特点，这些搭配词所构成的语境充满了积极氛围。消极语义韵中与节点词搭配的词语形成负面的、消极的氛围。在中性语义韵中，搭配词既具有积极语义特征又具有消极语义特征，因此，形成错综复杂的语义氛围。

Sinclair(1991)认为"能够系统地对大数量的文本语料进行审视，使我们有可能发现一些以前从未有机会发现的语言事实"。张志公(1992)指出："在任何语言里，词语搭配都是一个重要问题，在汉语里，尤其突出。"①语义韵研究已建立了一套完整的概念体系和方法。

本章将基于语料库证据，采用基于数据和基于数据驱动的方法对"严重××"的普遍性和局部性语义韵进行较为系统的研究，设置合适搭配跨距，提取搭配词，同时参考一定类联结，对搭配词所形成的语义韵进行统计分析，以期发现语义韵中的鲜为人知的事实和规律。

6.2 基于语料库语义韵研究述评

自 20 世纪 50 年代开始，随着 BROWN Corpus(1964)、LOB 语料库(1970)、Lob Corpus (1970—1978)、London-Lund Corpus(LLC, 1973)等国外电子语料库纷纷建成，语料库语言学的发展突飞猛进，语料库方法实际上已经成为一种主流方法(Leech：1991)。尤其进入 20 世纪 90年代后，英国国家语料库(British National Corpus)的容量已达 1 亿词；1996 年，Sinclair 领导下建立的"伯明翰英语文汇"(The Birmingham Collection of English Texts)容量已达 3.2 亿(Rundell：1996)。容量的线

---

① 见《张志公先生给全体编写人员的信》，张寿康、林杏光主编 . 现代汉语实词搭配词典[Z] . 北京：商务印书馆，1992.

性增加为语料库语言学的发展提供了前所未有的便利条件。

最早，Sinclair(1991)、Stubbs(1995)发现了大多与 set in 搭配的名词具有消极涵义。Louw（1993）对语义韵进行了定义。Stubbs（1996）将词语搭配形成的语义韵分成消极语义韵、中性语义韵和积极语义韵。Partington(1998)研究发现英语中的形容词 impressive 经常修饰有积极涵义的名词。

汉语学界近十年来，结合汉语语言事实，针对语义韵的研究才开始逐渐增多，其成果主要体现在基于语料库语义韵的理论介绍、实证研究等方面。

介绍语义韵理论和方法的研究。纪玉华、吴建平（2000）首先对语义韵的研究对象、方法及应用进行了详细的讨论。卫乃兴（2002c）对语义韵研究方法进行了较为深入、细致的探讨，并介绍了三种研究语义韵的常用方法：（1）基于数据的方法(data-based approach)建立并参照类连接，通过数据来概括和描述节点词的语义韵；（2）基于数据驱动(data-drived approach)的方法，通过计算节点词的搭配词研究语义韵；（3）基于数据与数据驱动相结合的折中方法，建立语义韵结构，即先从语料库中随机提取一定数量的索引（concordance），然后界定跨距（span），提取搭配词（collocate），概括语境上每一跨距位置上的词汇特点，建立类连接（colligation），概括搭配词的语义特点，最后确定节点词的语义韵。张北镇、周江林（2008）介绍了语义韵的含义、发展、分类、研究方法及其重要意义。

基于英语语料库不同英语支点词语义韵对比研究。王海华、王同顺（2005）指出利用语料库进行语义韵研究中"多数研究都是集中在对英语语言本身"。卫乃兴（2002b）基于专业英语语料库，采用计算搭配词与随机提取词语索引的两种方法研究英语专业文本中的语义韵。王海华、王同顺（2005）对 cause 语义韵的英汉对比研究；卫乃兴（2006）对学生英语中的语义韵对比研究；谢银凤（2006）对 commit 一词的语义韵进行了研究；温玲霞等（2007）以 rather，fairly 为例对近义词语义韵进行了研究。杨永芳（2009）对 result 和 outcome 的差异性进行了研究。唐丽玲

（2010）基于语料库的"中介语对比分析法"，对英语中程度副词语义韵进行了对比研究。

　　基于汉语语料库汉语词汇的语义韵研究。田宏梅（2006）利用语料库词语搭配研究方法，对"有点"的左、右两侧搭配词的语义特点对汉语中的语义韵现象进行了初步探讨。姚双云（2007）对汉语中"结果"与"所以"的语义韵差别分析等。李向农、陈蓓（2011）以"句管控"为理论基础，基于语料库考察了网络流行语中词语搭配的语义韵冲突现象和语义压制现象，并解释了语义压制的句法机制。目前，国内学者利用汉语语料库针对语义韵进行的研究还比较少，谈及语义韵冲突及其成因的研究则少之更少。

6.3 "严重ＸＸ"普遍性语义韵律特征

　　Tribble, C.（1998）根据语义韵律在语体、文体中的表现，将语义韵律分为普遍性语义韵律（global semantic prosody）和局部性语义韵律（local semantic prosody），前者指通用于各种语体、文体的语义韵律，后者指只存在于部分语体或文体中的语义韵律。本节以北京大学中国语言学研究中心建立的 CCL 语料库在线系统检索"严重"，设置左跨距和右跨距均为15，得到45871条索引结果。我们随机抽取了500条索引，考察"严重ＸＸ"的右侧和左侧搭配，最终通过数据来描述其语义韵。

6.3.1　基于搭配词数据描写语义韵

　　使用 KWIC 索引软件随机抽取了10行，如下所示：

起锚迎敌。由于舰队所取接敌队形[**严重**]失当，加之负伤后中断指挥，北洋
突厥不断南下攻掠唐境，长安受到[**严重**]威胁。高祖欲迁都避战，世民劝止
在斯瓦阵地以南完成任务并予敌以[**严重**]打击。敌伤亡甚众，并摸不清我军

部队，可是士气旺盛，仍能予敌以 [**严重**] 的打击。该师伤亡甚重，凌则民团
抵制日货。日本驻津总领事提出　　[**严重**] 抗议"。天津警察厅长杨以德镇压
"直问题是中央开始工作之第一个最[**严重**] 的问题"。"六大"前，蔡和森曾
罢工不要经济罢工等谬误，"一个　 [**严重**] 的错误，就是决定在好几个城市中，
更加发展，经济的财政的危机更加 [**严重**] 人民的武装抵抗运动也会更加在，
三四年在战场上"给敌人的打击很　 [**严重**] 加上敌方的财政经济崩溃，内部
使少数先锋队脱离广大群众、遭受 [**严重**] 摧残与招致一时失败的危险。指示

通过对 500 条索引中"严重"的左侧搭配词的考察发现，主要有动
词和副词，如表 6-1 所示：

表 6-1　　　　　"严重"的左侧搭配词词性和共现频次统计

左侧搭配词	词性	支点词	共现频次
遭	动词	[严重]	3
受到	动词	[严重]	3
更加	动词	[严重]	2
很	副词	[严重]	4
遭受	动词	[严重]	3
相当	副词	[严重]	6
最	副词	[严重]	15
非常	副词	[严重]	3

在句法功能上，形容词能够充当定语或谓语（谓语中心语），所以
"严重"左侧搭配词主要是程度副词，如"最""更加""很"等，不能反映
所构成语境的语义氛围；还有一些动词，如"遭""受到"，其作用是修
饰"严重"右侧的名词，并非"严重"。右侧搭配词不能准确反映"严重"
搭配词所构成的语义韵。

我们又对"严重"右侧的搭配词进行了统计，共发现有效观察频次
（observed frequency）为 319，发现"严重"修饰动词作状语的频次为 205，

修饰名词作定语的频次为107，修饰形容词作状语的频次为7，具体如表6-2所示。

表6-2　　　"严重××"与右侧搭配词共现频次统计

支点词	右侧搭配词	词性	句法功能	共现频次	比例
［严重］	抗议	动词	状语	205	64.3%
［严重］	事故	名词	定语	107	33.5%
［严重］	不足	形容词	状语	7	2.2%

Firth(1957)指出，在词语搭配研究中类联接是一个重要概念。Mitchell(1975：120-122)认为类联接是关于词语组合类别的抽象表述，搭配则是类联接的具体实现。一个类联接代表了一个搭配类(collocational class)。通过考察并提取右侧搭配词，在本研究中我们发现三个搭配类，分别为"严重+VP""严重+NP"和"严重+AP"三个搭配类①。

(一)"严重+VP"类联接

"严重+VP"类联接有205例，全部作状语，占全部有效频次的64.3%。限于篇幅，表6-3显示VP频次最高的前15位搭配词。

表6-3　　　"严重+VP"类联接中频次最高15位搭配词统计表

序号	支点词	搭配词	搭配词词性	频次
1	［严重］	破坏	动词	23
2	［严重］	威胁	动词	16
3	［严重］	污染	动词	16
4	［严重］	危害	动词	13

---

① 三个搭配类中搭配词的词性均以《现代汉语词典》(第五版)为准。

序号	支点词	搭配词	搭配词词性	频次
5	[严重]	阻碍	动词	11
6	[严重]	损害	动词	10
7	[严重]	伤害	动词	6
8	[严重]	亏损	动词	6
9	[严重]	摧残	动词	4
10	[严重]	失调	动词	4
11	[严重]	恶化	动词	4
12	[严重]	打击	动词	4
13	[严重]	束缚	动词	4
14	[严重]	犯罪	动词	4
15	[严重]	挫折	动词	4

　　"严重 + VP"类联接中的搭配词：破坏（23）、威胁（16）、污染（16）、危害（13）、阻碍（11）、损害（10）、伤害（6）、亏损（6）、摧残（4）、失调（4）、恶化（4）、打击（4）、束缚（4）、犯罪（4）、挫折（4）、短缺（3）、失衡（3）、制约（3）、迫害（2）、抗议（2）、脱离（2）、影响（2）、流失（2）、削弱（2）、违法（2）、侵犯（2）、警告（2）、歧视（2）、违反（2）、夸大（2）、受阻（2）、失当（1）、泛滥（1）、挫伤（1）、腐蚀（1）、外泄（1）、退化（1）、中毒（1）、呕吐（1）、腹泻（1）、扭曲（1）、缺血（1）、病变（1）、出血（1）、磨损（1）、扭绞（1）、烧伤（1）、损伤（1）、缺粮（1）、倾向（1）、危及（1）、蔓延（1）、妨害（1）、犯规（1）、违背（1）、错位（1）、滞后（1）、视野（1）、失败（1）、挑战（1）、关切（1）、渎职（1）、存在（1）、扰乱（1）、缺水（1）、关注（1）、离间（1）、骚乱（1）、变形（1）、经济惩罚（1）、互不信任（1）、不信任（1）。观察动词类搭配词，不难发现搭配词无一例外都是负面、消极的意义，所构成的语义氛围也是消极的。

(二)"严重+NP"类联接

"严重+NP"类联接有 107 例,全部作修饰语,占全部有效频次的 33.5%。限于篇幅,表 6-4 显示 NP 频次最高的前 15 位搭配词。

表 6-4　　　"严重+NP"类联接中频次最高 15 位搭配词统计表

序号	支点词	搭配词	搭配词词性	频次
1	[严重]	问题	名词	12
2	[严重]	事件	名词	10
3	[严重]	后果	名词	7
4	[严重]	污染	名词	6
5	[严重]	恶果	名词	5
6	[严重]	灾害	名词	5
7	[严重]	疾病	名词	4
8	[严重]	灾难	名词	4
9	[严重]	暴力	名词	3
10	[严重]	错误	名词	3
11	[严重]	地方	名词	3
12	[严重]	困难	名词	3
13	[严重]	程度	名词	2
14	[严重]	肺病	名词	2
15	[严重]	分歧	名词	2

"严重+NP"类联接中的搭配词有:问题(12)、事件(10)、后果(7)、污染(6)、恶果(5)灾害(5)、疾病(4)、灾难(4)、暴力(3)、错误(3)、地方(3)、困难(3)、程度(2)、肺病(2)、分歧(2)、阶段(2)、时刻(2)、事故(2)、通货膨胀(2)、压力(2)、罪犯(2)、白内障(1)、渎职罪(1)、房屋火灾(1)、肝病患者(1)、公害(1)、旱灾(1)、后遗症(1)、紧张状态(1)、扩大化(1)、皮肤病(1)、情况(1)、

缺陷(1)、伤(1)、社会危害性(1)、生理缺陷(1)、事情(1)、危机(1)、污染源(1)、先天性残疾(1)、先天性疾病(1)、心理创伤(1)、行为(1)、遗传病(1)、雨淞(1)、灾情(1)。观察名词类搭配词，不难发现：除了"情况"、"阶段"、"时刻"、"地方"、"行为"、"程度"、"雨淞"等搭配词，绝大部分是负面、消极的意义，所构成的语义氛围也是消极的。

(三)"严重+AP"类联接

"严重+AP"类联接有 7 例，全部作状语，占全部有效频次的 2.2%，如表 6-5 所示。

表 6-5　　"严重+AP"类联接中频次最高 15 位搭配词统计表

序号	支点词	搭配词	搭配词词性	频次
1	[严重]	不足	形容词	4
2	[严重]	混乱	形容词	1
3	[严重]	营养不良	形容词	1
4	[严重]	不够	形容词	1

"严重+AP"类联接中的搭配词有：不足(4)、混乱(1)、营养不良(1)、不够(1)。观察形容词类搭配词，不难发现搭配词全部都是负面、消极的意义，所构成的语义氛围也是消极的。

综上所述，数据研究表明，在 319 个实例中，3.8%(12/319)的搭配属于中性，其余 96.2%(307/319)的搭配都是消极词汇，所构成的语义氛围是消极语义，导致其右侧的语境是消极语义韵。我们认为"严重"具有极其明显的消极语义韵结构。

同时，我们也注意到"严重"的词类在三个类联接中有两个词类。《现代汉语词典》(第五版)对"严重"的解释是：形 ①程度深；影响大(多指消极的)：问题~｜~的后果。②(情势)危急：病情~。邢福义

（2003）也指出，"能受程度副词的修饰，不能带宾语，这是形容词最重要的特点"。我们认为在"严重+VP"和"严重+NP"类联结中，"严重"均是形容词词性，分别修饰 VP 和 NP；而在"严重+AP"类联结中，"严重"应该是副词词性，相当于"非常"或"极其"。众所周知，纯状语性是副词的本质、区别性类特征。

6.3.2 基于数据驱动建立语义韵结构

卫乃兴（2002）指出在语料库数据驱动的词语搭配研究中，已建立了一套完整的概念体系，包括节点词、跨距、搭配词和统计测量手段等。本研究是以台湾"中央研究院"的现代汉语标记语料库4.0版为基础，该语料库提供了检索、相互信息值（Mutual Information Value，简称 MI 值）计算、过滤、搭配统计等多种功能。

我们利用该网络语料库检索"严重"，共现次数为1次以上（包括1次），跨距在节点词右边为1个词的范围内来提取搭配词，并且利用 MI 值来测量搭配词与节点词"严重"之间的搭配力。MI 值原是信息科学领域的一个测量手段，现用于词语搭配研究中，测量词语间的搭配强度。MI 值意味着一个词在语料库中出现的频次所能提供的关于另一个词出现的概率信息，换言之，MI 值是通过比较搭配词的观察频次和期望频次的差异来确定某一词语搭配在语料库中出现概率的显著程度（Hunston 2002：70）。MI 值的差异表明词语搭配强度的不同。MI 值越大，说明节点词对其词汇环境影响越大，对其搭配词吸引力越强。MI 值的计算公式为：

$$I(a, b) = \log_2 \frac{W \cdot F(a, b)}{F(a) \cdot F(b)}$$

其中 W 是语料库的总词容量，F(a)为词形 a 的观察频次，F(b)为词形 b 的观察频次，F(a, b)为两个词形在语料库中的共现频次。如果 a 和 b 的结合力很强，则 F(a, b)比 F(a)·F(b)值大得多，两个词形的搭配强度 I(a, b)就趋于正值。

MI 是用来测量词语间搭配强度的。当 MI≥3 时表明该词与节点词之间有较强的搭配力(Hunston，2002；Stubbs，1995)。① 按照以上设定考察，结果发现与"严重"有效右侧搭配有 57 个词语②，如表 6-6 所示：

表 6-6　　　　　　　　　"严重"右侧搭配词 **MI** 值排序表

序号	MI	freq(y)	freq(x, y)	y：词/词类
1	8.694	1	1	或缺(VJ)
2	8.694	1	1	肌炎(Na)
3	8.694	1	1	重创(Na)
4	7.952	21	10	事态(Na)
5	7.036	21	4	水荒(Na)
6	6.989	11	2	污浊(VH)
7	6.748	28	4	危害(Na)
8	6.713	29	4	外流(VA)
9	6.702	22	3	破损(VH)
10	6.391	30	3	浮肿(VH)
11	6.391	10	1	血友病(Na)
12	6.391	10	1	旱灾(Na)
13	6.372	51	5	形势(Na)
14	6.055	14	1	不幸(D)
15	6.055	14	1	病菌(Na)

---

①　MI 测量方法的公认的缺点是，当一个搭配词和节点词共现的次数不多而仍有较高的 MI 值时，它可能表明了词语的搭配强度，也可能是由于语言使用者独特的个人用语习惯或者某个语库的特点所致。对此，研究者很难作出判断。MI 测量的优点是能够较好地识别复合词、固定词组、科技术语等，有利于发现语言使用中的新事实，词语行为的新特点，所以本研究的搭配行为研究是在针对数据驱动的结果采取了人工校对和排除。

②　根据提取结果，相当数量的词项为偶然搭配词，故作者已排除偶然搭配词的噪声信息。

序号	MI	freq(y)	freq(x, y)	y：词/词类
16	5.986	15	1	包庇(VC)
17	5.75	19	1	纠葛(Na)
18	5.732	58	3	泛滥(VH)
19	5.729	97	5	污染(Na)
20	5.626	43	2	灾(Na)
21	5.475	25	1	失衡(VH)
22	5.436	26	1	指控(Na)
23	5.436	26	1	灾情(Na)
24	5.41	347	13	污染(VC)
25	5.398	27	1	挫折感(Na)
26	5.38	55	2	老化(VHC)
27	5.338	86	3	流失(VJ)
28	5.168	34	1	偏低(VH)
29	5.168	34	1	紊乱(VH)
30	5.11	36	1	水灾(Na)
31	5.097	73	2	衰退(VH)
32	5.056	76	2	局势(Na)
33	5.009	239	6	症状(Na)
34	4.948	127	3	后果(Na)
35	4.873	137	3	歧视(VJ)
36	4.844	47	1	公害(Na)
37	4.714	107	2	入侵(VCL)
38	4.567	124	3	指责(VC)
39	4.535	128	2	失业(VH)
40	4.529	515	8	破坏(VC)

续表

序号	MI	freq(y)	freq(x, y)	y：词/词类
41	4.525	194	3	威胁(Na)
42	4.52	65	2	病变(Na)
43	4.489	67	1	风暴(Na)
44	4.445	70	1	灾害(Na)
45	4.275	83	1	病情(Na)
46	4.228	348	4	不良(VH)
47	4.194	180	2	下降(VA)
48	4.13	96	1	浪费(VH)
49	4.122	387	4	疾病(Na)
50	3.994	110	1	干扰(VC)
51	3.973	337	3	改变(Na)
52	3.843	6649	52	问题(Na)
53	3.77	275	2	困扰(Na)
54	3.625	159	1	不景气(VH)
55	3.44	765	4	缺乏(VJ)
56	3.376	408	3	消失(VA)
57	3.273	226	1	浪费(VC)

　　观察表6-6可知，MI≥3的有57个搭配词，分别是"或缺、肌炎、重创、事态、水荒、污浊、危害、外流、破损、浮肿、血友病、旱灾、形势、不幸、病菌、包庇、纠葛、泛滥、灾、失衡、指控、灾情、污染、挫折感、老化、流失、紊乱、水灾、衰退、局势、症状、后果、歧视、公害、入侵、指责、失业、破坏、威胁、病变、风暴、灾害、病情、不良、下降"等，除了"形势"是中性语义外，其他56个搭配词都具有较为明显贬义的动词或名词。换言之，98.2%的搭配词具有消极的语义氛围，显然，"严重"具有极为明显的消极语义韵。

以上两种常规方法的研究表明：当跨距为"+1"时，"严重"具有明显的消极语义韵，搭配词在语境中营造了消极语义氛围。

6.4 "严重××"局部性语义韵律特征

Hanks(1988)指出语义韵是语言使用因循性(conventionality)的反映。Grice认为，当说话者在表面上违反合作原则时，听话者会认为违反原则者在根本上仍在遵循原则行事；既然他是有意合作，他却违反准则并让听话者注意到他违反了准则，那么他一定是在传递一些特殊信息，由此便产生了会话含义。同样的道理，蔑视词语搭配的因循性，使用与语义韵冲突的异常搭配，也是以期产生特殊含义。之所以违反规约，一定是另有所图，旨在传递某种特殊会话含义，创造性地使用语言。

Tribble(1998)根据语义韵在语体和文体中的不同表现将其分为普遍性语义韵律和局部性语义韵律。本研究通过对大规模博客语料库进行搜索发现"严重"也具有积极语义韵。

6.4.1 男性博客中"严重"的异常搭配

语义韵揭示的是词项的典型和常规行为。卫乃兴(2002b)认为："由于语义韵的作用，只有具有一定语义特点的词项才可能与给定的节点词相互吸引，共现于同一语境，在语义氛围中和谐共处。任何异质词的出现，都会导致异常搭配(unusual collocations)，造成语义韵冲突(prosodic clash)，并破坏搭配和谐(collocational harmony)。"但在现实交际过程中，为达到特殊的交际目的，说话人可能故意违反搭配和谐的原则，选用不寻常的搭配在语义上构成冲突，最终造成语义韵冲突。

本书通过对网络博客语料进行考察，发现"严重"的搭配词基本上形成消极、负面的语义氛围，但也出现了异质词，导致"严重"的异常搭配，形成积极、正面的语义氛围，造成语义韵冲突。我们在男性博客中发现，"严重"具有"a"和"ad"两个词性，其具体使用频次和频率如表6-7所示。

表6-7　　　　　　　　　男性博客中"严重"频次和频率对比表

男性博客	词性	频次	出现文件数	频率
严重	a	11702	9460	0.0000776451
严重	ad	3950	3392	0.0000262090

　　观察可知，作为"a"词性使用的频次明显高于作为"ad"词性的使用频次，其频次分别是11702和3950。事实上，我们认为第二词性为副词更为合适。通过对男性博客语料库的搜索，我们只发现了4个异常搭配，分别是"严重有感觉""严重地激励""严重清醒"和"严重感谢"。例如：

(1) 一个/NUM 贫困/a 大学生/n 为了/p 上/f 大学/n 而/c 捡破烂/v ，/w 看/v 完/v 后/f 严重/ad 有/v 感觉/n ~/w 看/v 着/u 那些/r 刚/d 去/v 加拿大/LOC 留学/v 的/u 孩子/n 们/k 幸福/a 的/u 欢笑声/n ，/w 想起/v 了/u 三/NUM 年前/TIM 的/u 我/r ，/w 孤军奋战/i 在/p 俄罗斯/LOC 大陆/n ，/w （F:\教育部项目\第二次更新语料\blog\male\use\1\11211982\2006-02-07 22.46.50.txt(3):）

(2) 这/r 件/q 事/n 严重/a 地/u 激励/v 了/u 我/r 的/u 革命英雄主义/n 精神/n 。/w （F:\教育部项目\第二次更新语料\blog\male\use\1\13911854867\2006-05-15 00.58.52.txt(8):）

(3) 看/v 着/u 教练/n 们/k 和/p 他人/r 的/u 自由/a 赛/vn 球/n ，/w 我/r 严重/a 清醒/a 的/u 知道/v 自己/r 差/a 的/u 太/d 远/a 了/y 。/w （F:\教育部项

目\第二次更新语料\blog\male\use\100\meisen321\2006-07-26 01.16.13. txt(2):)

(4)这里/r 严重/ad 感谢/v 在/p 我们/r 娱乐/v 的/u 时候/n ,/w 辛勤/ad 收拾/v 与/c 刷/v 碗/n 的/u 瑞珊/PER ,/w 惠云/PER ,/w 临安/LOC 等/u 同志/n ,/w 充分/ad 展示/v 了/u 我们/r 祖国/n 宝岛/n 台湾/LOC 女性/n 的/u 美德/n ,/w 哈哈/o !/w(F:\教育部项目\第二次更新语料\blog\male\use\100\mengchen81\2006-02-05 01.18.47. txt(8):)

"严重"的搭配词有动词和形容词,动词如"有感觉""激励"和"感谢",形容词只有"清醒"。男性网络博客中搭配词具有极为明显的积极语义,这与"严重"所具有的普遍性语义韵律相冲突,形成局部性语义韵律特征,造成语义韵冲突;利用语义韵冲突(the exploitation of prosodic clash)来实现网络博客中特有、诙谐的表达效果。

6.4.2 女性博客中"严重"的异常搭配

我们在女性博客中同样发现,"严重"具有"a"和"ad"两个词性,其具体使用频次和频率如表6-8所示。

表6-8　　　　　**女性博客中"严重"频次和频率对比表**

女性博客	词性	频次	出现文件数	频率
严重	a	16697	14804	0.0000669440
严重	ad	5603	5192	0.0000224643

观察可知,作为"a"词性使用的频次和频率明显高于作为"ad"词性的使用频次,其频次分别是 16697 和 5192。事实上,根据句法功能,我们认为"严重"的第二词性为副词更为合适。通过对女性博客语料库的搜索,我们只发现了 1 个异常搭配,即"严重感谢"。例如:

115

(1) 两/NUM　个/q　小时/n　ˇ/w　RP/nx　啊/y　ˇ/w　太/d　次/a　了/u　吧/y　也/y　*严重*/ad　*感谢*/v　糨/nx　糊/v　威/Ng　同学/n　./w　(female　081285 \ 2006-03-01 18. 00. 22. txt)

(2) 感谢/v　卡/n　信/n　桑/APER　的/u　友情/n　协助/v　ˇ/w　*严重*/ad　*感谢*/v　后来/TIM　严重/a　神智/n　不/d　清/a　的/u　某/r　葱/n　没有/d　把/p　TIF/nx　格式/n　的/u　图/n　刻/v　进/v　盘/Ng　里/f　ˇ/w　(感谢/v　卡/n　信/n　桑/APER　的/u　友情/n　协助/v　ˇ/w　*严重*/ad　*感谢*/v　后来/TIM　严重/a　神智/n　不/d　清/a　的/u　某/r　葱/n　没有/d　把/p　TIF/nx　格式/n　的/u　图/n　刻/v　进/v　盘/Ng　里/f　ˇ/w　(female \ use \ 1 \ 081285 \ 2006-04-11 15. 14. 16. txt)

(3) 本来/d　以为/v　洗澡/v　的/u　时候/n　给/v　冲走/v　了/u　的/u　说/v　ˇ/w　小/a　J/nx　娜/nr　*严重*/ad　*感谢*/v　!!!/w　(F:\教育部项目\第二次更新语料\blog\female \ use \ 1 \ 081285 \ 2006-05-24 20. 07. 40. txt(20):)

(4) 石头/n　是/v　够/v　疯狂/a　了/y　~/w　啊/y　哈哈/o　就是/v　ˇ/w　1/NUM　小时/n　35分/TIM　就/d　过不去/v　了/u　盘/Ng　ˇˇ/w　感谢/v　03/NUM　:/w　28/NUM　的/u　口述/vn　结尾/n　./w　*严重*/ad　*感谢*/v　./w　(F:\教育部项目\第二次更新语料\blog\female \ use \ 1 \ 081285 \ 2006-08-04 14. 32. 54. txt(38):)

(5) 现在/TIM　ˇ/w　明天/TIM　再/d　更新/v　好/a　了/y　ˇ/w　说明/v　内/f　些/q　照片/n　。/w　谢谢/v　每个/r　照顾/v　我/r　的/u　人/n　。/w　*严重*/ad　*感谢*/v　。/w　严重/a　的/u　内/f　种/v　./w　(F:\教育部项目\第二次更新语料\blog\female \ use \ 1 \ 081285 \ 2006-08-23 00. 30. 11. txt(2):)

女性博客中，"严重"的搭配词只有动词，即"感谢"，具有极为明显的积极语义，这与"严重"所具有的普遍性语义韵律相冲突，形成局部性语义韵律特征，造成语义韵冲突；利用语义韵冲突来实现特有、诙谐的表达效果。

6.5　小　　结

本章基于大规模汉语博客语料库和台湾 ASC 标记语料库证据，采用基于数据的方法对"严重"右搭配词的普遍性语义韵律和局部性语义韵律进行了较为全面的个案研究。

首先，我们基于统计数据，发现了"严重+VP""严重+NP"和"严重+AP"三个类联结。其中，"严重+VP"类联结有 205 例，全部作状语，占全部有效频次的 64.3%；"严重+NP"类联结有 107 例，全部作修饰语，占全部有效频次的 33.5%；"严重+AP"类联结有 7 例，全部作状语，占全部有效频次的 2.2%。基于数据，在 319 个实例中，3.8%（12/319）的搭配属于中性，其余 96.2%（307/319）的搭配都是消极词汇，所构成的语义氛围都是消极语义，导致其右侧的语境是消极语义韵。我们认为"严重"具有极其明显的消极语义韵结构。同时，我们也注意到"严重"的词类在三个类联结中有两个词类。在"严重+VP"和"严重+NP"类联结中"严重"均是形容词词性，分别修饰 VP 和 NP，而在"严重+AP"类联结中"严重"应该是副词词性，相当于"非常"或"极其"。众所周知，纯状语性是副词的本质、区别性类特征。其次，我们基于数据驱动的方法，计算出 MI≥3 的有效右侧搭配词共 57 个。其中，98.2%的搭配词具有消极的语义氛围，建立"严重"的语义韵结构。以上两种常规方法的研究表明：当距位为"N+1"时，"严重"的普遍性语义韵律具有明显的消极语义韵，搭配词在语境中营造了消极语义氛围。

最后，我们对大规模博客语料库中男性和女性"严重"的局部性语义韵律进行了研究。在现实交际过程中，说话人可能故意违反搭配和谐的原则，选用不寻常的搭配在语义上构成冲突，形成积极、正面的语义氛围，最终造成语义韵冲突，并利用语义韵冲突实现特殊的交际效果。统计表明，在大规模博客语料库中已出现"严重"的异常搭配，频率极低，但已构成其积极局部性语义韵律。在男性博客语料中发现了4个异常搭配，分别是"严重有感觉""严重地激励""严重清醒"和"严重感谢"；在女性博客语料中只发现了1个异常搭配，即"严重感谢"。

第七章　博客重叠副词使用对比研究

7.1　引　　言

重叠，作为一种语法手段，广泛地分布在世界上大多数语系的许多语言中。重叠广泛地存在于世界上大多数语系中，仅汉藏语系就有三十多种语言存在重叠式，在汉语里，名词、量词、动词、形容词、副词等词类均有重叠现象。

重叠是使某语言形式重复出现的语言手段，实质上就是把音节、语素或词重复排列，从而改变原有的结构、语法或语义功能。汉语中的重叠现象较为普遍，就其类属而言，主要有动词、形容词、名词、数词等，还有一小部分副词也可重叠；就其功能而言，主要涉及语法、语用、语音等需要。纵观近年来的文章可知，重叠主要集中在动词、名词和形容词，对于虚词重叠，尤其是副词重叠的研究相对较少，但已开始逐渐增多[①]。针对重叠副词进行统计研究则少之更少。

客观来说，副词重叠形式多样，功能复杂，语义特殊。本章利用大规模博客语料库对重叠副词进行准确的统计研究，重点考察汉语中重叠副词男女使用情况差异。

---

① 在本研究中，为避免混淆和研究方便，副词重叠、重叠副词和副词重叠式均属同一概念，即词性是副词，形式是重叠。

7.2　重叠副词研究状况

7.2.1　重叠副词研究历史

历史上，研究重叠的阶段主要集中在 20 世纪五六十年代和八九十年代。第一个阶段的关于重叠的研究主要集中在形容词和动词词类上，涉及副词重叠的研究成果较少。应该说副词重叠方面研究还没真正开始。当然，持副词不能重叠观点的学者不乏其人。黄汉生认为："副词不能重叠。"王松茂、常纯民认为副词"不能重叠"，"'常常、渐渐、时时'是副词原形，不是重叠形式，因为这种形式同单音的在意义上没有什么不同，没有增加什么附加意义"。黄伯荣认为，"形容词能重叠，或加上重叠的音节；副词不能。"郭翼舟也认为"副词不能重叠；有些副词如'渐渐、刚刚、常常、仅仅'等只是从单音节的词发展成为双音节的词，并不是重叠形式，也不表示语义加重。"

20 世纪 80 年代，学者们普遍达成共识，即副词可以重叠。丁声树等先生认为："副词也是可以重叠的，如'常常、刚刚、偏偏儿、白白儿'等"。朱德熙先生在《语法讲义》中把重叠分为音节的重叠、语素的重叠和词的重叠，并富有创见性地指出重叠式研究应该注意以下几个方面：其一，重叠式的结构类型和语音特征(重音、变调)；其二，基式和重叠式的语法功能的异同；其三，重叠式的语法意义。段业辉 (1987)认为："部分副词也可以重叠，如'刚→刚刚''渐→渐渐''白→白白''翩→翩翩''的确→的的确确'等等"，副词重叠是为了语法、语用、语音、构词等需要。齐沪扬认为："重叠就是整个的词或词中语素的重复""副词是有重叠现象的"。张谊生(1997)讨论了副词重叠的性质与范围，运用对比的方法，对副词的重叠形式与基础形式在语义、句法、表达三个方面的异同进行了详细的考察与分析，讨论范围涉及单音节副词和双音节副词。

第二个阶段关于重叠的研究成果数量大大增加，视野也大大拓宽，方法也得到了改进，对副词重叠的研究出现了一个较为集中的高潮。涉及副词重叠的研究成果也逐渐增多，副词重叠重要论文和著作尽管还不系统，较为零乱，但其出现也标志着的副词重叠研究的真正开始。赵元任(1979)将副词重叠归入"生动重迭"。任学良(1979)对利用重叠方式构造的副词逐一解释。张静(1980)将副词重叠归为"'迭字'的单纯词"。陈文芷(1982)用音高测量器和声音摄谱仪研究了965分钟录音材料中的重叠问题，专门提到副词重叠。在此之前的研究，从总体上讲，还比较零散，不成系统，影响不大。

朱德熙(1982)在《语法讲义》中提出研究重叠式时应注意三个方面：(1)重叠式的结构类型和语音特征(重音、变调)；(2)基式和重叠式的语法功能的异同；(3)重叠式的语法意义。《语法讲义》基本确定了副词重叠研究的基调和方法。刘庆隆(1985)对副词重叠形式的归目、立目给予了建议。段业辉(1987)在其《试论副词重迭》中根据副词重叠前后的形式和特点的不同，将重叠式分为六类，最终归纳为四个主要类型：(1)能单用的单音副词重叠，形式为"AA"式；能单用的双音副词重叠，形式为"AABB"式；(2)能单用的单音名词、动词、形容词、数词、量词的重叠，形式为"AA"式；(3)不能单用的构词语素的重叠，形式为"AA"式；(4)纯粹的音节重叠，形式为"AA"式。同时，也对《普通话三千常用词表》《现代汉语八百词》《现代汉语虚词例释》《汉语的构词法》《汉语造词法》五本书中的重叠副词进行了调查和统计，得出副词总数749个，双音或多音副词564个，单音副词数185个，重叠副词73个，占副词种数的9.75%左右。王继同(1989)对《现代汉语词典》中单音节副词进行了统计，重叠式占21%，另外还分析了双音节副词重叠式。

20世纪90年代，越来越多的学者开始专注副词重叠的研究。他们运用动态、比较、定量、语义特征分析、类型学、语义范畴、认知语法等新的研究方法，使副词重叠方面的研究更加丰富，副词重叠中的许多语法问题得到了较为系统的解释。

许光烈(1990)非常明确地指出从重叠的角度来看，副词有三大类：(1)非重叠式副词。如"就、都、必须"只有这一种形式，没有与之对应的重叠式。(2)重叠式副词。如"悄悄、往往、匆匆"等只有重叠形式，没有与之对应的非重叠形式。(3)既有本来的非重叠形式又有与之对应的重叠形式的副词，如"仅"和"仅仅"，"稍"和"稍稍"。统计得知，现代汉语的部分副词(约占副词的5%)是可以重叠的。从副词的具体类别上看，语气副词和程度副词重叠使用者居多，时间副词次之，其他副词又次之，而否定副词则不能重叠。

华玉明(1995)在《重叠的特殊句法作用》一文中指出，在20世纪80年代，重叠研究进入了一个更加活跃的时期。重叠超越语法常规，突破习惯用法，以崭新的面貌频频出现于口语与书面语中。

7.2.2　重叠副词研究现状

20世纪90年代中期之后，副词重叠研究的角度更新、理论更多，已突破传统研究，学者们开始探索重叠形成的原因。

李宇明(1996)在《论词语重叠的意义》中指出："词语重叠是一种表达量变化的语法手段，'调量'是词语重叠的最基本的语法意义。"同时，指出重叠的语法意义是有层次的，把不同层次的语法意义引申成由基本意义引申发展而形成的系统。

石毓智(1996)从认知的角度分析了汉语的句法重叠。张敏(1997)从类型学和认知语法的角度对复现形式、重叠的类象性以及重叠类象动因等方面进行了详细阐述。

张谊生(1997)在《副词的重叠形式与基础形式》一文中首先讨论副词重叠的性质与范围，然后运用对比的方法对副词的重叠形式与基础形式在语义、句法、表达三个方面的异同进行考察与分析。张谊生提出两个区别。一是基式和重叠式在语义功用上的区别：缺略、增添、偏重、分化。二是基式和重叠式在表达功效上的差别：轻与重、强与弱、文与白。

吴吟(2000)在《汉语重叠研究综述》中指出齐沪扬、王继同、张谊生将基式和重叠式做了对比研究。(1)带不带 de 的条件。A 修饰谓词时不带 de。AA 大多可带可不带，有的不带 de，如"刚刚""最最"；有的偶尔带 de，如"独独""万万"。(2)作状语的位序。A 大多定位在所修饰的谓词前。AA 的位序就比较自由，可以紧靠所修饰的谓词，放在表动作方式、状态的状语前，放在介词短语前，也可以作句首状语。(3)对搭配谓词的音节要求。可以分成几类。一类 AA 和 A 都能自由修饰单音节、双音节谓词，如"常常"和"常"；一类 AA 只能修饰双音节谓词，如"恰恰"。而 A 只与固定几个单音节谓词搭配，如"恰"：恰遇、恰逢。一类 AA 在一定条件下可以直接修饰单音节谓词，但可以更广泛地修饰其他谓词，如"偷偷地看""偷偷看了一会儿"；而 A 只能修饰单音节谓词，如"偷"：偷笑、偷想。

尹钟宏(2002)将副词重叠分为 AA 式、AAB 式和 AABB 式。王继红(2001)从广义和狭义的角度，将副词重叠结构分为完全副词重叠结构 F^2+X 和不完全副词重叠结构 $(F+X)^2$。关于重叠式与基式的对比研究，段业辉(1987)、齐沪扬(1987)、王继同(1989)、许光烈(1990)、张谊生(1997)、尹钟宏(2002)等论文虽侧重点不同，但都综合考虑句法、语义、语用三个平面，对基式和重叠式副词的异同进行了多角度的考察与分析，力求发现副词在不同层面上的功能与价值。

段业辉(2004)针对叠结在构成基础、结构方式、结构性质方面与重叠不同的特点，对叠结进行了定义。并考察了叠结式构件的语义特征，对叠结式的语义、语法、语值方面进行了详细的考察和分析。

赵晶(2007)在其《现代汉语重叠式副词研究》中通过对权威虚词词典的统计，得出"重叠式副词表"，并从形式和结构的角度分别归类，分析了重叠式副词句法功能和搭配功能。句法功能涉及句类分布、语法功能、相对位次；搭配功能包括音节选择、后附语缀、共现否定、固定搭配。周君(2009)在其硕士论文《副词重叠式的类型学研究》中统计出93 个重叠副词，对其语义、语法及其形成原因进行了详细的分析。洪爽(2010)在其《单音副词及重叠形式修饰谓词性成分的韵律问题》一文中讨论了现代汉语中单音节副词及其重叠形式修饰谓词性成分时的音节搭配问题，认为韵律表现不同源于句法结构不同。

　　虚词穷尽式描述的有：吕叔湘《现代汉语八百词》（1980），北大中文系 1955 级、1957 级语言班《现代汉语虚词例释》（1982），侯学超《现代汉语虚词词典》（1998）、张斌《现代汉语虚词词典》（2001），张谊生副词表，《现代汉语词典》（第五版）（2005）等。

　　经过六十年多年的研究历程，重叠副词的研究经过了"零星涉及——个案深入——整体提升"三个阶段，已经进入了一个新的发展阶段。宏观上，重叠副词的性质模糊，总体范围不明确、不准确，需要精确统计和考察。当然，关注单音节重叠式副词的研究较多，双音节和多音节较少涉及。

　　经过三个历史阶段的发展，副词重叠的研究已经达到一定的高度和深度。但之所以不同学者对副词和重叠副词的统计数据不尽相同，甚至差距较大，其主要原因是副词总数不确定和重叠副词的判定标准不统一。换言之，迄今为止副词总数仍无定论，重叠副词的标准不一，统计结果自然也不统一；所采用的语料基本上都非常局限，不利于开展穷尽性统计。为克服以上弊病，本章将立足于大规模、"活"的博客语料，采用统计方法，详细考察总体重叠式副词以及各词类的具体情况。

7.3　重叠副词的范围

7.3.1　重叠的性质

　　重叠副词的性质是重叠副词范围确定的前提。重叠包括构词重叠与构形重叠。构词的重叠指接连反复某一音节或词根以组成新词的一种构词方式或构词手段；构形重叠是指对某一个词连续反复以表示某种语法意义的变化形式，是一种形态变化。重叠已经成为一种必不可少的手段，属于语法范畴。

　　朱德熙（1982）指出："'常来'的'常'，'刚走'的'刚'，'偏不答应'的'偏'都是副词，重叠以后，'常常''刚刚''偏偏'还是副词。"这类副词的基本形式本身就是副词，其重叠式仍然只能充当状语，还是副词词性。段业辉(1987)也指出"刚→刚刚""渐→渐渐""的确→的的确确"等都是副词重叠形式。

重叠式副词和副词重叠式是现代汉语中既有联系又有区别的一对概念。重叠式副词是运用重叠手段构造的新的副词整体，其基础形式可能是自由的副词，也可能是其他词性的词、粘着语素或者无意义的音节。副词重叠式是副词经过重叠之后的副词整体，其基础形式必须是自由的副词，重叠式也是副词，但基础形式和重叠式在句法、语义、语用等方面还有细微的差异。例如：

(1)去年/TIM 刚/d 把/p 自己/r 简历/n 挂/v 上去/v 的/u 时候/n ，/w 可是/c 姜太公钓鱼/l 的/u 心态/n ，/w 那时/r 学校/n 还/d 没/d 辞职/v ，/w 心想/v 有/v 工作/vn 就/d 辞职/v ，/w 没/d 工作/v 我/r 不/d 是/v 还有/v 工作/vn 嘛/y ，/w 所以/c 不慌不忙/i 的/u 。/w （female\use\1\000300008367724e\2006-05-26 18.09.54.txt）

(2)结果/n 饭/n 刚刚₁/d 吃/v 到/v 一半/NUM ，/w 男生/n 就/d 喝/v 醉/v 了/u 十几/NUM 个/q ，/w 女/b 人们/n 也/d 丑态百出/i 。/w （00060008b14d1c3\2005-12-29 02.25.54.txt）

(3)在/p 经历/v 了/u 刚刚₂/d 那么/r 伤心/a 的/u 事后/TIM 为什么/r 眼泪/n 就是/d 流/v 不/d 下来/v ，/w 而/c 心/n 却/d 痛/a 得/u 连/n 呼吸/v 都/d 觉得/v 辛苦/a ～～/w （0197771717\2006-09-17 01.36.53.txt）

例(1)中"刚"是时间副词，可以自由、独立运用，表示行动或情况发生在不久以前。例(2)和例(3)中的"刚刚"都是"刚"的重叠形式，《现代汉语词典》(第五版)收录了"刚刚"一词，表示"不多不少"和"刚"的意思，说明该重叠式已从构形重叠向构词重叠转化了。

朱德熙(1982)认为重叠式副词包括两类：(1)基式是单音节副词，重叠式是AA。例如：常常、渐渐、恰恰、刚刚、白白。(2)基式是单音节形容词，重叠式是AA(儿)，第二个音节变阴平。例如：好好儿、细细儿、远远儿、悄悄儿、慢慢儿。

段业辉(1987)将副词的重叠形式归纳为四种类型。吴吟(2000)认为重叠有三种：构词重叠、构形重叠和句法重叠。赵晶(2007)将重叠层级共分为四个层次：音节、语素、词和超词重叠。重叠现象是非离散性的，边界也是模糊的，所以重叠现象是一个连续统(continuum)。

7.3.2　重叠副词统计综述

重叠式副词的性质确定之后，我们将对重叠式的范围进行界定。本章谈论的是重叠式副词，而非局限于副词重叠式。

首先，我们对权威虚词词典进行统计，并参考学者、专家的重叠式副词的归纳。

段业辉(1987)在《试论副词重叠》一文中对常用的权威虚词著作进行了统计，总结出副词总数为749个，双音或多音副词为564个，单音副词数为185，重叠副词为73个，共分为六类。具体数据如表7-1所示：

表 7-1　　　　　　　　　　　　　　**重叠副词调查表(段业辉)**

副词总数	双音或多音副词数	单音副词数	重叠副词数
749	564	185	73

周君(2009)在《副词重叠式的类型学研究》中曾对汉语重叠式副词作过粗略的统计，主要以比较权威的、影响力较大的虚词词典和著作为

依据，包括吕叔湘《现代汉语八百词》，北京大学中文系 1955 级、1957 级语言班《现代汉语虚词例释》，侯学超《现代汉语虚词词典》，张斌《现代汉语虚词词典》，俞士汶《现代汉语语法信息词典详解》(第二版)，张谊生《现代汉语副词研究》中"现代汉语副词分类表"，它们的重叠副词分别有 9 个、34 个、37 个、32 个、57 个和 56 个，分别占副词总数的 4.30%、7.10%、5.70%、5.50%、8.20%和 5.30%。重叠副词总数从 9 个到 56 个，重叠副词占副词总数的比例在 4.30% ~ 8.20%。另外，周君针对《现代汉语词典》(第五版)进行了统计，共 68 个重叠副词，占副词总数 1161 个的 5.80%。

我们针对大规模博客语料库中男性和女性使用重叠副词进行了统计，分别得出附录三"男性重叠副词统计表"和附录四"女性重叠副词统计表"，其中男性双音节重叠副词 62 个，三音节 1 个，四音节 3 个，重叠副词共 66 个，占全部男性副词总数的 6.71%；女性双音节重叠副词 60 个，四音节 4 个，重叠副词共 64 个，占全部男性副词总数的 6.50%。具体如表 7-2 所示。

表 7-2 　　　　　　　　　　　　重叠副词统计表

语料	副词总数	重叠式				重叠总数	重叠比例
		双音节	三音节	四音节	五音节		
《男性重叠副词统计表》	983	62	1	3	0	66	6.71%
《女性重叠副词统计表》	985	60	0	4	0	64	6.50%
《现代汉语词典》(第五版)	1100	40	1	4	0	45	4.10%

在博客语料库自动切分后，我们发现统计所得的副词总数和重叠副词总数并不能代表真正副词和重叠副词的全貌。

第一，一部分词语的归类仍有争议有待商榷，由于自动切分的需要，状态词、副词性语素的设立又加大了副词的归类难度；

第二，"然""乎"的使用较为复杂，不能够都认定为副词性语素或副词后缀，这与自动切分的理念和思想有一定关系；

第三，大规模博客语料库的统计只能反映当时博文中重叠副词的使用情况，也并不能完全反映现代汉语中副词的真实情况。

观察表7-1可知，段业辉统计出重叠副词总数为73个，占副词总数的9.75%，比例是最高的。据笔者对《现代汉语词典》(第五版)的统计，重叠副词45个，副词总数1100个，比例为4.1%，是最低的①。笔者利用大规模博客语料库统计出来的男性和女性重叠副词的比例分别为6.71%和6.50%。总之，重叠副词占全部副词的比例在4.10%~9.75%，在整个副词体系中占有不可忽视的地位。

表7-3　　大规模博客语料库男女重叠共用、独用副词统计表

	男性	女性
副词种数	983	985
重叠副词种数	66	64
重叠副词比例	6.71%	6.5%
共用重叠副词	60	60
独用重叠副词种数	5	4
独用重叠副词比例	7.69%	6.25%
独用重叠副词	迟迟、缓缓、轻轻、微微、徐徐	独独、牢牢、默默、时时处处

观察男性和女性重叠副词可知，男性重叠副词种数为65个，占男性副词总种数的6.61%，女性为64个，占女性副词总种数的6.5%。其中，60个为共用重叠副词。男性独用重叠副词的个数为5个，占男性重叠副词总数的7.69%；女性独用重叠副词的个数为4个，占女性重叠副词总数的6.25%。男性的独用重叠副词更倾向于客观、动作等的描述，副词选用也较为正式，如"迟迟、缓缓、轻轻"；而女性则倾向于使用与感情、内心等相关的副词，如"独独、牢牢、默默、时时处处"。

----

①　笔者统计了《现代汉语词典》(第五版)中所有副词，具体参看附录五。

7.4 男女重叠副词的类别差异

7.4.1 外在形式

我们将从副词重叠结构的外在形式进行分类，可以分为完全重叠和部分重叠。

（一）完全重叠

完全重叠指重叠式中的每个音节都重叠。其中包括单音节重叠 AA 式和双音节重叠 AABB 式。

1. 单音节重叠 AA 式

单音节重叠后变为双音节 AA 式。例如：

(4) 好好/d 吃饭/v ，/w 茁壮/ad 成长/v ，/w 上帝/n 每天/r 都/d 爱/v 我们/r （0-o-0\2006-05-09 17.17.38.txt）

(5) 但是/c 渐渐/d 的/u 我/r 发现/v ，/w 也许/d 这/r 一切/r 并/d 不/d 是/v 出/v 自我/r 对/p 爱情/n 近乎/v 疯狂/a 的/u 理智/n ，/w 而是/c 源于/v 我/r 对/p 爱情/n 近乎/v 绝望/a 的/u 冷漠/an 。/w （00060008b14d1c3\2006-01-01 07.58.24.txt）

(6) 当/v 你/r 鼻/Ng 头/n 痒/a 时/Ng ~/w 表示/v 有人/r 在/p 默默/d 的/u 喜欢/v 你/r ~/w （000-111-2-33-4-9\2006-02-15 22.39.31.txt）

这类重叠副词在男性和女性重叠副词统计表分别有 62 个和 60 个，分别占重叠副词总数的 97% 和 94%。

表 7-4   男性和女性 AA 式重叠副词频次、频率对比表

序号	男性 AA 式副词	频次	频率	女性 AA 式副词	频次	频率
1	暗暗	1324	0.0000961268	暗暗	2844	0.0001126638
2	白白	2078	0.0001508698	白白	5448	0.0002158202
3	草草	1187	0.0000861802	草草	1868	0.0000740000
4	层层	266	0.0000193125	层层	415	0.0000164400
5	常常	16185	0.0011750852	常常	36780	0.0014570237
6	迟迟	1558	0.0001131160	处处	4041	0.0001600825
7	处处	2387	0.0001733042	大大	7396	0.0002929893
8	大大	3955	0.0002871463	…	…	…
…	…	…	…	单单	2004	0.0000793876
62	足足	1691	0.0001227723			

根据男性和女性频率的高低进行降序排列，我们对频率最高的前 14 位重叠式副词进行频率对比，具体数据如表 7-5 所示。

表 7-5   男性和女性 AA 式重叠副词频率最高前 14 位对比表

序号	副词	男性频率	女性频率
1	好好	0.0025061951	0.0035079491
2	慢慢	0.0022857713	0.0023359521
3	刚刚	0.0015041236	0.0014965987
4	往往	0.0014403053	0.0014570237
5	常常	0.0011750852	0.0010762881
6	渐渐	0.0010514417	0.0010638888
7	仅仅	0.0009076871	0.0009642185
8	天天	0.0008975226	0.0007478834
9	远远	0.0004977686	0.0007223716
10	明明	0.0004461476	0.0005407784
11	偷偷	0.0004253104	0.0005336478

续表

序号	副词	男性频率	女性频率
12	整整	0.0004057801	0.0004793363
13	偏偏	0.0003686798	0.0004290258
14	深深	0.0003479153	0.0004176168

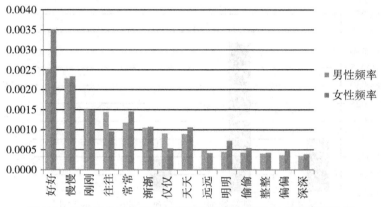

图 7-1 男性和女性 AA 式重叠副词频率最高前 14 位柱状对比图

观察可知，女性重叠式副词的使用频率普遍比男性高，这与女性更倾向于使用偶数（逢双）音节的习惯不无关系。

2. 双音节重叠 AABB 式

双音节副词重叠为 AABB，这类副词比例较少，在男性和女性重叠副词统计表分别有 3 个和 4 个，分别占重叠副词总数的 3% 和 6%。

表 7-6　男性和女性双音节 AABB 式重叠副词频次、频率对比表

序号	男性副词	频次	频率	女性副词	频次	频率
1	反反复复	205	0.0000148837	反反复复	663	0.0000262645
2	陆陆续续	581	0.0000421825	陆陆续续	1203	0.0000476563
3	确确实实	130	0.0000094384	确确实实	167	0.0000066156
4				时时处处	48	0.0000019015

观察可知，在双音节重叠副词中男性和女性有 3 个共用副词，分别为"反反复复"、"陆陆续续"、"确确实实"，其中，"反反复复"和"陆陆续续"的男性频率均低于女性。"时时处处"为女性所独用。我们将男性和女性 AABB 式重叠副词频率进行对比，具体如图 7-2 所示：

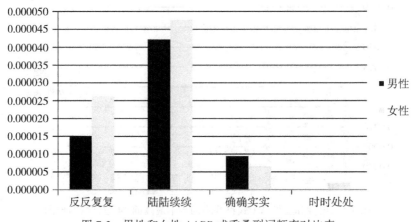

图 7-2　男性和女性 AABB 式重叠副词频率对比表

(二) 部分重叠 AAB 式

结构中部分因素重叠成 AAB 式，即在双音节 AB 的基础上，重叠为 AAB 式，只重叠词根，不重叠后缀，构成"AA 然"。在大规模博客语料库中，我们使用 EmEditor 搜索软件发现，男性和女性均只有一个"AA 然"结构，即"悠悠然"，男性使用频次和频率均低于女性，具体对比如表 7-7 和图 7-3 所示：

表 7-7　　男性和女性 AAB 式重叠副词频次、频率统计表

词语	男性频次	男性频率	女性频次	女性频率
悠悠然	41	0. 000000272	87	0. 000000349

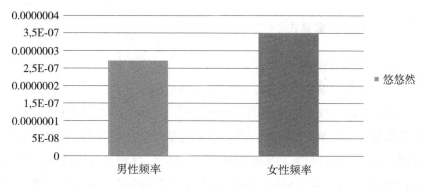

图 7-3 男性和女性 AAB 式重叠副词频率对照图

"悠悠然"在我们博客语料中，仅具有充当状语的句法功能，例如：

(7) 留/v 在/p 脑海/n 中/f 的/u 仍/d 是/v 他/r 偶尔/d 有点/d 腼腆/a 的/u 笑容/n ，/w 一/NUM 只/q 手/n 插/v 在/p 裤兜/n ，/w 一/NUM 只/q 手/n 悠悠然/d 抽烟/v 谈笑风生/i 的/u 样子/n 。/w（female\06joanna\2006-09-28 20.50.42.txt）

(8) 白/APER 夫人/n 悠悠然/d 的/u 看/v 着/u 女儿/n ，/w 轻/ad 叹/v 道/n ："/w 你/r 莫/d 要/v 后悔/v ，/w 此/r 去/v 是/v 福/n 是/v 祸/n 且/c 不知/v 。"/w（male\mingyangu\2005-11-04 13.06.49.txt）

7.4.2 内在结构

从重叠的内在结构角度来说，重叠式副词可分为有基式重叠式副词和无基式重叠式副词。有基式重叠式副词中的基式和重叠式有一定联系，基式是副词，重叠式仍然是副词；而无基式重叠式中的基式和重叠式无任何联系，重叠的是无意义的音节或不成词语素构成，但重叠后构成整体有意义的重叠结构。

(一) 有基式重叠式

A1　基式为副词

a1　基式为单音节 A 式, 重叠式为 AA 式

基式为副词或其他兼类词, 重叠后词性变为副词的为数不少。鉴于单音节基式中的兼类词较多, 我们将只要基式中没有副词, 就列为词类副词统计。为保持研究结果的权威性, 我们将以《现代汉语词典》(第五版)为基础, 进行词性标注。通过对重叠式副词中的单音节基式进行统计, 基式为副词的男性重叠式副词共有 28 个, 女性共有 27 个。例如: 暗(形容词)→暗暗(副词), 草(名词、形容词)→草草(副词), 渐(副词)→渐渐(副词)。其中男性 AA 式副词共 28 个, 女性共 27 个。

a2　基式为双音节 AB 式, 重叠式为 AABB 式

基式为双音节的重叠副词数量较少, 男性有 3 个, 女性有 4 个, 其中女性独用重叠副词为"时时处处"。男性和女性双音节重叠副词频次和频率的具体数据如表 7-8 所示。

表 7-8　男性和女性双音节 AABB 重叠副词频次和频率对比表

序号	男性 AABB 副词	频次	频率	女性 AABB 副词	频次	频率
1	反反复复	205	0.0000148837	反反复复	663	0.0000262645
2	陆陆续续	581	0.0000421825	陆陆续续	1203	0.0000476563
3	确确实实	130	0.0000094384	确确实实	167	0.0000066156
4				时时处处	48	0.0000019015

从上图可更直观看出, 女性双音节副词的使用频率均比男性高, 其中"陆陆续续"的使用频率差距最大。女性独用双音节副词"时时处处"的使用频率也非常低。

A2　基式为其他词类

基式为动词、名词、量词、形容词、介词、数词等词类, 重叠后词性变为副词的为数不少。鉴于单音节基式中的兼类词较多, 我们将只要

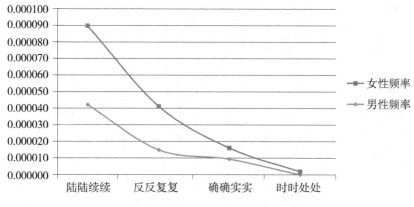

图 7-4 男性和女性双音节 AABB 重叠副词频率对照图

基式中没有副词，就列为词类副词统计。为保持研究结果的权威性，我们将以《现代汉语词典》(第五版)为基础，进行词性标注。例如："节节"中的基式"节"，有三个词性。① 名 物体各段之间相连的地方：关~② 量 用于分段的事物或文章：两~火车 ③ 动 节约；节制：~电。据统计，男性共 29 个，女性共 28 个，其中包含 1 个三音节副词"悠悠然"。

表 7-9　　　　　　　　基式为其他词类的重叠副词统计表

序号	基式	基式词性	男性重叠式	基式	基式词性	女性重叠式
1	暗	形容词	暗暗	暗	形容词	暗暗
2	白	形容词	白白	白	形容词	白白
3	草	名词 形容词	草草	草	名词 形容词	草草
4	层	量词	层层	层	量词	层层
5	迟	形容词	迟迟	处	名词	处处
6	处	名词	处处	急	形容词 动词	急急
7	缓	动词	缓缓	节	量词 名词 动词	节节

续表

序号	基式	基式词性	男性重叠式	基式	基式词性	女性重叠式
8	急	形容词 动词	急急	久	形容词 名词	久久
9	节	量词 名词 动词	节节	牢	形容词	牢牢
10	久	形容词 名词	久久	慢	形容词	慢慢
11	慢	形容词	慢慢	美	形容词	美美
12	美	形容词	美美	明	形容词	明明
13	明	形容词	明明	默	动词	默默
14	年	名词	年年	年	名词	年年
15	偏	形容词 动词	偏偏	偏	形容词 动词	偏偏
16	悄	形容词	悄悄	悄	形容词	悄悄
17	切	动词	切切	切	动词	切切
18	轻	形容词	轻轻	日	名词	日日
19	日	名词	日日	天	名词 量词	天天
20	天	名词 量词	天天	通	动词 形容词	通通
21	通	动词 形容词	通通	偷	动词	偷偷
22	偷	动词	偷偷	往	动词 介词	往往
23	往	动词 介词	往往	稳	形容词 动词	稳稳
24	稳	形容词 动词	稳稳	一	数词	一一
25	一	数词	一一	源	名词	源源
26	源	名词	源源	远	形容词	远远
27	远	形容词	远远	整	形容词 动词	整整
28	整	形容词 动词	整整	悠然	形容词	悠悠然
29	悠然	形容词	悠悠然			

(二) 无基式重叠式

男性和女性无基式重叠副词均有 6 个，分别是"纷纷"、"愤愤"、"侃侃"、"冉冉"、"娓娓"、"悻悻"，其具体频次和频率见表 7-10。

表 7-10　　　　　　男女无基式重叠副词频次频率对比表

序号	男性副词	频次	频率	女性副词	频次	频率
1	纷纷	4623	0.0003356453	纷纷	5111	0.0002024700
2	愤愤	288	0.0000209098	愤愤	575	0.0000227784
3	侃侃	124	0.0000090028	侃侃	94	0.0000037238
4	冉冉	217	0.0000157549	冉冉	464	0.0000183812
5	娓娓	147	0.0000106727	娓娓	290	0.0000114882
6	悻悻	355	0.0000257742	悻悻	486	0.0000192527

我们根据无基式重叠副词的使用频率绘制了男性和女性的频率对比折线图，如图 7-5 所示：

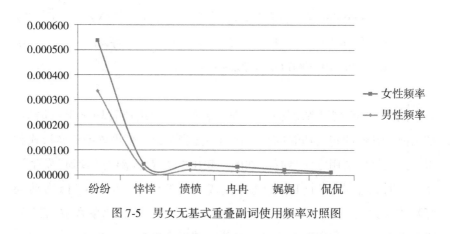

图 7-5　男女无基式重叠副词使用频率对照图

由上图可更直观看出，女性的使用频率基本上均偏高。

7.5　重叠副词的语用分析

段业辉(1987)指出："谓语前的修饰语(状语)，在既可用原式副词，又可用重迭副词时，这往往与句子的语法结构没有太大的联系，但与语用却有直接关系。"张敏(1997)从类型学的角度提出重叠极为广泛地分布在世界上大多数语系的诸多语言中，在汉藏语系和与汉语无系属关系的邻近语系中。Moravcsik(1978)总结认为各种语言的重叠式经常负载的最为显著的意义是"量的增加(increased quantity)"。例如：

(9)别/d　看/v　我/r　的/u　画/n　,/w　别/d　去/v　猜/v
　　我/r　在/p　想/v　什么/r　,/w　我/r　只/d　表达/v　我/r
　　自己/r　,/w　这/r　与/p　你们/r　常/d　看到/v　的/u
　　世界/n　是/v　不同/a　。/w　(female\0-waterlilies-0\2006-05-
　　28 01.05.35.txt)

(10)当然/d　,/w　长/a　而/c　不/d　齐/a　的/u　段落/n
　　　排/v　下来/v　,/w　读者/n　看起来/v　眼睛/n　会/v　累/
　　　v　一点/NUM　,/w　常常/d　跳/v　行/v　时/Ng　会/v　找/
　　　v　不/d　到/v　接/v　上去/v　的/u　文字/n　。/w　(0-
　　　waterlilies-0\2006-04-04 22.18.51.txt)

　　例(9)中的"常"和例(10)中的"常常"的句法位置均居于主语后，谓语前，它们的句法功能也都是在句中充当状语。但副词的基本形式和重叠式在具体语用方面是有区别的。句中"常"修饰动词"看到"发生语义关系时，能够起到加重语气并强调动词的作用；"常常"修饰动词"跳"发生语义关系时，同样也起到了加重语气，并且比单音节"常"的语气更重，强调作用更加明显。显然，其程度更深，语气更重，频率更快。另外，副词重叠的一个作用是程度更浅，语气更轻，频率更低。例如：

(11)喜欢/v　红色/n　的/u　男人/n　,/w　感情/n　很/d　热
　　　烈/a　,/w　但/c　脾气/n　稍/d　显/v　暴躁/a　;/w
　　　(00060008b14d1c3\2006-08-14 14.06.51.txt)
(12)原/d　以为/v　稍稍/d　做/v　点/v　他/r　的/u　思想/n

工作/vn　,/w　或许/d　我/r　就/d　又/d　能/v　继续/v
从事/v　我/r　喜爱/v　的/u　职业/n　,/w　而/c　他/r
做/v　他/r　的/u　一/NUM　份/q　事/n　,/w　两/NUM
不/d　相/d　抵触/v　。/w(000300008367724e\2006-05-26
18.09.54.txt)

(13) 来/v　上海/LOC　刚/d　做/v　美术/n　编辑/n　时/Ng　,/w
真/d　没/d　想到/v　会/v　有/v　分/v　栏/n　来/v
限制/vn　文字/n　的/u　排列/vn　,/w　段/q　落/a　后/a
有/v　一个/NUM　字/n　撂/v　单/b　了/u　,/w　你/r
必须/d　把/p　他/r　给/p　塞/j　进/v　前面/f　的/u
部队/n　,/w　文字/n　就是/v　灰色/n　块/Ng　,/w　豆
腐块/n　——/w（0-waterlilies-0\2006-04-04 22.18.51.txt）

(14) 书/n　看/v　到/v　一半/NUM　,/w　布拉格/LOC　之/u
春/Tg　刚刚/d　爆发/v　,/w　诗人/n　快/d　奔跑/v　了/y
。/w　（0-waterlilies-0\2006-05-29 21.39.42.txt）

例(11)中的"稍"和例(13)中的"稍"和"刚"均是副词基本形式，分别修饰句子中的动词，表示稍微和行动或情况发生在不久以前，而例(12)中的"稍稍"和例(14)中的"刚刚"均是副词的重叠形式，其作用是使语气进一步强化，使程度更轻、时间更短。

7.6　小　　结

本章首先对重叠副词研究的历史进行了梳理，对现状进行了总结，发现：现代汉语重叠副词的研究已达到一定的广度和深度，但还在不少问题。对于重叠副词的标准和分类没有统一的标准；副词可以重叠的个数及比例也区别较大；所采用的语料基本上都非常局限，不利于开展穷尽性统计。

第一，立足于大规模博客语料，厘清重叠副词的性质、范围和标准，使用统计软件，详细考察了男性和女性重叠式副词的总体情况以及各词类的具体情况，发现：男性重叠副词词种数为 65 个，占男性副词总词种数的 6.61%，女性为 64 个，占女性副词总种数的 6.5%；其中 60 个为共用重叠副词；男性独用重叠副词的个数为 5 个，占男性重叠副词总数的 7.69%，女性独用重叠副词的个数为 4 个，占女性重叠副词总数的 6.25%。男性的独用重叠副词更倾向于客观、动作等的描述，副词选用也较为正式，如"迟迟、缓缓、轻轻"；而女性则倾向于使用与感情、内心等相关的副词，如"独独、牢牢、默默、时时处处"。

第二，我们将根据外在形式将副词重叠分为完全重叠和部分重叠。完全重叠的研究表明：单音节重叠 AA 式中，女性副词的使用频率普遍比男性高，这与女性更倾向于使用偶数（逢双）音节的习惯有直接关系；双音节重叠 AABB 式中，这类副词比例较少，在男性和女性重叠副词统计表分别有 3 个和 4 个，分别占重叠副词总数的 3% 和 6%。部分重叠结构是在双音节 AB 的基础上，重叠为 AAB 式，只重叠词根，不重叠后缀，构成"AA 然"。在大规模博客语料库中，男性和女性均只有一个"AA 然"结构，即"悠悠然"，男性使用频次和频率均低于女性。

第三，从重叠的内在结构角度，重叠式副词可分为有基式重叠式副词和无基式重叠式副词。分别对男性和女性中的有基式重叠式和无基式重叠式副词进行详细的对比研究，结果发现：各种重叠式副词词种数男女多少不一，但女性使用频率普遍比男性高。

第四，从语用的角度，对重叠式副词的基式和重叠式进行了对比，结果发现重叠式副词有两个相反的作用：一是使程度更深，语气更重，频率更快；二是使程度更浅，语气更轻，频率更低。

第八章 结　　语

8.1　本研究的基本结论

本书以语料库语言学为理论指导，以国家语言资源监测与研究中心大规模博客语料库为真实语料来源，以实际语料中语言现象的出现概率为依据针对副词进行语法分析，以寻求语言差异和共性为研究取向，通过从总体副词、各词类副词、高低频副词、语义韵以及重叠副词五个方面进行了精准的统计、详细的观察和充分的描写，归纳概括了现代汉语副词在这五个方面所表现出来的共性和差异，并对其形成差异的原因从社会语言学的角度进行了简明扼要的解释。

第一，总体副词方面，共性大于差异。

男性副词和女性副词的总数以及三大类中各总数相差不大，具有较强一致性。男性和女性副词各次类所占的比例一致：限制性副词>描摹性副词>评注性副词。男性、女性累加覆盖率趋势曲线图具有较强的相似性，男女副词在博客真实文本中都具有一种规律极强的分布情况。男性副词根据频率排序与分布率排序总体较为相似，仅有个别副词的排序有所变动。由于该博客语料库规模庞大，所以分布统计法和频率统计法统计的结果大致相当，没有达到统计意义上的显著水平。

女性比男性使用副词的频次平均值多 11628，女性在博客中使用副词的总体频次是男性的 1.83 倍，女性使用副词的频率远高于男性，这说明女性比男性更倾向于使用副词。随着男女副词词长的增加，平均频次却呈下降趋势。我们还发现女性副词的平均频次均比男性高，单字词高出的幅度最大，双字词其次，三字词的幅度更小，四字词的幅度最小。男性和女性副词共983个和985个，其中共用副词961个，各自的非共用副词分别有22个和24个。男性倾向于使用与政治、工作、游戏等相关的内容，副词选用也较为正式；女性则倾向于使用与感情、心理等相关的副词。

第二，副词各次类方面，共性与差异并存。

在限制性副词的数量上，男性和女性大致相当。其中，各个次类的数量也大致相当。但女性使用时间副词、范围副词和程度副词数量都多于男性，男性使用关联副词、否定副词和协同副词数量都多于女性，频率副词和重复副词的数量等同。从各次类的数量上看，男性描摹性副词个数比女性多，其中，表方式、表状态和表情状的副词都比女性多，女性表比况的描摹性副词比男性多2个，但差异并未达到统计上的显著水平。在描摹性副词的使用中，女性更倾向于使用表比况的描摹性副词，而男性更倾向于使用表示方式、状态和情状的描摹性副词。女性比男性更倾向于使用评注性副词。女性使用副词"太""还是""真""一定""真是"的频率明显高于男性，而男性使用"当然"的频率明显大于女性，说明这些评注性副词均是高频词，但也存在着一定的性别差异。

第三，高低频副词方面差异大于共性。

男性由高到低排序前152位副词为高频副词，占所有男性副词词种数的15.46%；女性由高到低排序前90位副词为高频副词，占所有女性副词词种数的9.14%。说明女性高频副词的平均使用频率更高。根据图3-2"男女累加覆盖率与副词词种数递增趋势曲线图"可知，女性累加覆盖率在90%之前，坡度更大，递增速度更快，词种数较少；相反，男性累加覆盖率在90%之前，上扬的坡度相对较小，递增速度较缓慢，词种数较多。从词长的角度来看，单字词的平均频次最高，男性和女性的平均频次分别达454825和879442；双字词的平均频次次之，男性和女性平均频次分别达104109和38322；三字词的平均频次更低，男性和女性平均频次分别达59335和22818；四字词均为0。随着词长的增加，平均频次却相反呈下降趋势。男性高频副词平均频次是男性副词平均频次的 5.8 倍，女性高频副词平均频次是女性副词平均频次的 9.4 倍，悬殊之大，也足以说明高频副词的频率之高。最后，对男性和女性中的否定副词进行了统计，发现男性和女性均有 29 个否定副词。男性使用频率较高的否定副词的总体数量高于女性，说明男性在博客中否定表达的需要较多，与否定副词的使用频率偏高有直接关系。

第四，语义韵方面，共性为主。

基于统计数据发现"严重+VP""严重+NP"和"严重+AP"三个类联接。其中，"严重+VP"类联接有 205 例，全部作状语，占全部有效频次的 64.3%；"严重+NP"类联接有 107 例，全部作修饰语，占全部有效频次的 33.5%；"严重+AP"类联接有 7 例，全部作状语，占全部有效频次的 2.2%。基于统计数据，在 319 个实例中，3.8%(12/319)的搭配属于中性，其余 96.2%(307/319)的搭配都是消极词汇，所构成的语义氛围都是消极语义，导致其右侧的语境是消极语义韵。我们认为"严重"具有极其明显的消极语义韵结构。同时，我们也注意到"严重"的词类在三个类联接中有两个词类。在"严重+VP"和"严重+NP"类联接中"严重"均是形容词词性，分别修饰 VP 和 NP，而在"严重+AP"类联接中"严重"应该是副词词性，相当于"非常"或"极其"。众所周知，纯状语性是副词的本质、区别性类特征。其次，我们基于数据驱动的方法，计算出 MI≥3 的有效右侧搭配词共 57 个。其中，98.2%的搭配词具有消极的语义氛围，建立"严重"的语义韵结构。以上两种常规方法的研究表明：当距位为"N+1"时，"严重"的普遍性语义韵律具有明显的消极语义韵，搭配词在语境中营造了消极语义氛围。

另外，我们对大规模博客语料库中男性和女性"严重"的局部性语义韵律进行了研究。在现实交际过程中，说话人可能故意违反搭配和谐的原则，选用不寻常的搭配在语义上构成冲突，形成积极、正面的语义氛围，最终造成语义韵冲突，并利用语义韵冲突实现特殊的交际效果。统计表明，在大规模博客语料库中已出现"严重"的异常搭配，频率极低，但已构成其积极局部性语义韵律。在男性博客语料中发现了4个异常搭配，分别是"严重有感觉""严重地激励""严重清醒"和"严重感谢"；在女性博客语料中只发现了1个异常搭配，即"严重感谢"。

第五，重叠副词方面，差异大于共性。

男性重叠副词种数为65个，占男性副词总种数的6.61%，女性为64个，占女性副词总种数的6.5%。首先，男性和女性有60个共用重叠副词；男性独用重叠副词的个数为5个，占男性重叠副词总数的7.69%，女性独用重叠副词的个数为4个，占女性重叠副词总数的6.25%。男性的独用重叠副词更倾向于客观、动作等的描述，副词选用也较为正式，如"迟迟、缓缓、轻轻"；而女性则倾向于使用与感情、内心等相关的副词，如"独独、牢牢、默默、时时处处"等重叠副词。其次，我们根据外在形式将副词重叠分为完全重叠和部分重叠。完全重叠的研究表明：单音节重叠AA式中，女性副词的使用频率普遍比男性高，这与女性更倾向于使用偶数（逢双）音节的习惯有直接关系；双音节重叠AABB式中，这类副词比例较小，在男性和女性重叠副词统计表中分别有3个和4个，分别占重叠副词总数的3%和6%。部分重叠结构是在双音节AB的基础上，重叠为AAB式，只重叠词根，不重叠后缀，构成"AA然"。在大规模博客语料库中，男性和女性均只有一个"AA然"结构，即"悠悠然"，男性使用频次和频率均低于女性。

再次，从重叠的内在结构角度，可将重叠式副词分为有基式重叠式副词和无基式重叠式副词。本书分别对男性和女性中的有基式重叠式和无基式重叠式副词进行了详细的对比研究，结果发现：各种重叠式副词词种数男女多少不一，但女性使用频率普遍比男性偏高。最后，从语用的角度，对重叠式副词的基式和重叠式进行了对比，结果发现重叠式副词有两个相反的作用：一是使程度更深，语气更重，频率更快；二是使程度更浅，语气更轻，频率更低。

8.2　本研究的实际意义和应用价值

(一)实际意义

1. 研究视角的开创性，丰富和发展了汉语副词的系统研究

语言与性别的关系已成为一种必不可少的研究变量存在于社会语言学的热点领域之中。副词研究也一直是传统汉语语法研究领域中的重点，但将性别与副词进行交叉的综合、多角度研究已超出传统语言学所研究的范围，形成了跨学科研究中一个新的学术生长点。

现代汉语副词研究在广度和深度方面都取得了不凡成绩，但同时我们也意识到，以往针对历史和现状进行纯汉语书面语的研究较多，而将口语、网络用语、外国语等方面的研究成果结合起来，对汉语副词展开多角度研究的还比较少。

正如杨惠中所说，语料库语言学为语言学研究提供了一种全新的研究思路，以真实的语言数据为研究对象，从宏观的角度对大量的语言事实进行分析，从中寻找语言使用的规律；在语言分析方面采用概率法，以实际使用中的语言现象的出现概率为依据建立或然语法进行语法分析。

2. 研究方法上的实证性，使副词研究更具科学性和准确性

数十亿字符次的连续文本构成的大型语料库为本研究提供真实、强大、丰富的数据。在对汉语语法事实研究进行观察充分、描写充分、解释充分的前提下，也力求在方法上有所创新。不同于传统的研究，本研究并非采用"直觉性数据"和"诱导数据"，而是以真实的大规模博客语料库为基础，借助检索软件、统计软件以及自然语言处理等工具进行以定量为主、定性为辅的实证统计分析研究，使副词研究更具科学性和准确性。辛克莱(J. Sinclair)认为，"能够系统地对大数量的文本语料进行审视，使我们有可能发现一些以前从未有机会发现的语言事实"。

李宇明(2006)指出:"语料的抽选、校对与建库,学术性强而且工程量大,对语言文字进行科学标记与精密统计,在国内或者说国外都是没有很好解决的科技课题,特别是如何分析从海量语料库当中统计得出来的很多数据,我们也缺乏经验。"本研究所基于的语料是来自国家语言资源监测与研究中心网络媒体分中心提供的国内目前规模最大的汉语网络媒体监测语料库。本研究以汉语副词的实证研究为中心,充分借助于索引、统计等软件工具针对语料库进行定量统计和定性分析,得到不少真实、极有价值的数据,既有统计学的意义,还有社会语言学和应用语言学方面的意义。

(二)应用价值

我们依托计算机强大的索引、分词、标注、统计、计算等功能,针对大规模博客语料库中的男女副词进行了较为系统性的研究,在研究方法和手段方面也进行了尝试性的探索,为自然语言处理开辟了新的途径,为对外汉语教学、汉语语法教学、中文信息处理等方面提供语言运用的可靠信息和理论依据,为国内外语言专家学者提供相关学术性参考数据,也为国家语言政策、语言规划部门进行语言监测、国家语言标准制定提供真实语言数据。

8.3 本研究的不足及后续研究

性别差异研究的不平衡性决定了汉语性别差异研究起步较晚,领域也较为局限;同时,汉语副词的传统研究方法以内省法为主,语料库方法也只能是尝试性探索。加之笔者学疏才浅,时间有限,本研究还存在诸多不足:

(一)语料中男女性别的不确定性

本研究所使用的博客语料来自 spaces. live. com, blog. sina. com. cn,

blog. sohu. com, blogcn. com, bokee. com, blog. hexun. com, blogbus. com
七大知名中文博客网站的真实文本, 共计 4938041 篇, 1937732982 字
符次的语料, 从中提取出具有性别标识的博客文本 2275826 篇,
606571001 字符次, 其中男性作者 54982 个, 文章 773777 篇, 女性作者
77007 位, 文章 1502049 篇。但鉴于博客的特殊性, 本研究并不能够准
确无误地确认男女博客, 一定程度上会影响研究结果。

(二)语言样本选择的不均衡性

尽管本研究所使用的语料库规模非常大, 但语料都是来自各汉语博
客网站, 没有进行汉语副词与英语副词或日语副词等语种的对比研究。
张谊生曾指出:"要想全面而深刻地揭示汉语语法规律, 要想彻底阐释
汉语语法形式和语法意义之间对应或不对应的关系, 就必须充分认识汉
语副词的类型学特点, 既实事求是又高屋建瓴地对汉语副词进行尽可能
科学、详尽的研究。"

(三)计算机专业知识的限制性

数据提取方面, 尽管在副词这一词类层面进行了较为详细的统计,
但却由于本人计算机技术有限在句法层面上不能开展深入、细致的数据
提取和考察, 对于全面认识汉语副词无疑是一大障碍。

(四)阐释角度的相对单一性

研究汉语副词的过程中, 以实证主义思想为主导, 仅以性别、语用
为主要考察因素, 而忽略了认知心理、文化习惯等影响因素, 导致我们
对副词的语言现象阐释角度相对单一。

以上不足正是本人今后研究工作中努力的重点和方向。本人的学术
追求就是从语言类型学角度对汉英、汉日等副词进行对比研究, 从而期
待最终能对汉语副词进行尽可能科学、详尽的研究。

参 考 文 献

一、中文文献

[1]奥斯汀. 论言有所为(许国璋选译)[J]. 语言学译丛，1979(1)：
1-14.

[2]叶斯柏森. 语法哲学[M]. 北京：语文出版社，1988.

[3]白荃. "不""没(有)"教学和研究上的误区——关于"不"、"没
(有)"的意义和用法的探讨[J]. 语言教学与研究，2000(3)：
21-25.

[4]北京大学中文系现代汉语教研室. 现代汉语[M]. 北京：商务印书
馆，1995.

[5]曹志赟. 语气词运用的性别差异[J]. 语文研究，1987(3)：44-45.

[6]曾炜. 绝对程度副词及相关形式的应用研究[D]. 广州：暨南大学
博士学位论文，2007.

[7]陈垂民. 说"不"和"没有"及其相关的句式[J]. 暨南学报(哲学社会
科学版)，1988(4)：94-99.

[8]陈汉玉. 浅析副词的重叠[J]. 昭乌达蒙族师专学报，2002(5)：
16-17.

[9]陈鸿瑶. 现代汉语副词"也"的功能与认知研究[D]. 长春：东北师
范大学博士学位论文，2010.

[10]陈望道. 文法简论[M]. 上海：上海教育出版社，1997.

[11]陈望道. 修辞学发凡[M]. 上海：上海教育出版社，1978.

[12]陈永红. 语言性别差异现象分析[J]. 贵州社会科学，1998(2)：

47-49.

[13]陈原. 语言与社会生活：社会语言学札记[M]. 北京：三联书店，1999.

[14]褚俊海. 汉语副词的主观化历程[D]. 长沙：湖南师范大学博士学位论文，2010.

[15]崔诚恩. 现代汉语情态副词研究[D]. 北京：中国社会科学院博士学位论文，2002.

[16]崔建新. 可重叠为 AABB 式的形容词的范围[J]. 世界汉语教学，1995(4)：14-22.

[17]戴庆夏. 社会语言学教程[M]. 北京：中央民族学院出版社，1993.

[18]戴炜栋. 言语性别差异分析综述[J]. 外国语，1983(6)：1-5.

[19]戴耀晶. 试论现代汉语的否定范畴[J]. 语言教学与研究，2000(3)：45-49.

[20]邓耀臣，王通顺. 词语搭配抽取的统计方法及计算机实现[J]. 外语电化教学，2005(10)：25-28.

[21]邓耀臣. 词语搭配研究中的统计方法[J]. 大连海事大学学报(社会科学版)，2003(4)：74-77.

[22]丁声树，吕叔湘，李荣. 现代汉语语法讲话[M]. 北京：商务印书馆，1961.

[23]段业辉. 试论副词重叠[J]. 南京师大学报(社会科学版)，1987(1)：91-98.

[24]樊彬. 基于汉语语料库的性别词汇研究[D]. 武汉：武汉理工大学硕士学位论文，2005.

[25]樊斌，韩存新. 基于汉语语料库的性别词汇研究初探[J]. 中国民航飞行学院学报，2008(5)：29-32.

[26]范开泰，张亚军，张斌. 现代汉语语法分析[M]. 上海：华东师范大学出版社，2000.

[27]范晓. 三个平面的语法观[M]. 北京：北京语言文化大学出版社，1996.

[28]方光焘. 语法论稿[M]. 南京：江苏教育出版社，1990.

[29]冯志伟. 汉字和汉语的计算机处理[J]. 当代语言学，2001（1）：1-21.

[30]甘于恩. 试论现代汉语的肯定式与否定式[J]. 暨南学报（哲学社会科学版），1985（3）：67-72.

[31]高名凯. 语言论[M]. 北京：商务印书馆，1955.

[32]龚千炎. 八十年代、九十年代的汉语语法研究[J]. 汉语学习，1996（2）：3-7.

[33]古建军. 从副词的归属谈词类划分问题[J]. 陕西师范大学学报，1983（2）：107-112.

[34]郭建芳，李二涛. 大学生英语学习动机的激发与培养[J]. 华北工学院学报（社科版），2004（2）：39-41.

[35]郭建芳，李二涛. 大学英语多媒体教学的利弊及优化方法[J]. 沧桑，2006（2）：94，100.

[36]郭建芳，李二涛. 汉英祈使功能句式的语用转换研究[J]. 太原理工大学学报（社会科学版），2010（2）：68-72.

[37]郭建芳，李二涛. 基于语料库的"严重XX"和"seriously XX"语义韵研究[J]. 中北大学学报（社会科学版），2013（6）：69-74.

[38]郭建芳. 词类理论演变与汉语词类研究[J]. 学术论坛，2012（2）：174-177.

[39]郭建芳. 从自然语言处理视域新探汉英词类差异[J]. 中北大学学报（社会科学版），2011（2）：98-102.

[40]郭建芳. 关于语言符号任意性、象似性和理据性的哲学思考[J]. 山西高等学校社会科学学报，2010（9）：52-55.

[41]郭建芳. 汉英"副+名"现象对比研究[J]. 山西大学学报（哲学社会科学版），2012（2）：27-31.

[42]郭建芳. 汉英副词对比研究[D]. 武汉：华中师范大学博士学位论文，2013.

[43]郭建芳. 汉英副词对比研究[M]. 武汉：武汉大学出版社，2023.

[44] 郭建芳. 科技英语的内在特征[D]. 太原：太原理工大学硕士学位论文，2005.

[45] 郭建芳. 旅游景区景点公示语英译规范化研究[J]. 中北大学学报（社会科学版），2010（5）：45-48.

[46] 郭建芳. 山西入境游考察及外宣材料翻译规范化策略[J]. 山西农业大学学报（社会科学版），2010（5）：624-628.

[47] 郭建芳. "X-gate"到"X-门"汉化及比较研究[J]. 中北大学学报（社会科学版），2013（3）：48-56.

[48] 郭绍虞. 汉语语法修辞[M]. 北京：商务印书馆，1979.

[49] 郭翼舟. 副词　介词　连词[M]. 上海：上海教育出版社，1984.

[50] ［韩］韩容洙. 现代汉语的程度副词[J]. 汉语学习，2000（2）：12-15.

[51] 何自然. Grice语用学说与关联理论[J]. 外语教学与研究，1995（4）：24-27.

[52] 赫琳. 现代汉语副词的语义指向及其计算机识别研究[M]. 北京：中国社会科学出版社，2009.

[53] 胡明扬. 词类问题考察[M]. 北京：北京语言文化大学出版社，1996.

[54] 胡裕树. 现代汉语[M]. 上海：上海教育出版社，1995.

[55] 华玉明. 汉语重叠研究[M]. 长沙：湖南人民出版社，2003.

[56] 华玉明. 四十年来的重叠研究[J]. 河池师专学报，1992（4）：18-22.

[57] 黄伯荣，廖序东. 现代汉语[M]. 北京：高等教育出版社，1993.

[58] 黄昌宁. 关于处理大规模真实文本的谈话[J]. 语言文字应用，1993（2）：1-10.

[59] 黄汉生. 现代汉语·语法修辞[M]. 北京：书目文献出版社，1981.

[60] 黄任. 否定词的位置与否定范围[J]. 外国语，1986（4）：40-43.

[61] 黄盛璋. 论连词跟副词的划分[J]. 语文教学，1957（8）：23-26.

[62] 纪玉华，吴建平. 语义韵研究：对象、方法及应用[J]. 厦门大学

学报(哲学社会科学版), 2000(3): 63-68.

[63]季薇. 现代汉语程度副词研究[M]. 北京: 光明日报出版社, 2011.

[64]贾改琴. 现代汉语时间副词的形式语义研究[D]. 杭州: 浙江大学博士学位论文, 2009.

[65]景士俊. 现代汉语虚词[M]. 呼和浩特: 内蒙古人民出版社, 1980.

[66]赖先刚. 现代汉语副词的结构语义分析[J]. 乐山师范高等专科学校学报, 2000(2): 32-38.

[67]黎锦熙. 新著国语文法[M]. 北京: 商务印书馆, 1924.

[68]李丹丹. 中文网络聊天话语的性别特征研究[D]. 武汉: 华中科技大学硕士学位论文, 2008.

[69]李二涛, 郭建芳. 从法哲学和法律语言学的视阈新论法律语言的内在规律性[J]. 太原师范学院学报(社会科学版), 2006(2): 57-58.

[70]李二涛, 郭建芳. 汉英语词类对比研究[J]. 学术论坛, 2011(2): 208-212.

[71]李二涛, 郭建芳. 汉英语法比较[M]. 北京: 光明日报出版社, 2011.

[72]李二涛, 郭建芳. 计算机辅助英语学习[J]. 华北工学院学报(社科版), 2004(4): 87-89.

[73]李二涛. 规定性法律文本翻译复杂性和可行性的法哲学探析[J]. 山西高等学校社会科学学报, 2010(7): 70-73.

[74]李二涛. 汉英祈使疑问句对比研究[J]. 山西大学学报(哲学社会科学版), 2012(2): 32-37.

[75]李二涛. 基于博客语料库副词使用的性别差异实证研究[D]. 武汉: 华中师范大学博士学位论文, 2012.

[76]李二涛. 山西景区景点、外宣材料英译规范化研究[J]. 山西农业大学学报(社会科学版), 2010(5): 619-623.

[77]李二涛. 试论立法语篇及其翻译[D]. 太原: 太原理工大学硕士学位论文, 2005.

[78]李二涛. 网络英汉语汇形态及句法特征研究[J]. 中北大学学报(社

会科学版），2011（1）：77-82.

[79] 李劲荣. 双音节性质形容词可重叠为 AABB 式的理据[J]. 上海师范大学学报，2004（2）：65-70.

[80] 李经伟. 多维视野中的语言性别差异研究[J]. 四川外语学院学报，2002（1）：81-83.

[81] 李经伟. 西方语言性别差异研究述评[J]. 解放军外国语学院学报，2001（1）：11-14.

[82] 李经伟. 语言性别差异及其原因解释[J]. 山东外语教学，1998（3）：12-16.

[83] 李晶. 语言性别差异及共性的研究[D]. 青岛：中国海洋大学硕士学位论文，2008.

[84] 李媚乐. 副词重叠与重叠式副词[J]. 辽宁大学学报（哲学社会科学版），2005（2）：66-68.

[85] 李泉. 从分布上看副词的再分类[J]. 语言研究，2002（2）：85-91.

[86] 李泉. 汉语语法考察与分析[M]. 北京：北京语言大学出版社，2001.

[87] 李三衡. 网络聊天语言的性别差异[D]. 长春：东北师范大学硕士学位论文，2006.

[88] [韩]李铁根. "不"、"没（有）"的用法及其所受的时间制约[J]. 汉语学习，2003（2）：1-7.

[89] 李向农，陈蓓. 语义韵冲突及语义压制的句法机制考察[J]. 首都师范大学学报（社会科学版），2011（1）：106-112.

[90] 李晓春. 网络语言风格的性别差异[D]. 大连：大连海事大学硕士学位论文，2003.

[91] 李晓琪. "不"和"没"[J]. 汉语学习，1981（4）：23-27.

[92] 李英哲. 从语义新视野看汉语的一些重叠现象[J]. 汉语学报，2000（1）：78-86.

[93] 李瑛. "不"的否定意义[J]. 语言教学与研究，1992（2）：61-70.

[94] 李宇明. 程度与否定[J]. 世界汉语教学，1999（1）：28-35.

[95]李宇明. 汉语复叠类型综述［C］. 华中语学论库(第二辑), 2000
(2): 87-109.

[96]李宇明. 论词语重叠的意义［J］. 世界汉语教学, 1996(1): 10-19.

[97]李宇明. 中国语言规划论［M］. 北京:商务印书馆, 2010.

[98]李运熹. 范围副词的分类及语义指向［J］. 宁波师院学报(社会科学
版), 1993(2): 37-43.

[99]廖芳. 浅谈"最"的重叠式——"最最"［J］. 牡丹江师院学报(哲学
社会科学版), 1988(1).

[100]林华勇. 现代汉语副词研究回顾［J］. 汉语学习, 2003(1):
43-49.

[101]林杏光. 论词语搭配及其研究［J］. 语言教学与研究, 1994(4):
18-25.

[102]刘冬青. 现代汉语副词研究综述(1949-2009 年)［J］. 河南理工大
学学报(社会科学版), 2009(4): 678-684.

[103]刘辉. 语言与性别关系阐释理论的重构及其实证研究差异［D］.
南京:南京师范大学硕士学位论文, 2003.

[104]刘立成. 现代汉语限制性副词研究［D］. 长春:吉林大学博士学
位论文, 2008.

[105]刘迁,贾惠波. 中文信息处理中自动分词技术的研究与展望［J］.
计算机工程与应用, 2006(3): 175-183.

[106]刘庆隆. 词典里关于语汇重叠形式的处理［J］. 语文研究, 1985
(8): 53-57.

[107]陆俭明,马真. 现代汉语虚词散论［M］. 北京:北京大学出版
社, 1985.

[108]陆俭明,沈阳. 汉语与汉语研究十五讲［M］. 北京:北京大学出
版社, 2005.

[109]陆俭明. 90 年代现代汉语语法研究的发展趋势［J］. 语文研究,
1990(4): 4-11.

[110]陆俭明. 现代汉语副词独用刍议［J］. 语言教学与研究, 1982(2):

27-41.

[111]陆俭明.现代汉语语法研究教程(修订版)[M].北京：北京大学出版社,2004.

[112]吕婧,胡志清.语言中的性别差异研究[J].华中科技大学学报(社会科学版),2001(4)：117-120.

[113]吕叔湘,朱德熙.语法修辞讲话[M].北京：中国青年出版社,1979.

[114]吕叔湘.汉语语法分析问题[M].北京：商务印书馆,1979.

[115]吕叔湘.汉语语法论文集(增订本)[M].北京：商务印书馆,1984.

[116]吕叔湘.现代汉语八百词[M].北京：商务印书馆,1999.

[117]吕叔湘.疑问、否定、肯定[J].中国语文,1985(4)：245-248.

[118]吕叔湘.中国文法要略[M].北京：商务印书馆,1982.

[119]马海兰.试论语言与性别的关系[J].太原师范学院学报(社会科学版),2007(4)：70-72.

[120]马建忠.马氏文通[M].北京：商务印书馆,1983.

[121]马庆株.汉语语义语法范畴问题[M].北京：北京语言文化大学出版社,1998.

[122]马庆株.关于重叠的若干问题：重叠(含叠用)、层次与隐喻[C].华中语学论库(第二辑),2000(2)：144-156.

[123]马真.程度副词在表示程度比较的句式中的分布况考察[J].世界汉语教学,1988(2)：81-86.

[124]齐春红.现代汉语语气副词研究[M].昆明：云南人民出版社,2006.

[125]齐沪扬,张谊生,陈昌来.现代汉语虚词综述[M].合肥：安徽教育出版社,2002.

[126]齐沪扬.浅谈单音节副词的重叠[J].中国语文,1987(4).

[127]钱进.语言性别差异研究综述[J].甘肃社会科学,2004(6)：47-49.

[128]钱敏汝. 否定载体"不"的语法——语义探索[J]. 中国语文, 1990 (1).

[129]邱凌云, 柯群胜. 语义韵理论与 EFL 教学实践[J]. 湖北经济学院学报, 2010(2)：182-183.

[130]任海波. 现代汉语 AABB 重叠式词构成基础的统计分析[J]. 中国语文, 2001(4)：302-308.

[131]任佳丽, 李二涛. 浅析汉语四字格的英译——以《英译中国现代散文选(一)》为例[J]. 海外英语, 2019(20)：46-47.

[132]任学良. 汉语造词法[M]. 北京：中国社会科学出版社, 1981.

[133]邵敬敏. 八十到九十年代的现代汉语语法研究[J]. 世界汉语教学, 1998(4)：22-27.

[134]沈家煊. "语用否定"考察[J]. 中国语文, 1993(4)：306-316.

[135]沈开木. "不"字的否定范围和否定中心的探索[J]. 中国语文, 1984(6).

[136]施玉惠. 从社会语言学观点探讨中文男女两性语言的差异[J]. 教学与研究, 1984(6)：207-229.

[137]石毓智. 肯定和否定的对称与不对称[M]. 北京：北京语言文化大学出版社, 2001.

[138]石毓智. 试论汉语的句法重叠[J]. 语文研究, 1996(2)：1-12.

[139]石毓智. 现代汉语的否定性成分[J]. 语言研究, 1989(2)：12-21.

[140]史耕山, 张尚莲. 国内语言性别差异研究概述[J]. 外语教学, 2006(3)：24-27.

[141]史锡尧. "不"否定的对象和"不"的位置——兼谈"不"、副词"没"的语用区别[J]. 汉语学习, 1995(1)：7-10.

[142]宋艳丽, 兰清. 副词基础形式和重叠形式的异同[J]. 晋中学院学报, 2006(3)：89-92.

[143]苏新春. 词汇计量及实现[M]. 北京：商务印书馆, 2010.

[144]苏新春. 汉语词汇计量研究[M]. 厦门：厦门大学出版社, 2002.

[145]孙汉军. 否定的形式，肯定的意义[J]. 外语研究，1991（1）：12-20.

[146]孙茂松，黄昌宁，方捷. 汉语搭配定量分析初探[J]. 中国语文，1997（1）：29-38.

[147]孙茂松，邹嘉彦. 汉语自动分词研究评述[J]. 当代语言学，2001（1）：22-32.

[148]孙汝建. 性别与语言[M]. 南京：江苏教育出版社，1997.

[149]唐媛. 言语交际中的性别差异研究[D]. 长春：东北师范大学硕士学位论文，2006.

[150]田宏梅. 利用汉语语料库研究词语搭配——以"有点"为例[J]. 暨南大学华文学院学报，2006（3）：67-73.

[151]王海华，王同顺. CAUSE 语义韵的对比研究[J]. 现代外语，2005（3）：297-306.

[152]王继红. 现代汉语副词重叠现象考察[J]. 绥化师专学报，2001（1）：91-94.

[153]王继同. 论副词重叠[J]. 杭州大学学报，1989（1）：34-39.

[154]王继同. 有关副词重迭的若干问题[J]. 浙江大学学报（人文社会科学版），1988（2）：118-128.

[155]王力. 中国现代语法[M]. 北京：商务印书馆，1943.

[156]王力. 中国语法理论[M]. 北京：中华书局，1954.

[157]王茹. 基于语料库的改变类词语搭配和语义韵考察[D]. 厦门：厦门大学硕士学位论文，2009.

[158]王银萍. Negative forms in the English language[J]. 外语研究，1992（1）：40-45.

[159]王宇波. 基于网络媒体监测语料库（汉语）的性别语言差异实证研究[D]. 武汉：华中师范大学博士学位论文，2011.

[160]卫乃兴. 词语搭配的界定与研究体系[M]. 上海：上海交通大学出版社，2002.

[161]卫乃兴. 搭配研究 50 年：概念的演变与方法的发展[J]. 解放军

外国语学院学报，2003(2)：12-15.

[162] 卫乃兴. 基于语料库学生英语中的语义韵对比研究[J]. 外语学刊，2006(5)：50-54.

[163] 卫乃兴. 基于语料库与语料库驱动的词语搭配研究[J]. 当代语言学，2002(2)：101-114.

[164] 卫乃兴. 语料库数据驱动的专业文本语义韵研究[J]. 现代外语，2002(2)：166-175.

[165] 卫乃兴. 语义韵研究的一般方法[J]. 外语教学与研究，2002(4)：300-307.

[166] 卫乃兴. 专业性搭配初探——语料库语言学方法[J]. 解放军外国语学院学报，2001(4)：19-23.

[167] 温玲霞，何明刚，张喆. 基于语料库数据的近义词语义韵调查——以 rather，fairly 为例[J]. 沈阳大学学报，2007(5)：56-60.

[168] 吴晓燕. 汉语晋语使用的性别差异及其原因分析[J]. 社会科学论坛，2009(6)：141-144.

[169] 吴吟. 汉语重叠研究综述[J]. 汉语学习，2000(3)：28-33.

[170] 伍铁平. 普通语言学概要[M]. 北京：高等教育出版社，1993.

[171] 肖奚强，钱如玉. 现代汉语副词研究综述[J]. 云南师范大学学报（对外汉语教学与研究版），2006(3)：55-62.

[172] 肖奚强. 范围副词的再分类及其句法语义分析[J]. 安徽师范大学学报，2003(3)：108-112.

[173] 肖奚强. 面对中文信息处理的现代汉语副词研究[D]. 上海：上海师范大学博士学位论文，2001.

[174] 萧国政. 现代汉语语法问题研究[M]. 武汉：华中师范大学出版社，1997.

[175] 谢银凤. 语料库数据驱动对 Commit 一词的语义韵研究[J]. 兰州工业高等专科学校学报，2006(3)：54-58.

[176] 邢福义. 词类辨难[M]. 北京：商务印书馆，2003.

[177]邢福义. 汉语句法机制验察[M]. 北京：生活·读书·新知三联书店，2004.

[178]邢福义. 汉语语法学[M]. 长春：东北师范大学出版社，1997.

[179]邢福义. 论"不"字独说[J]. 华中师范学报，1982(3)：124-133.

[180]徐杰，李英哲. 焦点和两个非线性语法范畴："否定""疑问"[J]. 中国语文，1993(2)：81-92.

[181]徐杰. "重叠"语法手段与"疑问"语法范畴[C]. 华中语学论库（第二辑），2000(2)：254-275.

[182]许光烈. 谈副词的重叠[J]. 内蒙古民族师院学报（哲学社会科学汉文版），1990(1)：34-37.

[183]杨德峰. 面向对外汉语教学的副词定量研究[M]. 北京：北京大学出版社，2008.

[184]杨慧中. 语料库语言学导论[M]. 上海：上海外语教育出版社，2002.

[185]杨璐. 言语交际中性别语言差异的语用研究[D]. 长沙：湖南师范大学硕士学位论文，2008.

[186]杨荣祥. 近代汉语副词研究. [M]. 北京：商务印书馆，2005.

[187]杨荣祥. 现代汉语副词次类及其特征描写[J]. 湛江师范学院学报，1999(3)：78-86.

[188]杨永林. 社会语言学研究：功能·称谓·性别篇[M]. 上海：上海外语教育出版社，2004.

[189]杨永林. 现代英语性别差异研究综述[J]. 山东外语教学，1992(2)：39-50.

[190]杨永林. 性别在英语词汇中的表现[J]. 西北师范大学学报（社会科学版），1989(3)：61-65.

[191]杨永林. 性别在英语语法中的表现[J]. 现代外语，1989(1)：22-26.

[192]叶斯柏森. 语法哲学[M]. 北京：语文出版社，1988.

[193]乙晓燕. 中美网络博客中的语言性别差异对比研究[D]. 济南：

山东师范大学硕士学位论文，2011.

[194]阴娜，郭建芳. 浅析大学英语写作之起承转合[J]. 海外英语，2019(9)：156-157.

[195]尹洪波. 否定词与副词共现的句法语义研究[D]. 北京：中国社会科学院博士学位论文，2008.

[196]尹钟宏. 浅论现代汉语副词的重叠[J]. 湖南省政法管理干部学院学报，2002(4)：112-115.

[197]于根元. 网络语言概说[M]. 北京：中国经济出版社，2001.

[198]于国栋，吴亚欣. 语言和性别：差异与共性并重[J]. 外语教学，2002(2)：24-27.

[199]于玮娜. 网络交际中的性别差异探析[D]. 济南：山东师范大学硕士学位论文，2006.

[200]翟红华，方红秀. 国内语义韵研究综述[J]. 山东外语教学，2009(2)：8-11.

[201]张北镇，周江林. 基于语料库的语义韵研究[J]. 安康学院学报，2008(2)：54-56.

[202]张静. 汉语语法问题[M]. 北京：中国社科出版社，1987.

[203]张莉萍. 称谓语性别差异的社会语言学研究[D]. 北京：中央民族大学，2007.

[204]张敏. 从类型学和认知语法的角度看汉语重叠现象[J]. 国外语言学，1997(2)：37-45.

[205]张普. 关于大规模真实文本语料库的几点理论思考[J]. 语言文字应用，1999(1)：34-43.

[206]张亚军. 副词与限定描状功能[M]. 合肥：安徽教育出版社，2002.

[207]张谊生. 副词的重叠形式与基础形式[J]. 世界汉语教学，1997(4)：42-54.

[208]张谊生. 论与汉语副词相关的虚化机制——兼论现代汉语副词的性质、分类与范围[J]. 中国语文，2000(1)：3-15.

[209]张谊生. 现代汉语副词的性质、范围与分类[J]. 语言研究, 2000 (1): 51-63.

[210]张谊生. 现代汉语副词分析[M]. 上海: 学林出版社, 2010.

[211]张谊生. 现代汉语副词探索[M]. 上海: 学林出版社, 2004.

[212]张谊生. 现代汉语副词研究[M]. 上海: 学林出版社, 2000.

[213]张谊生. 现代汉语名词的 AABB 复叠式[J]. 徐州师范大学学报, 1999(1): 58-62.

[214]张园. 现代汉语否定句的范围及语用考察[D]. 北京: 北京大学硕士学位论文, 1988.

[215]张志公. 汉语语法常识[M]. 北京: 新知识出版社, 1959.

[216]赵晶. 现代汉语重叠式副词研究[D]. 天津: 天津师范大学硕士学位论文, 2007.

[217]赵蓉晖. 语言与性别: 口语的社会语言学研究[M]. 上海: 上海外语教育出版社, 2003.

[218]赵蓉晖. 语言与性别研究综述[J]. 外语教学, 1999(3): 25-29.

[219]赵学德. 汉语的性别差异研究综述[J]. 妇女研究论丛, 2008(6): 77-81.

[220]赵元任. 汉语口语语法[M]. 北京: 商务印书馆, 1979.

[221]周浩, 赵光年. 近十年国内语言性别差异研究概述[J]. 当代教育论坛, 2009(12): 26-27.

[222]周小兵, 赵新. 对外汉语教学中的副词研究[M]. 北京: 中国社会科学出版社, 2002.

[223]周小兵. 频度副词的划类与使用规则[J]. 华东师范大学学报, 1999(4): 116-119.

[224]朱德熙. 现代汉语语法研究[M]. 北京: 商务印书馆, 1985.

[225]朱德熙. 语法答问[M]. 北京: 商务印书馆, 1985.

[226]朱德熙. 语法讲义[M]. 北京: 商务印书馆, 1982.

[227]朱晓亚. 否定句研究概观[J]. 汉语学习, 1992(5): 24-27.

[228]左思民. 汉语语用学[M]. 郑州: 河南人民出版社, 2000.

二、外文文献

[1]Backhouse, A. Connotation. In W. Bright (ed.). The International Encylopedia of Linguistics. New York: Oxford Univeristy Press, 1992: 297-298.

[2]Balog, K. & Rijke. Decomposing Bloggers' Moods Towards a Time Series Analysis of Moods in the Blogosphere[R]. The Netherlands: University of Amsterdam, 2006.

[3] Bergvall, V. L. Toward a Comprehensive Theory of Language and Gender[J]. Language in Society, 1999(28): 73-90.

[4]Cameron, Deborah. Rethinking Language and Gender Studies: Some Issues for the 1990s [J]. Mills, Sara. Language and Gender: Interdisciplinary Perspectives[C]. New York: Longman, 1995: 31-44.

[5]Cameron, R. Aging and gendering[J]. Language in Society, 2005, 34 (1).

[6]Church, K. W. & Hanks, P. Word Association Norms, Mutual Information and Lexicography[J]. Computational Linguistics, 1990(16): 22-29.

[7]Coats, J. Women, Men and Language: A Social Linguistic Account of Sex Differences[M]. London and New York: Longman, 1993.

[8]David Crystal. Language and the Internet[M]. Cambridge: Cambridge University Press, 2001.

[9]Deng, Yaochen. Collocations Patterns of Delexical Verbs in Chinese EFL Learner's Writing[C]. In Yang Huizhong and Wei Naixing. Proceedings from 2003 International Conference on Corpus Linguistics. Shanghai, 2003.

[10]Firth, J, R. Papers in Linguistics 1934-1951 [M]. London: Oxford University Press, 1957.

[11]Hanks, P. Definitions and Explanations [A]. In Sinclair, J. M.

(Ed.). Looking up[C]. London: Collins COBUILD, 1988.

[12] Herring, S. C. Gender and power in online communication[A]. The Handbook of Language and Gerder[C]. Oxford: Blackwell Publishers, 2003: 202-228.

[13] Hudson, R. Sociolinguistics (2nd edition) [M]. Beijing and Cambridge: Foreign Language Teaching and Research Press & Cambridge University Press, 2000.

[14] Hunston, S. Corpora in Applied Linguistics [M]. Cambridge: Cambridge University Press, 2002.

[15] Lakoff, R. Language and Women's Place[J]. Language in Society, 1973(2): 45-80.

[16] Lakoff, R. Language and Women's Place[M]. New York: Harper and Row, 1975.

[17] Leech, G. Semantics[M]. Harmondsworth: Penguin, 1974.

[18] Louw, B. Irony in the Text or Insincerity in the Writer? The Diagnostic Potential of Semantic Prosodies[A]. In M. Baker, G. Francis & E. Tognini-Bonelli (eds.). Text and Technology: In Honour of John Sinclair[C]. Amsterdam and Philadelphia: John Benjamins, 1993: 157-176.

[19] Lyons, J. Semantics [M]. Cambridge: Cambridge University Press, 1977.

[20] Partington, A. Patterns and Meanings: Using Corpora for English Language Research and Teaching[M]. Amsterdam: John Benjamins, 1998.

[21] Quirk, R., S. Greenbaum, G. Leech, and J. Svartvik. A Comprehensive Grammar of the English Language[M]. London: Longman, 1985.

[22] Raine, J. 美国英语中的性别差异[J]. 何勇译. 现代外语, 1982 (1): 11.

[23] Romaine, S. Language in society: An Introduction to Soiolinguistics

［M］. London：Blackwell，1994.

［24］Sinclair, J. & Renouf, A. Corpus, concordance, collocation［M］. Oxford：Oxford University Press，1991.

［25］Sinclair, J. Looking up：An account of the COBUILD project in lexical computing［M］. London：Collins，1987.

［26］Stubbs, M. Text and Corpus Analysis［M］. Oxford：Blackwell Publishers Ltd.，1996.

［27］Stubbs, M. Collocations and Semantic Profiles：On the Cause of the Trouble with Quantitative Studies［J］. Functions of Language，1995 （2）：1-33.

［28］Tribble, C. Genres, Keywords, Teaching：Towards a Pedagogic Account of the Language of Project Proposals［A］. In L. Burnard & T. McEnery（Eds.）. Rethinking Language Pedagogy from a Corpus Perspective：Papers from the Third International Conference on Teaching and Language Corpora［C］. New York：Peter Lang，2000.

三、工具书

［1］北大中文系 1955 级、1957 级语言班. 现代汉语虚词例释［M］. 北京：商务印书馆，1982.

［2］北京语言学院语言教学研究所. 现代汉语频率词典［M］. 北京：北京语言学院出版社，1986.

［3］国家语言资源监测与研究中心. 中国语言生活状况报告（2008）：下编［R］. 北京：商务印书馆，2008.

［4］侯学超. 现代汉语虚词词典［M］. 北京：北京大学出版社，1998.

［5］姜汇川，等. 现代汉语副词分类实用词典［M］. 北京：对外贸易教育出版社，1989.

［6］景士俊. 现代汉语虚词［M］. 呼和浩特：内蒙古人民出版社，1980.

［7］李晓琪. 现代汉语虚词手册［M］. 北京：北京大学出版社，1998.

［8］李行健. 现代汉语规范词典［M］. 北京：外语教学与研究出版社，

语文出版社，2005.

［9］李宇明．中国语言生活状况报告（2005）［R］.北京：商务印书馆，
2006.

［10］曲阜师范大学．现代汉语常用虚词词典［M］.杭州：浙江教育出版
社，1987.

［11］王自强．现代汉语虚词词典［M］.上海：上海辞书出版社，1998.

［12］王自强．现代汉语虚词用法小词典［M］.上海：上海辞书出版社，
1984.

［13］俞士汶，等．现代汉语语法信息词典详解：第2版［M］.北京：清
华大学出版社，2003.

［14］张斌．现代汉语虚词词典［M］.北京：商务印书馆，2001.

［15］张寿康，林杏光．现代汉语实词搭配词典［M］.北京：商务印书馆，
1992.

［16］中国社会科学院语言研究所词典编辑室．现代汉语词典：第5版
［M］.北京：商务印书馆，2005.

［17］朱景松．现代汉语虚词词典［M］.北京：语文出版社，2007.

附录一　男性博客副词频次、频率、累计频率统计表

序号	副词	具体分类	频次	使用频率	累计频率
1	不	限制副词中否定副词	1658109	0.1203842692	0.1203842692
2	也	限制性副词重复副词；评注性副词	993089	0.0721015889	0.1924858581
3	就	时间副词；评注性副词；范围副词	886037	0.0643292550	0.2568151132
4	都	限制副词中范围副词；评注性副词	846641	0.0614689734	0.3182840866
5	很	限制性副词中程度副词	684510	0.0496977196	0.3679818062
6	还	程度副词；重复副词；频率副词	451736	0.0327975472	0.4007793534
7	又	限制性副词中重复副词；评注性副词	360462	0.0261707490	0.4269501024
8	最	限制性副词中程度副词	336772	0.0244507756	0.4514008780
9	再	限制性副词中重复副词	221448	0.0160778668	0.4674787448
10	已经	限制性副词中时间副词	206420	0.0149867836	0.4824655285
11	太	评注性副词	205030	0.0148858650	0.4973513935
12	却	评注性副词	204164	0.0148229905	0.5121743839
13	没	限制性副词中否定副词	203937	0.0148065095	0.5269808935
14	没有	限制性副词中否定副词	202696	0.0147164088	0.5416973022
15	更	限制性副词中程度副词；重复副词	188930	0.0137169510	0.5554142533
16	才	时间副词；评注性副词；范围副词	163483	0.0118694136	0.5672836669
17	还是	评注性副词	157425	0.0114295825	0.5787132494
18	其实	评注性副词	126923	0.0092150351	0.5879282844
19	只	限制性副词中范围副词	123723	0.0089827044	0.5969109888
20	一直	限制性副词中时间副词	116904	0.0084876221	0.6053986109

续表

序号	副词	具体分类	频次	使用频率	累计频率
21	真	评注性副词	95630	0.0069430584	0.6123416693
22	不要	限制性副词中否定副词	94604	0.0068685674	0.6192102367
23	也许	评注性副词	92708	0.0067309114	0.6259411482
24	终于	评注性副词	87984	0.0063879332	0.6323290814
25	只是	限制性副词中范围副词	82647	0.0060004491	0.6383295305
26	一定	评注性副词	79560	0.0057763226	0.6441058531
27	已	限制性副词中时间副词	77207	0.0056054869	0.6497113400
28	比较	限制性副词中程度副词	75530	0.0054837311	0.6551950710
29	就是	限制性副词中范围副词	74581	0.0054148305	0.6606099015
30	将	限制性副词中时间副词	74240	0.0053900728	0.6659999743
31	有点	限制性副词中程度副词	71908	0.0052207617	0.6712207360
32	总是	限制性副词中频率副词	70219	0.0050981347	0.6763188707
33	当然	评注性副词	68530	0.0049755076	0.6812943783
34	非常	限制性副词中程度副词	67066	0.0048692163	0.6861635947
35	先	描摹性副词表状态	62621	0.0045464944	0.6907100891
36	总	评注性副词	60420	0.0043866944	0.6950967835
37	似乎	评注性副词	57344	0.0041633665	0.6992601501
38	永远	限制性副词中时间副词	56357	0.0040917070	0.7033518571
39	曾经	限制性副词中时间副词	55372	0.0040201927	0.7073720498
40	真是	评注性副词	54001	0.0039206535	0.7112927034
41	一	限制性副词中范围副词	49129	0.0035669300	0.7148596334
42	便	限制性副词中时间副词	48398	0.0035138570	0.7183734904
43	别	限制性副词中否定副词	46696	0.0033902861	0.7217637764
44	一起	限制性副词中协同副词	46209	0.0033549282	0.7251187047
45	并	评注性副词	44755	0.0032493630	0.7283680676
46	挺	限制性副词中程度副词	43854	0.0031839473	0.7315520150
47	越	限制性副词中程度副词	43126	0.0031310921	0.7346831071

序号	副词	具体分类	频次	使用频率	累计频率
48	刚	限制性副词中时间副词；评注性副词	42993	0.0031214359	0.7378045429
49	是	评注性副词	42610	0.0030936288	0.7408981717
50	实在	评注性副词	42482	0.0030843355	0.7439825072
51	居然	评注性副词	40704	0.0029552468	0.7469377540
52	甚至	评注性副词	39839	0.0028924449	0.7498301989
53	本来	评注性副词	39481	0.0028664529	0.7526966518
54	特别	限制性副词中程度副词	38441	0.0027909454	0.7554875972
55	则	限制性副词中关联副词	37432	0.0027176886	0.7582052858
56	或许	评注性副词	36495	0.0026496593	0.7608549451
57	必须	评注性副词	36079	0.0026194563	0.7634744014
58	竟然	评注性副词	36056	0.0026177864	0.7660921878
59	越来越	限制性副词中程度副词	35464	0.0025748052	0.7686669930
60	原来	评注性副词	35317	0.0025641325	0.7712311256
61	好好	限制性副词中程度副词	34519	0.0025061951	0.7737373206
62	正	限制性副词中时间副词	33389	0.0024241533	0.7761614739
63	就要	限制性副词中时间副词	32994	0.0023954750	0.7785569489
64	曾	限制性副词中时间副词	32741	0.0023771063	0.7809340552
65	经常	限制性副词中频率副词	32274	0.0023432005	0.7832772557
66	不再	限制性副词中否定副词	32126	0.0023324552	0.7856097110
67	好	限制性副词中程度副词	31855	0.0023127797	0.7879224907
68	慢慢	描摹性副词，表状态	31483	0.0022857713	0.7902082620
69	至少	限制性副词中范围副词	31479	0.0022854809	0.7924937429
70	几乎	限制性副词中程度副词	31420	0.0022811973	0.7947749401
71	大	限制性副词中程度副词	31184	0.0022640629	0.7970390030
72	还要	限制性副词中程度副词	30087	0.0021844170	0.7992234200
73	不过	限制性副词中范围副词	29495	0.0021414358	0.8013648559

序号	副词	具体分类	频次	使用频率	累计频率
74	毕竟	评注性副词	28334	0.0020571433	0.8034219992
75	快	限制性副词中时间副词	27903	0.0020258513	0.8054478505
76	依然	描摹性副词表情状	27866	0.0020231650	0.8074710155
77	不断	限制性副词中频率副词	27785	0.0020172841	0.8094882996
78	未	限制性副词中否定副词	26845	0.0019490369	0.8114373365
79	多	限制性副词中程度副词	26811	0.0019465684	0.8133839049
80	不用	限制性副词中否定副词	26245	0.0019054749	0.8152893799
81	大概	评注性副词	25297	0.0018366470	0.8171260269
82	更加	限制性副词中程度副词	24560	0.0017831383	0.8189091651
83	有时候	限制性副词中频率副词	23385	0.0016978294	0.8206069945
84	正在	限制性副词中时间副词	23361	0.0016960869	0.8223030814
85	重新	限制性副词中重复副词	22956	0.0016666825	0.8239697639
86	再次	限制性副词中重复副词	22858	0.0016595674	0.8256293313
87	全	限制性副词中范围副词	22210	0.0016125204	0.8272418517
88	尤其	限制性副词中程度副词	21596	0.0015679420	0.8288097937
89	有时	限制性副词中频率副词	21422	0.0015553090	0.8303651026
90	绝对	限制性副词中程度副词	21332	0.0015487747	0.8319138773
91	马上	限制性副词中时间副词	21215	0.0015402801	0.8334541574
92	难道	评注性副词	21119	0.0015333102	0.8349874676
93	反正	评注性副词	20976	0.0015229279	0.8365103955
94	常	限制性副词中频率副词	20874	0.0015155223	0.8380259178
95	刚刚	限制性副词中时间副词；评注性副词	20717	0.0015041236	0.8395300414
96	的确	评注性副词	20510	0.0014890947	0.8410191361
97	仍然	限制性副词中时间副词	20204	0.0014668781	0.8424860142
98	相	描摹性副词表状态	20127	0.0014612876	0.8439473019
99	从来	限制性副词中时间副词	19978	0.0014504697	0.8453977716

序号	副词	具体分类	频次	使用频率	累计频率
100	往往	限制性副词中频率副词	19838	0.0014403053	0.8468380769
101	根本	评注性副词	19615	0.0014241147	0.8482621916
102	到底	评注性副词	19510	0.0014164914	0.8496786830
103	偶	描摹性副词表情状	19507	0.0014162736	0.8510949565
104	多么	限制性副词中程度副词	19466	0.0014132968	0.8525082534
105	只有	限制性副词中范围副词	19382	0.0014071981	0.8539154515
106	一边	限制性副词中协同副词	19143	0.0013898459	0.8553052974
107	最好	评注性副词	18879	0.0013706787	0.8566759761
108	不得不	评注性副词	18479	0.0013416373	0.8580176134
109	仍	限制性副词中时间副词	18094	0.0013136850	0.8593312984
110	只好	评注性副词	18075	0.0013123056	0.8606436040
111	较	限制性副词中程度副词	16877	0.0012253267	0.8618689308
112	亦	评注性副词	16578	0.0012036183	0.8630725491
113	边	限制性副词中协同副词	16472	0.0011959224	0.8642684715
114	常常	限制性副词中频率副词	16185	0.0011750852	0.8654435567
115	相当	限制性副词中程度副词	16084	0.0011677523	0.8666113090
116	极	限制性副词中程度副词	15977	0.0011599837	0.8677712928
117	忽然	描摹性副词表示情状	15861	0.0011515617	0.8689228545
118	连	评注性副词	14896	0.0010814995	0.8700043540
119	始终	限制性副词中时间副词	14893	0.0010812817	0.8710856357
120	偶尔	限制性副词中频率副词	14591	0.0010593555	0.8721449912
121	倒	评注性副词	14503	0.0010529664	0.8731979576
122	渐渐	程度副词	14482	0.0010514417	0.8742493993
123	蛮	限制性副词中程度副词	14262	0.0010354690	0.8752848683
124	仿佛	评注性副词	14259	0.0010352512	0.8763201195
125	仅	限制性副词中范围副词	14182	0.0010296607	0.8773497802
126	就算	评注性副词	13998	0.0010163017	0.8783660819

序号	副词	具体分类	频次	使用频率	累计频率
127	基本上	评注性副词	13943	0.0010123085	0.8793783904
128	首先	时间副词	13755	0.0009986591	0.8803770495
129	重	限制性副词中重复副词	13580	0.0009859535	0.8813630030
130	简直	评注性副词	13473	0.0009781849	0.8823411880
131	难以	评注性副词	13206	0.0009587998	0.8832999878
132	更是	评注性副词	12882	0.0009352764	0.8842352642
133	必	评注性副词	12779	0.0009277982	0.8851630624
134	仅仅	限制性副词中范围副词	12502	0.0009076871	0.8860707495
135	天天	限制性副词中频率副词	12362	0.0008975226	0.8869682721
136	要	限制性副词中时间副词	12247	0.0008891732	0.8878574453
137	早就	限制性副词中时间副词	12162	0.0008830020	0.8887404473
138	约	评注性副词	11816	0.0008578812	0.8895983285
139	早已	限制性副词中时间副词	11521	0.0008364632	0.8904347917
140	通常	限制性副词中频率副词	11428	0.0008297111	0.8912645028
141	到处	描摹性副词表状态	11394	0.0008272426	0.8920917454
142	反而	评注性副词	11207	0.0008136658	0.8929054111
143	非	限制性副词中否定副词；评注性副词	11119	0.0008072767	0.8937126878
144	即将	限制性副词中时间副词	11061	0.0008030657	0.8945157534
145	即	限制性副词中范围副词	10952	0.0007951519	0.8953109053
146	特	限制性副词中程度副词	10917	0.0007926108	0.8961035161
147	竟	评注性副词	10881	0.0007899971	0.8968935132
148	互相	描摹性副词表状态	10746	0.0007801956	0.8976737088
149	果然	评注性副词	10652	0.0007733709	0.8984470797
150	顺便	描摹性副词表状态	10285	0.0007467255	0.8991938051
151	倒是	评注性副词	10217	0.0007417884	0.8999355936
152	究竟	评注性副词	10137	0.0007359802	0.9006715737

序号	副词	具体分类	频次	使用频率	累计频率
153	从此	限制性副词中时间副词	10030	0.0007282116	0.9013997853
154	皆	限制性副词中范围副词	9957	0.0007229116	0.9021226969
155	逐渐	描摹性副词表状态	9951	0.0007224759	0.9028451728
156	默默	描摹性副词表情状	9858	0.0007157238	0.9035608967
157	只不过	限制性副词中范围副词	9711	0.0007050511	0.9042659478
158	分别	限制性副词中范围副词	9626	0.0006988799	0.9049648277
159	直	评注性副词	9539	0.0006925634	0.9056573910
160	至今	限制性副词中时间副词	9533	0.0006921277	0.9063495188
161	赶紧	描摹性副词表状态	9531	0.0006919825	0.9070415013
162	共	限制性副词中范围副词	9273	0.0006732509	0.9077147522
163	原本	评注性副词	9265	0.0006726700	0.9083874222
164	狂	限制性副词中程度副词	9245	0.0006712180	0.9090586402
165	总算	评注性副词	9188	0.0006670796	0.9097257198
166	在	限制性副词中时间副词	9184	0.0006667892	0.9103925090
167	独自	描摹性副词表状态	9177	0.0006662809	0.9110587899
168	实际上	评注性副词	9152	0.0006644659	0.9117232558
169	不必	评注性副词	9079	0.0006591658	0.9123824216
170	光	限制性副词中范围副词	8992	0.0006528493	0.9130352709
171	尽量	描摹性副词表状态	8908	0.0006467506	0.9136820216
172	深	限制性副词中程度副词	8879	0.0006446452	0.9143266667
173	一旦	限制性副词中时间副词	8571	0.0006222833	0.9149489500
174	暂时	限制性副词中时间副词	8453	0.0006137161	0.9155626662
175	单	限制性副词中范围副词	8433	0.0006122641	0.9161749302
176	本	评注性副词	8307	0.0006031160	0.9167780463
177	颇	限制性副词中程度副词	8266	0.0006001393	0.9173781855
178	千万	评注性副词	8118	0.0005893940	0.9179675795
179	欲	时间副词	8100	0.0005880871	0.9185556667

续表

序号	副词	具体分类	频次	使用频率	累计频率
180	恐怕	评注性副词	7865	0.0005710254	0.9191266920
181	整天	限制性副词中时间副词	7852	0.0005700815	0.9196967736
182	均	时间副词；范围副词；评注性副词	7733	0.0005614417	0.9202582153
183	新	限制时间副词	7565	0.0005492443	0.9208074596
184	立刻	限制性副词中时间副词	7509	0.0005451786	0.9213526382
185	差点	限制性副词中程度副词	7480	0.0005430731	0.9218957112
186	从小	限制性副词时间副词	7250	0.0005263743	0.9224220855
187	不禁	描摹性副词表方式	7121	0.0005170085	0.9229390940
188	大约	评注性副词	7084	0.0005143221	0.9234534161
189	过于	限制性副词中程度副词	7004	0.0005085139	0.9239619300
190	远远	限制性副词中程度副词	6856	0.0004977686	0.9244596986
191	稍微	限制性副词中程度副词	6832	0.0004960261	0.9249557247
192	相互	描摹性副词表状态	6441	0.0004676382	0.9254233628
193	同时	限制性副词中协同副词	6398	0.0004645162	0.9258878791
194	随时	描摹性副词表状态	6361	0.0004618299	0.9263497090
195	莫	限制性副词中否定副词	6320	0.0004588532	0.9268085622
196	大多	限制性副词中范围副词	6313	0.0004583450	0.9272669071
197	略	限制性副词中程度副词	6303	0.0004576189	0.9277245260
198	明明	限制性副词中评注副词	6145	0.0004461476	0.9281706736
199	大声	描摹性副词表方式	6140	0.0004457846	0.9286164582
200	稍	限制性副词中程度副词	6114	0.0004438969	0.9290603551
201	自动	描摹性副词表方式	6093	0.0004423722	0.9295027273
202	老是	限制性副词中频率副词	6041	0.0004385968	0.9299413241
203	一眼	描摹性副词表方式	6007	0.0004361283	0.9303774525
204	从不	限制性副词中时间副词	5939	0.0004311913	0.9308086438
205	轻易	描摹性副词表状态	5916	0.0004295214	0.9312381652

续表

序号	副词	具体分类	频次	使用频率	累计频率
206	共同	限制性副词中协同副词	5900	0.0004283598	0.9316665250
207	终究	评注性副词	5898	0.0004282146	0.9320947395
208	幸好	评注性副词	5870	0.0004261817	0.9325209212
209	偷偷	描摹性副词表情状	5858	0.0004253104	0.9329462316
210	回头	限制性副词中时间副词	5768	0.0004187761	0.9333650077
211	极其	限制性副词中程度副词	5715	0.0004149281	0.9337799359
212	点	限制性副词中程度副词	5715	0.0004149281	0.9341948640
213	一道	限制性副词中协同副词	5666	0.0004113706	0.9346062346
214	不曾	限制性副词中时间副词	5664	0.0004112254	0.9350174600
215	整整	描摹性副词表状态	5589	0.0004057801	0.9354232401
216	全都	限制性副词中范围副词	5483	0.0003980842	0.9358213243
217	立即	限制性副词中时间副词	5362	0.0003892992	0.9362106235
218	原	评注性副词	5360	0.0003891540	0.9365997774
219	顿时	限制性副词中时间副词	5279	0.0003832731	0.9369830505
220	独	限制性副词中范围副词	5251	0.0003812402	0.9373642907
221	不仅仅	限制性副词中范围副词	5237	0.0003802237	0.9377445145
222	一下子	限制性副词中时间副词	5170	0.0003753593	0.9381198738
223	可	评注性副词	5128	0.0003723100	0.9384921838
224	偏偏	评注性副词	5078	0.0003686798	0.9388608636
225	快要	限制性副词中时间副词	5056	0.0003670825	0.9392279461
226	从未	限制性副词中时间副词	5015	0.0003641058	0.9395920519
227	更为	限制性副词中程度副词	4918	0.0003570633	0.9399491152
228	时常	限制性副词中频率副词	4888	0.0003548852	0.9403040004
229	足以	限制性副词中程度副词	4888	0.0003548852	0.9406588856
230	尚	限制性副词中重复副词；时间副词	4884	0.0003545948	0.9410134803
231	最为	限制性副词中程度副词	4820	0.0003499482	0.9413634285

序号	副词	具体分类	频次	使用频率	累计频率
232	深深	描摹性副词表情状	4792	0.0003479153	0.9417113437
233	白	限制性副词中否定副词	4774	0.0003466084	0.9420579521
234	一共	限制性副词中范围副词	4772	0.0003464632	0.9424044153
235	轻轻	描摹性副词表情状	4762	0.0003457372	0.9427501525
236	干脆	评注性副词	4742	0.0003442851	0.9430944376
237	渐	限制性副词表频率	4683	0.0003400015	0.9434344391
238	一向	限制性副词中时间副词	4681	0.0003398563	0.9437742953
239	先是	限制性副词中时间副词	4677	0.0003395659	0.9441138612
240	一块	限制性副词中协同副词	4667	0.0003388398	0.9444527011
241	瞎	限制性副词中否定副词	4650	0.0003376056	0.9447903066
242	绝不	限制性副词中否定副词	4633	0.0003363713	0.9451266780
243	纷纷	限制性副词中范围副词	4623	0.0003356453	0.9454623232
244	不大	限制性副词中程度副词	4548	0.0003302000	0.9457925233
245	为此	限制性副词中关联副词	4546	0.0003300548	0.9461225781
247	未必	评注性副词	4411	0.0003202534	0.9464428315
246	何必	评注性副词	4429	0.0003215602	0.9467643917
248	进一步	限制性副词中的程度副词	4355	0.0003161876	0.9470805793
249	方	限制性副词中时间副词	4341	0.0003151711	0.9473957505
250	偏	评注性副词； 限制性副词中范围副词	4319	0.0003135739	0.9477093243
251	不时	限制性副词中频率副词	4244	0.0003081286	0.9480174530
252	赶快	描摹性副词表状态	4225	0.0003067492	0.9483242021
253	刚好	评注性副词	4222	0.0003065313	0.9486307335
254	确	评注性副词	4169	0.0003026834	0.9489334168
255	宁愿	评注性副词	4143	0.0003007957	0.9492342125
256	早早	限制性副词中时间副词	4078	0.0002960765	0.9495302890
257	唯	限制性副词中范围副词	4007	0.0002909216	0.9498212106

序号	副词	具体分类	频次	使用频率	累计频率
258	亲自	描摹性副词表状态	3991	0.0002897600	0.9501109706
259	随后	限制性副词中时间副词	3963	0.0002877271	0.9503986977
260	大大	限制性副词中程度副词	3955	0.0002871463	0.9506858439
261	难怪	评注性副词	3944	0.0002863476	0.9509721915
262	刻意	描摹性副词表方式	3902	0.0002832983	0.9512554898
263	极度	限制性副词中程度副词	3870	0.0002809750	0.9515364648
264	永不	限制性副词中否定副词	3819	0.0002772722	0.9518137370
265	早点	描摹性副词表状态	3802	0.0002760379	0.9520897749
266	专	限制性副词中范围副词	3773	0.0002739324	0.9523637074
267	无非	限制性副词中范围副词	3763	0.0002732064	0.9526369138
268	绝	评注性副词	3687	0.0002676886	0.9529046023
269	每每	限制性副词中频率副词	3682	0.0002673255	0.9531719279
270	一度	限制性副词中频率副词	3672	0.0002665995	0.9534385274
271	悄悄	描摹性副词表情状	3629	0.0002634776	0.9537020049
272	狠狠	描摹性副词表情状	3606	0.0002618077	0.9539638126
273	快速	描摹性副词表状态	3598	0.0002612269	0.9542250395
274	老	评注性副词	3542	0.0002571611	0.9544822005
275	毫不	限制性副词中程度副词	3519	0.0002554912	0.9547376917
276	着实	描摹性副词表状态	3495	0.0002537487	0.9549914404
277	格外	限制性副词中程度副词	3477	0.0002524419	0.9552438823
278	切	评注性副词	3467	0.0002517158	0.9554955981
279	时不时	限制性副词中频率副词	3455	0.0002508446	0.9557464427
280	将近	评注性副词	3453	0.0002506994	0.9559971420
281	越是	评注性副词	3451	0.0002505542	0.9562476962
282	遂	限制性副词中时间副词	3423	0.0002485213	0.9564962175
283	忽	限制性副词中频率副词	3393	0.0002463432	0.9567425606
284	极为	限制性副词中程度副词	3387	0.0002459075	0.9569884682

序号	副词	具体分类	频次	使用频率	累计频率
285	另	限制性副词中范围副词	3365	0.0002443103	0.9572327785
286	时刻	限制性副词中频率副词	3349	0.0002431486	0.9574759271
287	空	限制性副词中否定副词	3349	0.0002431486	0.9577190757
288	一同	限制性副词中协同副词	3344	0.0002427856	0.9579618613
289	硬	评注性副词	3306	0.0002400267	0.9582018880
290	似	评注性副词	3251	0.0002360335	0.9584379215
291	可是	评注性副词	3237	0.0002350170	0.9586729385
292	猛	限制性副词中程度副词	3221	0.0002338554	0.9589067939
293	永	限制性副词中时间副词	3208	0.0002329115	0.9591397055
294	尽快	描摹性副词表状态	3201	0.0002324033	0.9593721088
295	始	时间副词	3192	0.0002317499	0.9596038587
296	必定	评注性副词	3166	0.0002298622	0.9598337209
297	勿	限制性副词中否定副词	3158	0.0002292814	0.9600630023
298	微微	限制性副词中程度副词	3157	0.0002292088	0.9602922111
299	须	评注性副词	3143	0.0002281923	0.9605204034
300	先后	限制性副词中时间副词	3134	0.0002275389	0.9607479423
301	暂	限制性副词中时间副词	3120	0.0002265225	0.9609744647
302	凡	限制性副词中范围副词	3110	0.0002257964	0.9612002612
303	尽情	描摹性副词表状态	3057	0.0002219484	0.9614222096
304	尽	限制性副词中范围副词	3042	0.0002208594	0.9616430690
305	尚未	限制性副词中否定副词	3031	0.0002200608	0.9618631298
306	特意	描摹性副词表方式	3031	0.0002200608	0.9620831905
307	缓缓	描摹性副词表情状	2992	0.0002172292	0.9623004197
308	好歹	描摹性副词表状态	2952	0.0002143251	0.9625147448
309	愈	限制性副词中程度副词	2928	0.0002125826	0.9627273274
310	一面	限制性副词中协同副词	2920	0.0002120018	0.9629393292
311	异常	限制性副词中程度副词	2909	0.0002112031	0.9631505324

序号	副词	具体分类	频次	使用频率	累计频率
312	将要	限制性副词中时间副词	2864	0.0002079360	0.9633584684
313	被迫	描摹性副词表状态	2782	0.0002019825	0.9635604509
314	从中	描摹性副词表状态	2737	0.0001987154	0.9637591663
315	时而	限制性副词中频率副词	2711	0.0001968277	0.9639559939
316	索性	评注性副词	2696	0.0001957386	0.9641517326
317	少	评注性副词；限制性副词 范围；时间副词	2691	0.0001953756	0.9643471082
318	同	限制性副词中协同副词	2675	0.0001942140	0.9645413222
319	仍旧	限制性副词中时间副词	2647	0.0001921811	0.9647335032
320	足	限制性副词中范围副词	2641	0.0001917454	0.9649252487
321	事先	描摹性副词表状态	2639	0.0001916002	0.9651168489
322	互	描摹性副词表状态	2639	0.0001916002	0.9653084492
323	早	时间副词	2612	0.0001896400	0.9654980891
324	大致	限制性副词中范围副词	2604	0.0001890591	0.9656871482
325	岂	评注性副词	2602	0.0001889139	0.9658760622
326	不免	评注性副词	2601	0.0001888413	0.9660649035
327	恰恰	评注性副词	2561	0.0001859372	0.9662508406
328	从没	限制性副词中否定副词； 时间副词	2532	0.0001838317	0.9664346723
329	一头	描摹性副词表方式	2531	0.0001837591	0.9666184314
330	一手	描摹性副词表方式	2523	0.0001831783	0.9668016097
331	已然	限制性副词中时间副词	2519	0.0001828878	0.9669844975
332	大都	限制性副词中范围副词	2495	0.0001811454	0.9671656429
333	早日	限制性副词中时间副词	2491	0.0001808549	0.9673464978
334	再不	限制性副词中否定副词	2457	0.0001783864	0.9675248842
335	最初	限制性副词中时间副词	2455	0.0001782412	0.9677031255
336	总共	限制性副词中范围副词	2450	0.0001778782	0.9678810037

续表

序号	副词	具体分类	频次	使用频率	累计频率
337	立马	限制性副词中时间副词	2435	0.0001767892	0.9680577928
338	尽可能	描摹性副词表状态	2420	0.0001757001	0.9682334930
339	越发	评注性副词	2402	0.0001743932	0.9684078862
340	陆续	限制性副词中频率副词	2392	0.0001736672	0.9685815534
341	处处	描摹性副词表状态	2387	0.0001733042	0.9687548576
342	一口气	描摹性副词表方式	2386	0.0001732316	0.9689280892
343	一再	限制性副词中重复副词	2377	0.0001725782	0.9691006674
344	以便	描摹性副词表状态	2377	0.0001725782	0.9692732455
345	向来	限制性副词中时间副词	2367	0.0001718521	0.9694450977
346	多半	限制性副词中范围副词	2367	0.0001718521	0.9696169498
347	苦苦	描摹性副词表情状	2367	0.0001718521	0.9697888019
348	想必	评注性副词	2358	0.0001711987	0.9699600006
349	单独	限制性副词中范围副词	2338	0.0001697466	0.9701297473
350	统统	限制性副词中范围副词	2338	0.0001697466	0.9702994939
351	再度	限制性副词中重复副词	2322	0.0001685850	0.9704680789
352	未曾	限制性副词中时间副词	2321	0.0001685124	0.9706365913
353	预	描摹性副词表状态	2312	0.0001678589	0.9708044502
354	只得	评注性副词	2285	0.0001658987	0.9709703489
355	尤	限制性副词中程度副词	2275	0.0001651726	0.9711355215
356	幸亏	评注性副词	2260	0.0001640836	0.9712996051
357	狠	限制性副词中程度副词	2245	0.0001629945	0.9714625996
358	当场	描摹性副词表状态	2232	0.0001620507	0.9716246503
359	犹	限制性副词中评注性副词；评注性副词	2232	0.0001620507	0.9717867009
360	一一	描摹性副词表状态	2205	0.0001600904	0.9719467913
361	满	限制性副词中程度副词	2205	0.0001600904	0.9721068817
362	转眼	限制性副词中时间副词	2198	0.0001595822	0.9722664639

序号	副词	具体分类	频次	使用频率	累计频率
363	不妨	评注性副词	2188	0.0001588561	0.9724253200
364	颇为	限制性副词中程度副词	2185	0.0001586383	0.9725839583
365	定	评注性副词	2183	0.0001584931	0.9727424514
366	照样	描摹性副词表状态	2178	0.0001581301	0.9729005815
367	大力	描摹性副词表状态	2174	0.0001578397	0.9730584212
368	深深地	描摹性副词表情状	2169	0.0001574767	0.9732158979
369	随之	描摹性副词表状态	2152	0.0001562424	0.9733721403
370	纯粹	描摹性副词表状态	2135	0.0001550082	0.9735271485
371	逐步	描摹性副词表状态	2131	0.0001547177	0.9736818662
372	日益	描摹性副词表状态	2117	0.0001537013	0.9738355675
373	尽力	描摹性副词表状态	2079	0.0001509424	0.9739865099
374	白白	限制性副词中否定副词	2078	0.0001508698	0.9741373796
375	凡是	限制性副词中范围副词	2072	0.0001504341	0.9742878138
376	固然	评注性副词	2055	0.0001491999	0.9744370136
377	随即	限制性副词中时间副词	2040	0.0001481108	0.9745851245
378	随手	描摹性副词表方式	2038	0.0001479656	0.9747330901
379	久久	限制性副词中频率副词	2019	0.0001465862	0.9748796763
380	依次	限制性副词中频率副词	2015	0.0001462958	0.9750259720
381	无从	限制性副词中否定副词	2013	0.0001461505	0.9751721226
382	而后	限制性副词中时间副词	2013	0.0001461505	0.9753182731
383	特地	描摹性副词表状态	2007	0.0001457149	0.9754639880
384	时时	限制性副词中频率副词	1978	0.0001436094	0.9756075975
385	从	限制性副词中时间副词	1971	0.0001431012	0.9757506987
386	何尝	评注性副词	1936	0.0001405601	0.9758912588
387	成天	描摹性副词表状态	1935	0.0001404875	0.9760317462
388	依稀	描摹性副词表情状	1929	0.0001400519	0.9761717981
389	亲手	描摹性副词表方式	1921	0.0001394710	0.9763112691

序号	副词	具体分类	频次	使用频率	累计频率
390	不由得	描摹性副词表方式	1915	0.0001390354	0.9764503046
391	万一	名词；连词； 限制性副词中频率副词	1910	0.0001386724	0.9765889770
392	起初	限制性副词中时间副词	1907	0.0001384546	0.9767274316
393	从头	限制性副词中时间副词； 重复副词	1886	0.0001369299	0.9768643615
394	反倒	评注性副词	1851	0.0001343888	0.9769987503
395	不定	评注性副词	1847	0.0001340984	0.9771328487
396	临时	限制性副词中时间副词	1840	0.0001335902	0.9772664388
397	怪不得	评注性副词	1837	0.0001333724	0.9773998112
398	全力	描摹性副词表状态	1829	0.0001327915	0.9775326027
399	一味	限制性副词中时间副词	1819	0.0001320655	0.9776646682
400	悄然	描摹性副词表情状	1819	0.0001320655	0.9777967337
401	恰好	评注性副词	1808	0.0001312669	0.9779280006
402	齐	限制性副词中协同副词	1782	0.0001293792	0.9780573797
403	较为	限制性副词中程度副词	1773	0.0001287257	0.9781861055
404	宁可	评注性副词	1768	0.0001283627	0.9783144682
405	迟早	限制性副词中时间副词	1763	0.0001279997	0.9784424679
406	有点儿	限制性副词中程度副词	1721	0.0001249504	0.9785674183
407	按时	描摹性副词表状态	1713	0.0001243695	0.9786917878
408	足足	限制性副词中范围副词	1691	0.0001227723	0.9788145601
409	无不	限制性副词中范围副词	1653	0.0001200133	0.9789345734
410	极力	描摹性副词表状态	1642	0.0001192147	0.9790537881
411	酷	限制性副词中程度副词	1636	0.0001187791	0.9791725672
412	初	限制性副词中时间副词	1621	0.0001176900	0.9792902572
413	全然	限制性副词中范围副词	1618	0.0001174722	0.9794077294
414	且	限制性副词中时间副词	1609	0.0001168188	0.9795245482

序号	副词	具体分类	频次	使用频率	累计频率
415	不愧	评注性副词	1570	0.0001139873	0.9796385355
416	任意	描摹性副词表方式	1561	0.0001133338	0.9797518693
417	稍稍	限制性副词中程度副词	1559	0.0001131886	0.9798650580
418	迟迟	描摹性副词表情状	1558	0.0001131160	0.9799781740
418	难	描摹性副词表状态	1538	0.0001116640	0.9800898379
420	自行	描摹性副词表状态	1534	0.0001113735	0.9802012115
421	误	描摹性副词表状态	1534	0.0001113735	0.9803125850
422	猛然	限制性副词中时间副词	1499	0.0001088324	0.9804214174
423	何以	评注性副词	1498	0.0001087598	0.9805301772
424	一心	描摹性副词表方式	1497	0.0001086872	0.9806388645
425	到头来	限制性副词中时间副词	1472	0.0001068721	0.9807457366
426	暗自	描摹性副词表状态	1462	0.0001061461	0.9808518827
427	必将	评注性副词	1461	0.0001060735	0.9809579562
428	硬是	评注性副词	1451	0.0001053475	0.9810633037
429	莫非	评注性副词	1450	0.0001052749	0.9811685785
430	亲眼	描摹性副词表方式	1441	0.0001046214	0.9812731999
431	一律	限制性副词中范围副词	1439	0.0001044762	0.9813776762
432	快快	描摹性副词表情状	1433	0.0001040406	0.9814817168
433	姑且	评注性副词	1428	0.0001036776	0.9815853943
434	虚	限制性副词中否定副词	1411	0.0001024433	0.9816878377
435	徒	限制性副词中范围副词； 否定副词	1397	0.0001014269	0.9817892646
436	乍	限制性副词中时间副词	1394	0.0001012091	0.9818904736
437	并未	限制性副词中否定副词	1390	0.0001009187	0.9819913923
438	毅然	描摹性副词表情状	1388	0.0001007735	0.9820921657
439	无须	评注性副词	1375	0.0000998296	0.9821919953
440	分明	评注性副词	1368	0.0000993214	0.9822913167

续表

序号	副词	具体分类	频次	使用频率	累计频率
441	急忙	描摹性副词表方式	1348	0.0000978693	0.9823891860
442	日渐	描摹性副词表状态	1344	0.0000975789	0.9824867649
443	忒	限制性副词中程度副词	1341	0.0000973611	0.9825841260
444	自古	限制性副词中时间副词	1337	0.0000970707	0.9826811967
445	一个劲	描摹性副词表方式	1330	0.0000965625	0.9827777592
446	肆意	描摹性副词表方式	1325	0.0000961994	0.9828739586
447	暗暗	描摹性副词表状态	1324	0.0000961268	0.9829700855
448	非得	评注性副词	1324	0.0000961268	0.9830662123
449	频频	限制性副词中频率副词	1315	0.0000954734	0.9831616857
450	连忙	描摹性副词表方式	1309	0.0000950378	0.9832567235
451	反过来	评注性副词	1298	0.0000942391	0.9833509626
452	高速	描摹性副词表状态	1291	0.0000937309	0.9834446936
453	不见得	评注性副词	1290	0.0000936583	0.9835383519
454	牢牢	描摹性副词表情状	1289	0.0000935857	0.9836319376
455	无意间	描摹性副词表状态	1286	0.0000933679	0.9837253055
456	万分	限制性副词中程度副词	1284	0.0000932227	0.9838185282
457	随身	描摹性副词表方式	1284	0.0000932227	0.9839117509
458	有意	描摹性副词表方式	1277	0.0000927145	0.9840044654
459	动不动	描摹性副词表方式	1270	0.0000922063	0.9840966716
460	迎面	描摹性副词表方式	1257	0.0000912624	0.9841879341
461	即时	限制性副词中时间副词	1252	0.0000908994	0.9842788335
462	亲身	描摹性副词表方式	1239	0.0000899556	0.9843687890
463	单单	限制性副词中范围副词	1227	0.0000890843	0.9844578733
464	相继	限制性副词中频率副词	1227	0.0000890843	0.9845469576
465	够	限制性副词中程度副词	1226	0.0000890117	0.9846359693
466	顶多	限制性副词中范围副词	1222	0.0000887213	0.9847246906
467	一路	限制性副词中协同副词	1189	0.0000863254	0.9848110160

序号	副词	具体分类	频次	使用频率	累计频率
468	算	评注性副词	1189	0.0000863254	0.9848973414
469	草草	描摹性副词表情状	1187	0.0000861802	0.9849835216
470	总归	评注性副词	1184	0.0000859624	0.9850694839
471	岂不	评注性副词	1178	0.0000855267	0.9851550107
472	本该	评注性副词	1174	0.0000852363	0.9852402470
473	连连	限制性副词中频率副词	1149	0.0000834212	0.9853236683
474	未免	评注性副词	1145	0.0000831308	0.9854067991
475	照例	描摹性副词表状态	1143	0.0000829856	0.9854897847
476	唯独	限制性副词中范围副词	1136	0.0000824774	0.9855722621
477	妄	描摹性副词表方式	1134	0.0000823322	0.9856545943
478	横	评注性副词	1131	0.0000821144	0.9857367087
479	最少	限制性副词中范围副词	1130	0.0000820418	0.9858187505
480	一齐	限制性副词中协同副词	1129	0.0000819692	0.9859007197
481	果真	评注性副词	1120	0.0000813158	0.9859820355
482	恰	评注性副词	1094	0.0000794281	0.9860614635
483	再三	限制性副词中重复副词	1085	0.0000787746	0.9861402382
484	欣然	描摹性副词表情状	1083	0.0000786294	0.9862188676
485	免	限制性副词中否定副词	1078	0.0000782664	0.9862971340
486	突	限制性副词中时间副词	1077	0.0000781938	0.9863753278
487	过早	限制性副词中时间副词	1061	0.0000770322	0.9864523600
488	一转眼	描摹性副词表比况	1053	0.0000764513	0.9865288113
489	改天	限制性副词中时间副词	1050	0.0000762335	0.9866050448
490	私下	描摹性副词表状态	1050	0.0000762335	0.9866812783
491	日夜	描摹性副词表状态	1036	0.0000752171	0.9867564954
492	顺手	描摹性副词表方式	1036	0.0000752171	0.9868317125
493	大肆	描摹性副词表状态	1035	0.0000751445	0.9869068569
494	怪	限制性副词中程度副词	1035	0.0000751445	0.9869820014

序号	副词	具体分类	频次	使用频率	累计频率
495	偷	描摹性副词表情状	1020	0.0000740554	0.9870560568
496	恐	评注性副词	1016	0.0000737650	0.9871298218
497	何等	限制性副词中程度副词	1014	0.0000736198	0.9872034416
498	净	限制性副词中范围副词	1013	0.0000735472	0.9872769888
499	奋力	描摹性副词表状态	1009	0.0000732568	0.9873502456
500	特此	描摹性副词表状态	1006	0.0000730390	0.9874232846
501	年年	限制性副词中频率副词	1005	0.0000729664	0.9874962509
502	死活	描摹性副词表比况	1005	0.0000729664	0.9875692173
503	碰巧	评注性副词	1003	0.0000728212	0.9876420385
504	终将	评注性副词	1003	0.0000728212	0.9877148596
505	总会	限制性副词中频率副词	984	0.0000714417	0.9877863013
506	总得	评注性副词	979	0.0000710787	0.9878573800
507	整夜	描摹性副词表状态	966	0.0000701348	0.9879275148
508	当面	描摹性副词表状态	958	0.0000695540	0.9879970689
509	愈发	限制性副词中程度副词	953	0.0000691910	0.9880662598
510	屡	限制性副词中频率副词	952	0.0000691184	0.9881353782
511	活该	评注性副词	942	0.0000683924	0.9882037706
512	何苦	评注性副词	941	0.0000683198	0.9882720903
513	一下	限制性副词中时间副词	938	0.0000681019	0.9883401923
514	整日	描摹性副词表状态	937	0.0000680293	0.9884082216
515	依旧	限制性副词中时间副词	936	0.0000679567	0.9884761784
516	活活	评注性副词	935	0.0000678841	0.9885440625
517	终归	评注性副词	928	0.0000673759	0.9886114384
518	屡屡	限制性副词中频率副词	926	0.0000672307	0.9886786691
519	压根	评注性副词	924	0.0000670855	0.9887457546
520	徒步	描摹性副词表方式	922	0.0000669403	0.9888126949
521	通通	限制性副词中范围副词	919	0.0000667225	0.9888794174

续表

序号	副词	具体分类	频次	使用频率	累计频率
522	大幅	描摹性副词表状态	913	0.0000662869	0.9889457042
523	何其	限制性副词中程度副词	904	0.0000656334	0.9890113377
524	何不	评注性副词	903	0.0000655608	0.9890768985
525	径直	描摹性副词表状态	903	0.0000655608	0.9891424593
526	依法	描摹性副词表状态	899	0.0000652704	0.9892077297
527	飞速	描摹性副词表比况	890	0.0000646170	0.9892723467
528	接连	限制性副词中频率副词	882	0.0000640362	0.9893363829
529	衷心	描摹性副词表方式	880	0.0000638909	0.9894002738
530	低声	描摹性副词表方式	876	0.0000636005	0.9894638743
531	大抵	评注性副词	875	0.0000635279	0.9895274023
532	一举	限制性副词中时间副词	872	0.0000633101	0.9895907124
533	满心	描摹性副词表方式	870	0.0000631649	0.9896538773
534	未尝	评注性副词	869	0.0000630923	0.9897169696
535	自此	限制性副词中时间副词	866	0.0000628745	0.9897798441
536	略微	限制性副词中程度副词	859	0.0000623663	0.9898422104
537	万万	评注性副词	858	0.0000622937	0.9899045041
538	历来	限制性副词中时间副词	856	0.0000621485	0.9899666525
538	深情	描摹性副词表方式	849	0.0000616402	0.9900282928
540	蓦然	描摹性副词表情状	848	0.0000615676	0.9900898604
541	决	评注性副词	845	0.0000613498	0.9901512103
542	当即	限制性副词中时间副词	842	0.0000611320	0.9902123423
543	势必	评注性副词	839	0.0000609142	0.9902732565
544	随口	描摹性副词表方式	836	0.0000606964	0.9903339529
545	所幸	评注性副词	825	0.0000598978	0.9903938507
546	预先	描摹性副词表状态	825	0.0000598978	0.9904537484
547	无端	描摹性副词表状态	816	0.0000592443	0.9905129928
548	尤为	限制性副词中程度副词	815	0.0000591717	0.9905721645

续表

序号	副词	具体分类	频次	使用频率	累计频率
549	百般	描摹性副词表比况	814	0.0000590991	0.9906312636
550	一连	描摹性副词表方式	811	0.0000588813	0.9906901449
551	从今	限制性副词中时间副词	811	0.0000588813	0.9907490263
552	极端	限制性副词中程度副词	809	0.0000587361	0.9908077624
553	甚至于	评注性副词	801	0.0000581553	0.9908659177
554	早晚	限制性副词中时间副词	796	0.0000577923	0.9909237099
555	随机	描摹性副词表状态	795	0.0000577197	0.9909814296
556	美美	描摹性副词表情状	794	0.0000576471	0.9910390766
557	赶忙	描摹性副词表状态	791	0.0000574293	0.9910965059
558	提早	描摹性副词表状态	790	0.0000573566	0.9911538625
559	眼看	描摹性副词表比况	786	0.0000570662	0.9912109288
560	务必	评注性副词	773	0.0000561224	0.9912670512
561	率先	描摹性副词表状态	772	0.0000560498	0.9913231009
562	时	限制性副词中时间副词	766	0.0000556142	0.9913787151
563	大为	限制性副词中程度副词	765	0.0000555416	0.9914342567
564	沿途	描摹性副词表状态	762	0.0000553238	0.9914895804
565	不只	限制性副词中范围副词	748	0.0000543073	0.9915438877
566	粗	限制性副词中程度副词	748	0.0000543073	0.9915981950
567	迭	描摹性副词表状态	748	0.0000543073	0.9916525024
568	尽早	描摹性副词表状态	746	0.0000541621	0.9917066645
569	徐徐	描摹性副词表情状	740	0.0000537265	0.9917603909
570	准	评注性副词	739	0.0000536539	0.9918140448
571	趁机	描摹性副词表状态	734	0.0000532909	0.9918673357
572	差一点	限制性副词中程度副词	725	0.0000526374	0.9919199731
573	猛地	限制性副词中时间副词	724	0.0000525648	0.9919725379
574	彻夜	描摹性副词表状态	714	0.0000518388	0.9920243767
575	顺带	描摹性副词表状态	708	0.0000514032	0.9920757799

序号	副词	具体分类	频次	使用频率	累计频率
576	加倍	限制性副词中程度副词	698	0.0000506771	0.9921264570
577	惟	限制性副词中范围副词	693	0.0000503141	0.9921767711
578	恰巧	评注性副词	692	0.0000502415	0.9922270127
579	常年	限制性副词中频率副词	679	0.0000492977	0.9922763103
580	险些	限制性副词中程度副词	673	0.0000488621	0.9923251724
581	生来	限制性副词中时间副词	672	0.0000487895	0.9923739618
582	没准	评注性副词	670	0.0000486442	0.9924226061
583	充其量	评注性副词	663	0.0000481360	0.9924707421
584	大体	限制性副词中范围副词	663	0.0000481360	0.9925188781
585	放声	描摹性副词表方式	662	0.0000480634	0.9925669416
586	好容易	评注性副词	658	0.0000477730	0.9926147146
587	至	限制性副词中程度副词	658	0.0000477730	0.9926624876
588	愣是	评注性副词	655	0.0000475552	0.9927100428
589	由衷	描摹性副词表方式	654	0.0000474826	0.9927575253
590	不胜	限制性副词中程度副词	650	0.0000471922	0.9928047175
591	大幅度	描摹性副词表状态	648	0.0000470470	0.9928517645
592	一概	限制性副词中范围副词	647	0.0000469744	0.9928987389
593	终日	描摹性副词表状态	643	0.0000466840	0.9929454228
594	愈来愈	限制性副词中程度副词	639	0.0000463935	0.9929918164
595	全身心	描摹性副词表状态	635	0.0000461031	0.9930379195
596	无条件	描摹性副词表状态	631	0.0000458127	0.9930837322
597	竭力	描摹性副词表状态	631	0.0000458127	0.9931295449
598	愈加	限制性副词中程度副词	630	0.0000457401	0.9931752850
599	并肩	描摹性副词表方式	615	0.0000446511	0.9932199361
600	分外	限制性副词中程度副词	614	0.0000445785	0.9932645145
601	再就是	评注性副词	613	0.0000445059	0.9933090204
602	顺势	描摹性副词表状态	600	0.0000435620	0.9933525824

续表

序号	副词	具体分类	频次	使用频率	累计频率
603	骤然	描摹性副词表情状	593	0.0000430538	0.9933956362
604	早些	描摹性副词表状态	586	0.0000425456	0.9934381818
605	恍然	描摹性副词表情状	584	0.0000424004	0.9934805821
606	陆陆续续	限制性副词中频率副词	581	0.0000421825	0.9935227647
607	急剧	描摹性副词表状态	577	0.0000418921	0.9935646568
608	眼睁睁	描摹性副词表状态	577	0.0000418921	0.9936065489
609	当众	描摹性副词表状态	575	0.0000417469	0.9936482959
610	执意	描摹性副词表方式	573	0.0000416017	0.9936898976
611	届时	描摹性副词表状态	572	0.0000415291	0.9937314267
612	惟独	限制性副词中范围副词	571	0.0000414565	0.9937728832
613	高声	描摹性副词表方式	569	0.0000413113	0.9938141945
614	当下	描摹性副词表状态	562	0.0000408031	0.9938549976
615	尽管	限制性副词中范围副词	561	0.0000407305	0.9938957281
616	连夜	描摹性副词表状态	561	0.0000407305	0.9939364586
617	公然	描摹性副词表情状	557	0.0000404401	0.9939768986
618	互不	描摹性副词表状态	550	0.0000399318	0.9940168305
619	冷眼	描摹性副词表方式	546	0.0000396414	0.9940564719
620	日日	限制性副词中频率副词	542	0.0000393510	0.9940958229
621	正巧	评注性副词	542	0.0000393510	0.9941351739
622	全盘	描摹性副词表状态	540	0.0000392058	0.9941743797
623	一块儿	限制性副词中协同副词	522	0.0000378989	0.9942122787
624	随地	描摹性副词表状态	522	0.0000378989	0.9942501776
625	只管	限制性副词中范围副词	516	0.0000374633	0.9942876410
626	无故	描摹性副词表状态	514	0.0000373181	0.9943249591
627	快步	描摹性副词表方式	510	0.0000370277	0.9943619868
628	既	限制性副词中时间副词	510	0.0000370277	0.9943990145

序号	副词	具体分类	频次	使用频率	累计频率
629	深层次	描摹性副词表状态	509	0.0000369551	0.9944359696
630	只身	描摹性副词表方式	506	0.0000367373	0.9944727069
631	几近	评注性副词	502	0.0000364469	0.9945091538
632	连着	限制性副词中频率副词	501	0.0000363743	0.9945455281
633	间或	限制性副词中频率副词	500	0.0000363017	0.9945818297
634	屡次	限制性副词中频率副词	497	0.0000360839	0.9946179136
635	兴许	评注性副词	496	0.0000360113	0.9946539249
636	日趋	描摹性副词表状态	495	0.0000359387	0.9946898635
637	定时	描摹性副词表状态	492	0.0000357208	0.9947255844
638	并排	描摹性副词表方式	490	0.0000355756	0.9947611600
639	甚	限制性副词中程度副词	489	0.0000355030	0.9947966631
640	甚为	限制性副词中程度副词	476	0.0000345592	0.9948312223
641	自小	限制性副词时间副词	475	0.0000344866	0.9948657088
642	轰然	描摹性副词表情状	475	0.0000344866	0.9949001954
643	无形中	描摹性副词表状态	474	0.0000344140	0.9949346094
644	即刻	限制性副词中时间副词	471	0.0000341962	0.9949688056
645	只怕	评注性副词	464	0.0000336880	0.9950024936
646	趁早	描摹性副词表状态	460	0.0000333975	0.9950358911
647	暗中	描摹性副词表状态	459	0.0000333249	0.9950692160
649	真真	评注性副词	456	0.0000331071	0.9951023232
648	逐一	描摹性副词表状态	459	0.0000333249	0.9951356481
650	如期	描摹性副词表状态	452	0.0000328167	0.9951684648
651	擅自	描摹性副词表状态	452	0.0000328167	0.9952012815
652	毋	限制性副词中否定副词	450	0.0000326715	0.9952339530
653	稍后	限制性副词中时间副词	449	0.0000325989	0.9952665519
654	不堪	限制性副词中否定副词	445	0.0000323085	0.9952988604
655	按说	描摹性副词表状态	444	0.0000322359	0.9953310963

序号	副词	具体分类	频次	使用频率	累计频率
656	方才	限制性副词中频率副词	443	0.0000321633	0.9953632596
657	凭空	描摹性副词表状态	441	0.0000320181	0.9953952777
658	敢情	评注性副词	441	0.0000320181	0.9954272958
659	迄今	限制性副词中时间副词	436	0.0000316551	0.9954589508
660	亏了	评注性副词	435	0.0000315825	0.9954905333
661	来回	限制性副词中重复副词	432	0.0000313646	0.9955218979
662	终生	描摹性副词表状态	430	0.0000312194	0.9955531174
663	亲口	描摹性副词表方式	427	0.0000310016	0.9955841190
664	即兴	描摹性副词表状态	423	0.0000307112	0.9956148302
665	起	限制性副词中时间副词	423	0.0000307112	0.9956455414
666	挨个	描摹性副词表状态	421	0.0000305660	0.9956761074
667	大步	描摹性副词表方式	418	0.0000303482	0.9957064556
668	几	限制性副词中程度副词	414	0.0000300578	0.9957365134
669	但凡	限制性副词中范围副词	413	0.0000299852	0.9957664986
670	甭	限制性副词中否定副词	413	0.0000299852	0.9957964838
671	但	限制性副词中范围副词	410	0.0000297674	0.9958262512
672	随处	描摹性副词表状态	409	0.0000296948	0.9958559459
673	断然	描摹性副词表情状	407	0.0000295496	0.9958854955
674	胡	限制性副词中否定副词	406	0.0000294770	0.9959149725
675	莫不	评注性副词	398	0.0000288961	0.9959438686
676	实地	描摹性副词表状态	396	0.0000287509	0.9959726195
677	倍加	限制性副词中程度副词	395	0.0000286783	0.9960012979
678	悉心	描摹性副词表方式	395	0.0000286783	0.9960299762
679	一经	限制性副词中范围副词	394	0.0000286057	0.9960585819
680	专程	描摹性副词表状态	393	0.0000285331	0.9960871150
681	微	限制性副词中程度副词	393	0.0000285331	0.9961156481
682	轮番	描摹性副词表状态	393	0.0000285331	0.9961441812

续表

序号	副词	具体分类	频次	使用频率	累计频率
684	动辄	描摹性副词表状态	391	0.0000283879	0.9961725692
683	好生	描摹性副词表状态	392	0.0000284605	0.9962010297
685	无时	限制性副词中频率副词	390	0.0000283153	0.9962293450
686	就地	描摹性副词表状态	385	0.0000279523	0.9962572973
687	恣意	描摹性副词表方式	384	0.0000278797	0.9962851770
688	急匆匆	描摹性副词表方式	378	0.0000274441	0.9963126210
689	大规模	描摹性副词表状态	375	0.0000272263	0.9963398473
690	遍	限制性副词中范围副词	371	0.0000269358	0.9963667831
691	万般	描摹性副词表比况	368	0.0000267180	0.9963935012
692	忽而	限制性副词中时间副词	366	0.0000265728	0.9964200740
693	现已	限制性副词中时间副词	365	0.0000265002	0.9964465742
694	多方	描摹性副词表状态	364	0.0000264276	0.9964730018
695	长年	描摹性副词表状态	363	0.0000263550	0.9964993568
696	暗地里	描摹性副词表状态	361	0.0000262098	0.9965255666
697	起先	限制性副词中时间副词	360	0.0000261372	0.9965517039
698	些	限制性副词中程度副词	356	0.0000258468	0.9965775506
699	悻悻	描摹性副词表情状	355	0.0000257742	0.9966033248
700	当真	评注性副词	352	0.0000255564	0.9966288812
701	本当	评注性副词	351	0.0000254838	0.9966543650
702	交替	描摹性副词表状态	350	0.0000254112	0.9966797762
703	借机	描摹性副词表状态	350	0.0000254112	0.9967051873
705	独家	描摹性副词表状态	347	0.0000251934	0.9967303807
704	行将	限制性副词中时间副词	348	0.0000252660	0.9967556467
706	陡然	限制性副词中时间副词	344	0.0000249756	0.9967806222
707	难道说	评注性副词	344	0.0000249756	0.9968055978
708	顺路	描摹性副词表状态	341	0.0000247577	0.9968303555
709	方可	评注性副词	340	0.0000246851	0.9968550407

序号	副词	具体分类	频次	使用频率	累计频率
710	怅然	描摹性副词表情状	338	0.0000245399	0.9968795806
711	概	限制性副词中范围副词	337	0.0000244673	0.9969040479
712	乘机	描摹性副词表状态	333	0.0000241769	0.9969282248
713	自幼	限制性副词中时间副词	333	0.0000241769	0.9969524017
714	大面积	描摹性副词表状态	332	0.0000241043	0.9969765061
715	定睛	描摹性副词表方式	326	0.0000236687	0.9970001748
716	逐个	描摹性副词表状态	324	0.0000235235	0.9970236982
717	只顾	限制性副词中范围副词	323	0.0000234509	0.9970471491
718	两度	限制性副词中频率副词	317	0.0000230153	0.9970701644
719	如实	描摹性副词表状态	317	0.0000230153	0.9970931796
720	私自	描摹性副词表状态	317	0.0000230153	0.9971161949
721	奋勇	描摹性副词表状态	314	0.0000227975	0.9971389924
722	旋	限制性副词中时间副词	314	0.0000227975	0.9971617898
723	连声	描摹性副词表方式	314	0.0000227975	0.9971845873
724	大体上	限制性副词中范围副词	311	0.0000225796	0.9972071669
725	业已	限制性副词中时间副词	307	0.0000222892	0.9972294561
726	悉数	描摹性副词表状态	306	0.0000222166	0.9972516728
727	潜心	描摹性副词表方式	303	0.0000219988	0.9972736716
728	小声	描摹性副词表方式	302	0.0000219262	0.9972955978
729	据此	描摹性副词表状态	302	0.0000219262	0.9973175240
730	兀自	限制性副词中时间副词	301	0.0000218536	0.9973393776
731	殊	限制性副词中程度副词	293	0.0000212728	0.9973606504
732	毫	限制性副词中程度副词	293	0.0000212728	0.9973819232
733	截然	描摹性副词表情状	292	0.0000212002	0.9974031233
734	然后	限制性副词中时间副词	291	0.0000211276	0.9974242509
735	就近	描摹性副词表状态	289	0.0000209824	0.9974452333
736	齐声	描摹性副词表方式	289	0.0000209824	0.9974662157

序号	副词	具体分类	频次	使用频率	累计频率
737	后来	限制性副词中时间副词	288	0.0000209098	0.9974871254
738	如约	描摹性副词表状态	288	0.0000209098	0.9975080352
739	愤愤	描摹性副词表情状	288	0.0000209098	0.9975289450
740	顷刻	限制性副词中时间副词	285	0.0000206920	0.9975496369
741	一气	描摹性副词表方式	284	0.0000206194	0.9975702563
742	永世	限制性副词中时间副词	276	0.0000200385	0.9975902948
743	新近	限制性副词中时间副词	275	0.0000199659	0.9976102607
744	一个劲儿	描摹性副词表方式	274	0.0000198933	0.9976301540
745	或者	评注性副词	274	0.0000198933	0.9976500473
746	存心	描摹性副词表方式	268	0.0000194577	0.9976695050
747	果	评注性副词	267	0.0000193851	0.9976888901
748	层层	描摹性副词表状态	266	0.0000193125	0.9977082026
749	大举	描摹性副词表状态	265	0.0000192399	0.9977274425
750	节节	描摹性副词表情状	265	0.0000192399	0.9977466824
751	大凡	限制性副词中范围副词	261	0.0000189495	0.9977656319
752	稍加	限制性副词中程度副词	261	0.0000189495	0.9977845814
753	稳稳	描摹性副词表情状	261	0.0000189495	0.9978035308
754	立	限制性副词中时间副词	261	0.0000189495	0.9978224803
755	伺机	描摹性副词表状态	258	0.0000187317	0.9978412120
756	小规模	描摹性副词表状态	254	0.0000184413	0.9978596532
757	誓死	描摹性副词表比况	252	0.0000182960	0.9978779493
758	稳步	描摹性副词表方式	251	0.0000182234	0.9978961727
759	历	描摹性副词表状态	250	0.0000181508	0.9979143235
760	豁然	描摹性副词表情状	248	0.0000180056	0.9979323292
761	何曾	评注性副词	246	0.0000178604	0.9979501896
762	刚巧	评注性副词	246	0.0000178604	0.9979680500

序号	副词	具体分类	频次	使用频率	累计频率
763	小	程度副词；时间副词； 评注性副词	244	0.0000177152	0.9979857652
764	差点儿	评注性副词	243	0.0000176426	0.9980034078
765	广为	限制性副词中程度副词	243	0.0000176426	0.9980210505
766	贸然	描摹性副词表情状	243	0.0000176426	0.9980386931
767	愤然	描摹性副词表情状	241	0.0000174974	0.9980561905
768	何须	评注性副词	239	0.0000173522	0.9980735427
769	何妨	评注性副词	238	0.0000172796	0.9980908223
770	弥	限制性副词中程度副词	238	0.0000172796	0.9981081019
771	拼死	描摹性副词表比况	237	0.0000172070	0.9981253089
773	旋即	限制性副词中时间副词	235	0.0000170618	0.9981423707
772	及早	描摹性副词表状态	235	0.0000170618	0.9981594325
774	火速	描摹性副词表比况	234	0.0000169892	0.9981764216
775	冷不丁	描摹性副词表状态	233	0.0000169166	0.9981933382
776	穷	限制性副词中否定副词	233	0.0000169166	0.9982102548
777	竞相	描摹性副词表状态	233	0.0000169166	0.9982271714
778	或	评注性副词	232	0.0000168440	0.9982440154
779	幸而	评注性副词	231	0.0000167714	0.9982774129
780	分头	描摹性副词表状态	229	0.0000166262	0.9982606415
781	大加	限制性副词中程度副词	227	0.0000164810	0.9982938939
782	立时	限制性副词中时间副词	225	0.0000163358	0.9983102296
783	压根儿	评注性副词	220	0.0000159727	0.9983262023
784	殆	限制性副词中程度副词	220	0.0000159727	0.9983421751
785	冉冉	描摹性副词表情状	217	0.0000157549	0.9983579300
786	一溜烟	描摹性副词表比况	215	0.0000156097	0.9983735397
787	背地里	描摹性副词表状态	215	0.0000156097	0.9983891495

序号	副词	具体分类	频次	使用频率	累计频率
788	徒然	限制性副词中否定副词； 范围副词	214	0.0000155371	0.9984046866
789	稍许	限制性副词中程度副词	212	0.0000153919	0.9984200785
790	宛	评注性副词	211	0.0000153193	0.9984353978
791	实	评注性副词	211	0.0000153193	0.9984507171
792	亏	评注性副词	210	0.0000152467	0.9984659638
793	逐年	描摹性副词表状态	210	0.0000152467	0.9984812105
794	决然	描摹性副词表情状	207	0.0000150289	0.9984962394
795	约莫	评注性副词	207	0.0000150289	0.9985112683
796	蓄意	描摹性副词表方式	206	0.0000149563	0.9985262246
797	飘然	描摹性副词表情状	206	0.0000149563	0.9985411809
798	反反复复	限制性副词中重复副词	205	0.0000148837	0.9985560646
799	信手	描摹性副词表方式	204	0.0000148111	0.9985708756
800	纵情	描摹性副词表方式	203	0.0000147385	0.9985856141
801	该	评注性副词	203	0.0000147385	0.9986003526
802	定向	描摹性副词表状态	202	0.0000146659	0.9986150185
803	决意	描摹性副词表方式	200	0.0000145207	0.9986295391
804	整年	描摹性副词表状态	200	0.0000145207	0.9986440598
805	批量	描摹性副词表状态	198	0.0000143755	0.9986584353
806	另外	限制性副词中协同副词	197	0.0000143029	0.9986727381
807	骤	限制性副词中时间副词	196	0.0000142303	0.9986869684
808	许	评注性副词	195	0.0000141577	0.9987011260
809	相依	描摹性副词表状态	194	0.0000140851	0.9987152111
810	究	评注性副词	194	0.0000140851	0.9987292962
811	亲笔	描摹性副词表方式	192	0.0000139398	0.9987432360
812	素来	限制性副词中时间副词	191	0.0000138672	0.9987571032

序号	副词	具体分类	频次	使用频率	累计频率
814	傲然	描摹性副词表情状	186	0.0000135042	0.9987706075
813	一时	限制性副词中频率副词	189	0.0000137220	0.9987843295
815	厉声	描摹性副词表方式	186	0.0000135042	0.9987978337
816	无私	描摹性副词表状态	186	0.0000135042	0.9988113379
817	委实	评注性副词	185	0.0000134316	0.9988247696
818	凭栏	描摹性副词表状态	183	0.0000132864	0.9988380560
819	横竖	评注性副词	182	0.0000132138	0.9988512698
820	斗胆	描摹性副词表比况	180	0.0000130686	0.9988643384
821	霎时	限制性副词中时间副词	177	0.0000128508	0.9988771892
822	悍然	描摹性副词表情状	172	0.0000124878	0.9988896770
823	大踏步	描摹性副词表状态	171	0.0000124152	0.9989020921
824	定然	描摹性副词表情状	169	0.0000122700	0.9989143621
825	真个	评注性副词	169	0.0000122700	0.9989266321
826	成心	描摹性副词表方式	167	0.0000121248	0.9989387568
827	忽地	限制性副词中时间副词	163	0.0000118343	0.9989505912
828	越加	限制性副词中程度副词	160	0.0000116165	0.9989622077
829	权且	限制性副词中时间副词	157	0.0000113987	0.9989736064
830	忙不迭	描摹性副词表方式	155	0.0000112535	0.9989848599
831	急急	描摹性副词表情状	155	0.0000112535	0.9989961135
832	舍身	描摹性副词表方式	154	0.0000111809	0.9990072944
833	改日	限制性副词中时间副词	153	0.0000111083	0.9990184027
834	冷不防	描摹性副词表状态	152	0.0000110357	0.9990294384
835	登时	限制性副词中时间副词	151	0.0000109631	0.9990404015
837	按理	描摹性副词表状态	149	0.0000108179	0.9990512194
836	历历	描摹性副词表情状	150	0.0000108905	0.9990621099
838	全速	描摹性副词表状态	147	0.0000106727	0.9990727826
839	备	限制性副词中程度副词	147	0.0000106727	0.9990834553

序号	副词	具体分类	频次	使用频率	累计频率
840	娓娓	描摹性副词表情状	147	0.0000106727	0.9990941280
841	霎时间	限制性副词中时间副词	147	0.0000106727	0.9991048007
842	侧耳	描摹性副词表方式	144	0.0000104549	0.9991152556
843	反	评注性副词	144	0.0000104549	0.9991257104
844	宁肯	评注性副词	144	0.0000104549	0.9991361653
845	临了	限制性副词中时间副词	142	0.0000103097	0.9991464750
846	倏忽	限制性副词中时间副词	142	0.0000103097	0.9991567847
847	略微	限制性副词中程度副词	142	0.0000103097	0.9991670944
849	差	限制性副词中程度副词	141	0.0000102371	0.9991773314
848	长距离	描摹性副词表状态	142	0.0000103097	0.9991876411
850	定点	描摹性副词表状态	140	0.0000101645	0.9991978056
851	缓步	描摹性副词表状态	139	0.0000100919	0.9992078974
852	切切	评注性副词	138	0.0000100193	0.9992179167
853	有些	限制性副词中程度副词	138	0.0000100193	0.9992279360
854	尽数	限制性副词中范围副词	136	0.0000098741	0.9992378100
855	莫不是	评注性副词	135	0.0000098015	0.9992476115
856	向	限制性副词中时间副词	133	0.0000096562	0.9992572677
857	渐次	限制性副词中频率副词	133	0.0000096562	0.9992669240
858	不单	限制性副词中范围副词	131	0.0000095110	0.9992764350
859	高标准	描摹性副词表状态	131	0.0000095110	0.9992859460
860	确确实实	评注性副词	130	0.0000094384	0.9992953845
861	迎头	描摹性副词表方式	130	0.0000094384	0.9993048229
863	死	描摹性副词表比况	129	0.0000093658	0.9993141887
862	借故	描摹性副词表状态	129	0.0000093658	0.9993235546
864	源源	描摹性副词表情状	126	0.0000091480	0.9993327026
865	不久	限制性副词中时间副词	125	0.0000090754	0.9993417780

续表

序号	副词	具体分类	频次	使用频率	累计频率
866	岂料	评注性副词	125	0.0000090754	0.9993508534
867	侃侃	描摹性副词表情状	124	0.0000090028	0.9993598563
868	分批	描摹性副词表状态	123	0.0000089302	0.9993687865
869	徒手	描摹性副词表方式	123	0.0000089302	0.9993777167
870	甫	限制性副词中时间副词	120	0.0000087124	0.9993864291
871	必得	评注性副词	119	0.0000086398	0.9993950689
872	顿然	描摹性副词表情状	118	0.0000085672	0.9994036361
873	按期	描摹性副词表状态	117	0.0000084946	0.9994121307
874	连年	描摹性副词表状态	117	0.0000084946	0.9994206253
875	久已	限制性副词中频率副词	116	0.0000084220	0.9994290472
876	一窝蜂	描摹性副词表比况	112	0.0000081316	0.9994371788
877	到底	评注性副词	112	0.0000081316	0.9994453104
878	贸然	描摹性副词表情状	112	0.0000081316	0.9994534420
879	酌情	描摹性副词表方式	112	0.0000081316	0.9994615735
881	暗地	描摹性副词表状态	111	0.0000080590	0.9994696325
880	乃	评注性副词	111	0.0000080590	0.9994776915
882	拦腰	描摹性副词表方式	110	0.0000079864	0.9994856779
883	独独	限制性副词中范围副词	110	0.0000079864	0.9994936642
884	劈头	描摹性副词表方式	109	0.0000079138	0.9995015780
885	蓦地	描摹性副词表状态	109	0.0000079138	0.9995094918
886	默	描摹性副词表情状	109	0.0000079138	0.9995174055
887	其	评注性副词	107	0.0000077686	0.9995251741
888	互为	描摹性副词表状态	104	0.0000075507	0.9995327248
889	悄声	描摹性副词表方式	101	0.0000073329	0.9995400578
890	亲耳	描摹性副词表方式	100	0.0000072603	0.9995473181
891	平素	描摹性副词表状态	100	0.0000072603	0.9995545784
892	绝顶	限制性副词中程度副词	100	0.0000072603	0.9995618388

续表

序号	副词	具体分类	频次	使用频率	累计频率
894	本能	描摹性副词表状态	97	0.0000070425	0.9995688813
893	下意识	描摹性副词表状态	98	0.0000071151	0.9995759964
895	瞬即	限制性副词中时间副词	96	0.0000069699	0.9995829663
896	联袂	描摹性副词表比况	95	0.0000068973	0.9995898637
897	远程	描摹性副词表状态	93	0.0000067521	0.9995966158
898	高效	描摹性副词表状态	93	0.0000067521	0.9996033679
899	低速	描摹性副词表状态	91	0.0000066069	0.9996099748
900	复	限制性副词中重复副词	91	0.0000066069	0.9996165817
901	席地	描摹性副词表状态	90	0.0000065343	0.9996231160
902	径自	描摹性副词表状态	90	0.0000065343	0.9996296503
903	亟	限制性副词中时间副词	89	0.0000064617	0.9996361120
905	油然	描摹性副词表情状	89	0.0000064617	0.9996425737
904	婉言	描摹性副词表方式	89	0.0000064617	0.9996490354
906	现	限制性副词中时间副词	89	0.0000064617	0.9996554971
907	甚而	评注性副词	89	0.0000064617	0.9996619588
908	约摸	评注性副词	89	0.0000064617	0.9996684205
909	顿	限制性副词中时间副词	89	0.0000064617	0.9996748822
910	猝然	描摹性副词表情状	85	0.0000061713	0.9996810535
911	照旧	限制性副词中时间副词	83	0.0000060261	0.9996870796
912	连日	描摹性副词表状态	82	0.0000059535	0.9996930330
913	保不住	评注性副词	81	0.0000058809	0.9996989139
914	诚然	评注性副词	81	0.0000058809	0.9997047948
915	日见	描摹性副词表状态	80	0.0000058083	0.9997106030
916	宁	评注性副词	79	0.0000057357	0.9997163387
917	像	评注性副词	78	0.0000056631	0.9997220018
918	轻声	描摹性副词表方式	78	0.0000056631	0.9997276648
919	绝然	描摹性副词表情状	77	0.0000055905	0.9997332553

续表

序号	副词	具体分类	频次	使用频率	累计频率
920	囫囵	描摹性副词表情状	76	0.0000055179	0.9997387731
921	正好	评注性副词	76	0.0000055179	0.9997442910
922	严词	描摹性副词表方式	75	0.0000054453	0.9997497362
923	浑然	描摹性副词表情状	75	0.0000054453	0.9997551815
924	确乎	评注性副词	75	0.0000054453	0.9997606267
925	群起	描摹性副词表比况	75	0.0000054453	0.9997660720
926	稍微	限制性副词中程度副词	74	0.0000053726	0.9997714446
927	不光	限制性副词中范围副词	72	0.0000052274	0.9997766721
928	如数	描摹性副词表状态	72	0.0000052274	0.9997818995
929	次第	描摹性副词表状态	72	0.0000052274	0.9997871270
930	于今	限制性副词中时间副词	71	0.0000051548	0.9997922818
931	巍然	描摹性副词表情状	71	0.0000051548	0.9997974366
932	倏地	限制性副词中时间副词	70	0.0000050822	0.9998025189
933	无怪	评注性副词	70	0.0000050822	0.9998076011
934	近乎	限制性副词中程度副词	68	0.0000049370	0.9998125381
935	雅	限制性副词中程度副词，时间副词	67	0.0000048644	0.9998174026
936	超负荷	描摹性副词表状态	66	0.0000047918	0.9998221944
937	鱼贯	描摹性副词表比况	66	0.0000047918	0.9998269862
938	交互	描摹性副词表状态	65	0.0000047192	0.9998317054
939	锐意	描摹性副词表方式	65	0.0000047192	0.9998364246
940	从速	描摹性副词表状态	63	0.0000045740	0.9998409987
941	着意	描摹性副词表方式	62	0.0000045014	0.9998455001
942	幡然	描摹性副词表情状	61	0.0000044288	0.9998499289
943	眼巴巴	描摹性副词表状态	60	0.0000043562	0.9998542851
944	霍然	描摹性副词表情状	60	0.0000043562	0.9998586413
945	信口	描摹性副词表方式	59	0.0000042836	0.9998629249

序号	副词	具体分类	频次	使用频率	累计频率
946	鼎力	描摹性副词表状态	59	0.0000042836	0.9998672085
947	不仅	限制性副词中范围副词	57	0.0000041384	0.9998713469
949	同声	描摹性副词表方式	57	0.0000041384	0.9998754852
948	举凡	限制性副词中协同副词	57	0.0000041384	0.9998796236
950	小幅	描摹性副词表状态	57	0.0000041384	0.9998837620
952	大批量	描摹性副词表状态	56	0.0000040658	0.9998878278
951	逐日	描摹性副词表状态	57	0.0000041384	0.9998919662
953	疾步	描摹性副词表方式	56	0.0000040658	0.9998960320
954	久	限制性副词中时间副词	55	0.0000039932	0.9999000252
955	少顷	限制性副词中时间副词	55	0.0000039932	0.9999040184
956	挨个儿	描摹性副词表状态	55	0.0000039932	0.9999080115
957	迅即	限制性副词中时间副词	55	0.0000039932	0.9999120047
958	行	限制性副词中时间副词	54	0.0000039206	0.9999159253
959	唯唯	限制性副词中范围副词	53	0.0000038480	0.9999197733
960	如实地	描摹性副词表状态	52	0.0000037754	0.9999235487
961	正色	描摹性副词表方式	52	0.0000037754	0.9999273240
962	趁势	描摹性副词表状态	50	0.0000036302	0.9999309542
963	逐字	描摹性副词表状态	50	0.0000036302	0.9999345844
964	照实	描摹性副词表状态	47	0.0000034124	0.9999379967
965	赶巧	评注性副词	47	0.0000034124	0.9999414091
966	逐月	描摹性副词表状态	47	0.0000034124	0.9999448214
967	逐条	描摹性副词表状态	47	0.0000034124	0.9999482338
968	逐级	描摹性副词表状态	47	0.0000034124	0.9999516462
969	阔步	描摹性副词表方式	47	0.0000034124	0.9999550585
970	保不齐	评注性副词	46	0.0000033398	0.9999583983
971	大半	限制性副词中范围副词	46	0.0000033398	0.9999617380
973	酣然	描摹性副词表情状	46	0.0000033398	0.9999650778

序号	副词	具体分类	频次	使用频率	累计频率
972	真真是	评注性副词	46	0.0000033398	0.9999684175
974	保准	评注性副词	45	0.0000032672	0.9999716847
975	全天候	描摹性副词表状态	45	0.0000032672	0.9999749518
976	稍事	限制性副词中程度副词	45	0.0000032672	0.9999782190
977	形同	评注性副词	44	0.0000031945	0.9999814135
978	偏巧	评注性副词	43	0.0000031219	0.9999845355
979	无日	描摹性副词表状态	43	0.0000031219	0.9999876574
980	约略	评注性副词	43	0.0000031219	0.9999907794
981	逐层	描摹性副词表状态	43	0.0000031219	0.9999939013
982	整个儿	限制性副词中范围副词	42	0.0000030493	0.9999969507
983	通盘	描摹性副词表状态	42	0.0000030493	1.0000000000

附录二　女性博客副词频次、频率、累计频率统计表

序号	副词	具体分类	频次	使用频率	累计频率
1	不	限制副词中否定副词	3163397	0.1253165996	0.1253166000
2	也	限制性副词重复副词；评注性副词	1704192	0.0675108267	0.1928274267
3	都	限制副词中范围副词；评注性副词	1690244	0.0669582827	0.2597857094
4	就	时间副词；评注性副词；范围副词	1592657	0.0630924160	0.3228781254
5	很	限制性副词中程度副词	1532224	0.0606983890	0.3835765143
6	还	程度副词；重复副词；频率副词	861655	0.0341340890	0.4177106033
7	又	限制性副词中重复副词；评注性副词	695670	0.0275586652	0.4452692685
8	最	限制性副词中程度副词	612215	0.0242526316	0.4695219001
9	太	评注性副词	423057	0.0167592195	0.4862811196
10	再	限制性副词中重复副词	421233	0.0166869625	0.5029680821
11	却	评注性副词	383827	0.0152051401	0.5181732222
12	没	限制性副词中否定副词	383085	0.0151757461	0.5333489683
13	没有	限制性副词中否定副词	358632	0.0142070511	0.5475560193
14	已经	限制性副词中时间副词	340114	0.0134734685	0.5610294879
15	还是	评注性副词	323466	0.0128139652	0.5738434531
16	才	时间副词；评注性副词；范围副词	306863	0.0121562446	0.5859996977
17	更	限制性副词中程度副词；重复副词	279231	0.0110616149	0.5970613126
18	一直	限制性副词中时间副词	273795	0.0108462701	0.6079075828
19	其实	评注性副词	250516	0.0099240826	0.6178316654
20	只	限制性副词中范围副词	233880	0.0092650547	0.6270967201

序号	副词	具体分类	频次	使用频率	累计频率
21	真	评注性副词	216084	0.0085600739	0.6356567940
22	不要	限制性副词中否定副词	205800	0.0081526777	0.6438094718
23	终于	评注性副词	178686	0.0070785684	0.6508880401
24	一定	评注性副词	175361	0.0069468499	0.6578348900
25	只是	限制性副词中范围副词	174759	0.0069230020	0.6647578920
26	也许	评注性副词	173911	0.0068894088	0.6716473008
27	总是	限制性副词中频率副词	166758	0.0066060458	0.6782533466
28	有点	限制性副词中程度副词	148753	0.0058927856	0.6841461322
29	真是	评注性副词	143302	0.0056768466	0.6898229787
30	总	评注性副词	127459	0.0050492330	0.6948722117
31	就是	限制性副词中范围副词	127416	0.0050475296	0.6999197413
32	永远	限制性副词中时间副词	125873	0.0049864043	0.7049061456
33	曾经	限制性副词中时间副词	113720	0.0045049685	0.7094111140
34	已	限制性副词中时间副词	111876	0.0044319192	0.7138430332
35	一起	限制性副词中协同副词	108080	0.0042815423	0.7181245755
36	比较	限制性副词中程度副词	100971	0.0039999224	0.7221244979
37	似乎	评注性副词	98068	0.0038849213	0.7260094191
38	非常	限制性副词中程度副词	95622	0.0037880240	0.7297974432
39	先	描摹性副词表状态	91828	0.0036377264	0.7334351696
40	当然	评注性副词	91428	0.0036218806	0.7370570501
41	好好	限制性副词中程度副词	88552	0.0035079491	0.7405649992
42	别	限制性副词中否定副词	84668	0.0033540861	0.7439190853
43	一	限制性副词中范围副词	84619	0.0033521450	0.7472712302
44	挺	限制性副词中程度副词	84197	0.0033354276	0.7506066579
45	居然	评注性副词	83701	0.0033157788	0.7539224367
46	好	限制性副词中程度副词	80225	0.0031780786	0.7571005152
47	越	限制性副词中程度副词	80158	0.0031754244	0.7602759396

序号	副词	具体分类	频次	使用频率	累计频率
48	是	评注性副词	79782	0.0031605293	0.7634364689
49	原来	评注性副词	79409	0.0031457531	0.7665822220
50	特别	限制性副词中程度副词	78024	0.0030908869	0.7696731089
51	实在	评注性副词	76952	0.0030484201	0.7727215290
52	本来	评注性副词	73846	0.0029253772	0.7756469063
53	偶	描摹性副词表情状	73221	0.0029006181	0.7785475244
54	竟然	评注性副词	73192	0.0028994693	0.7814469937
55	刚	限制性副词中时间副；评注性副词	72127	0.0028572798	0.7843042735
56	便	限制性副词中时间副词	70030	0.0027742081	0.7870784816
57	将	限制性副词中时间副词	69080	0.0027365742	0.7898150558
58	不再	限制性副词中否定副词	66943	0.0026519179	0.7924669737
59	越来越	限制性副词中程度副词	66307	0.0026267230	0.7950936968
60	或许	评注性副词	65493	0.0025944768	0.7976881735
61	并	评注性副词	63366	0.0025102166	0.8001983901
62	就要	限制性副词中时间副词	61662	0.0024427134	0.8026411035
63	慢慢	描摹性副词表状态	58967	0.0023359521	0.8049770556
64	还要	限制性副词中程度副词	57245	0.0022677358	0.8072447915
65	快	限制性副词中时间副词	56937	0.0022555346	0.8095003260
66	甚至	评注性副词	56728	0.0022472551	0.8117475811
67	不过	限制性副词中范围副词	53943	0.0021369285	0.8138845097
68	不用	限制性副词中否定副词	52416	0.0020764371	0.8159609468
69	有时候	限制性副词中频率副词	52363	0.0020743375	0.8180352843
70	依然	描摹性副词表情状	50204	0.0019888097	0.8200240940
71	曾	限制性副词中时间副词	49980	0.0019799360	0.8220040300
72	至少	限制性副词中范围副词	49235	0.0019504232	0.8239544531
73	多	限制性副词中程度副词	48345	0.0019151662	0.8258696193
74	经常	限制性副词中频率副词	47839	0.0018951212	0.8277647406

序号	副词	具体分类	频次	使用频率	累计频率
75	大	限制性副词中程度副词	47411	0.0018781662	0.8296429068
76	大概	评注性副词	46963	0.0018604189	0.8315033256
77	正	评注性副词	44063	0.0017455366	0.8332488623
78	几乎	限制性副词中程度副词	43629	0.0017283439	0.8349772062
79	有时	限制性副词中频率副词	43588	0.0017267197	0.8367039259
80	从来	限制性副词中时间副词	42714	0.0016920966	0.8383960225
81	反正	评注性副词	41945	0.0016616330	0.8400576554
82	多么	限制性副词中程度副词	41512	0.0016444799	0.8417021353
83	到底	评注性副词	41186	0.0016315655	0.8433337008
84	毕竟	评注性副词	40162	0.0015910002	0.8449247010
85	一边	限制性副词中协同副词	39043	0.0015466715	0.8464713725
86	必须	评注性副词	38897	0.0015408878	0.8480122603
87	刚刚	限制性副词中时间副词；评注性副词	37779	0.0014965987	0.8495088590
88	不断	限制性副词中频率副词	37404	0.0014817432	0.8509906022
89	忽然	我认为限制性副词中时间副词	36816	0.0014584499	0.8524490521
90	常常	限制性副词中频率副词	36780	0.0014570237	0.8539060758
91	未	我认为限制性副词中否定副词	36628	0.0014510023	0.8553570782
92	更加	限制性副词中程度副词	36588	0.0014494177	0.8568064959
93	常	限制性副词中频率副词	35871	0.0014210141	0.8582275100
94	全	限制性副词中范围副词	35166	0.0013930858	0.8596205958
95	重新	限制性副词中重复副词	35066	0.0013891244	0.8610097202
96	偶尔	限制性副词中频率副词	34792	0.0013782700	0.8623879902
97	马上	限制性副词中时间副词	34641	0.0013722882	0.8637602784
98	难道	评注性副词	34474	0.0013656726	0.8651259509
99	边	限制性副词中协同副词	33961	0.0013453503	0.8664713012
100	绝对	限制性副词中程度副词	33635	0.0013324359	0.8678037372
101	相	描摹性副词表状态	33259	0.0013175409	0.8691212780

序号	副词	具体分类	频次	使用频率	累计频率
102	尤其	限制性副词中程度副词	33027	0.0013083503	0.8704296283
103	根本	评注性副词	32233	0.0012768963	0.8717065246
104	只有	限制性副词中范围副词	31851	0.0012617635	0.8729682881
105	就算	是评注性副词	31814	0.0012602978	0.8742285859
106	再次	限制性副词中重复副词	31433	0.0012452047	0.8754737906
107	最好	评注性副词	31243	0.0012376779	0.8767114685
108	仍然	限制性副词中时间副词	31135	0.0012333995	0.8779448680
109	正在	限制性副词中时间副词	30097	0.0011922796	0.8791371476
110	蛮	限制性副词中程度副词	29882	0.0011837625	0.8803209101
111	只好	评注性副词	29371	0.0011635194	0.8814844295
112	不得不	我认为评注性副词	29213	0.0011572603	0.8826416898
113	始终	限制性副词中时间副词	28384	0.0011244198	0.8837661097
114	的确	评注性副词	28247	0.0011189926	0.8848851023
115	简直	评注性副词	28103	0.0011132882	0.8859983905
116	连	评注性副词	27983	0.0011085344	0.8871069249
117	仿佛	评注性副词	27301	0.0010815173	0.8881884421
118	渐渐	程度副词	27169	0.0010762881	0.8892647303
119	天天	频率副词或时间副词	26856	0.0010638888	0.8903286191
120	仍	限制性副词中时间副词	26736	0.0010591350	0.8913877541
121	要	限制性副词中时间副词	26565	0.0010523609	0.8924401150
122	特	限制性副词中程度副词	24670	0.0009772913	0.8934174064
123	亦	评注性副词	24510	0.0009709530	0.8943883594
124	往往	限制性副词中频率副词	24340	0.0009642185	0.8953525779
125	果然	评注性副词	22377	0.0008864551	0.8962390331
126	早就	限制性副词中时间副词	22043	0.0008732239	0.8971122570
127	倒	评注性副词	21939	0.0008691040	0.8979813609
128	到处	描摹性副词表状态	20859	0.0008263202	0.8988076812

续表

序号	副词	具体分类	频次	使用频率	累计频率
129	狂	限制性副词中程度副词	20787	0.0008234680	0.8996311492
130	极	限制性副词中程度副词	20679	0.0008191896	0.9004503388
131	重	限制性副词中重复副词	20673	0.0008189519	0.9012692907
132	反而	评注性副词	19355	0.0007667399	0.9020360306
133	互相	描摹性副词表状态	19032	0.0007539444	0.9027899751
134	相当	限制性副词中程度副词	18995	0.0007524787	0.9035424537
135	默默	描摹性副词表情状	18879	0.0007478834	0.9042903371
136	原本	评注性副词	18868	0.0007474476	0.9050377848
137	早已	评注性副词时间副词	18859	0.0007470911	0.9057848759
138	究竟	评注性副词	18716	0.0007414262	0.9065263021
139	竟	评注性副词	18565	0.0007354444	0.9072617465
140	难以	评注性副词	18246	0.0007228074	0.9079845539
141	明明	评注副词	18235	0.0007223716	0.9087069255
142	独自	描摹性副词表状态	18025	0.0007140526	0.9094209780
143	更是	限制性副词中程度副词	17518	0.0006939680	0.9101149460
144	直	评注性副词	17491	0.0006928984	0.9108078444
145	总算	评注性副词	17184	0.0006807367	0.9114885811
146	非	限制性副词中否定副词；评注性副词	16940	0.0006710708	0.9121596518
147	深	限制性副词中程度副词	16828	0.0006666339	0.9128262858
148	在	限制性副词中时间副词	16532	0.0006549080	0.9134811938
149	即将	限制性副词中时间副词	16487	0.0006531254	0.9141343191
150	顺便	描摹性副词表状态	16334	0.0006470643	0.9147813834
151	约	评注性副词	16189	0.0006413202	0.9154227037
152	从此	限制性副词中时间副词	15993	0.0006335558	0.9160562594
153	必	评注性副词	15940	0.0006314562	0.9166877156
154	基本上	评注性副词	15665	0.0006205622	0.9173082778
155	千万	评注性副词	15583	0.0006173138	0.9179255916

序号	副词	具体分类	频次	使用频率	累计频率
156	倒是	评注性副词	15541	0.0006156500	0.9185412415
157	仅	限制性范围副词	15459	0.0006124016	0.9191536431
158	较	限制性副词中程度副词	15215	0.0006027356	0.9197563787
159	赶紧	描摹性副词表状态	15198	0.0006020622	0.9203584409
160	不必	评注性副词	14901	0.0005902966	0.9209487376
161	差点	限制性副词中程度副词	14887	0.0005897420	0.9215384796
162	通常	限制性副词中频率副词	14601	0.0005784123	0.9221168919
163	从小	限制性副词中时间副词	14096	0.0005584069	0.9226752988
164	不曾	限制性副词中时间副词	14036	0.0005560301	0.9232313289
165	暂时	限制性副词中时间副词	13722	0.0005435911	0.9237749199
166	只不过	限制性副词中范围副词	13713	0.0005432345	0.9243181545
167	偷偷	描摹性副词表情状，	13651	0.0005407784	0.9248589329
168	仅仅	限制性范围副词	13471	0.0005336478	0.9253925807
169	整天	限制性副词中时间副词	13449	0.0005327763	0.9259253570
170	快要	限制性副词中时间副词	13439	0.0005323802	0.9264577372
171	幸好	评注性副词	13348	0.0005287752	0.9269865124
172	至今	限制性副词中时间副词	13334	0.0005282206	0.9275147330
173	光	限制性副词中范围副词	13265	0.0005254872	0.9280402203
174	老是	限制性副词中频率副词	13201	0.0005229519	0.9285631722
175	大声	描摹性副词表方式	13163	0.0005214465	0.9290846187
176	首先	时间副词	12922	0.0005118994	0.9295965181
177	一旦	限制性副词中时间副词	12907	0.0005113052	0.9301078233
178	新	限制性副词中时间副词	12873	0.0005099583	0.9306177816
179	轻易	描摹性副词表状态	12835	0.0005084530	0.9311262346
180	终究	评注性副词	12783	0.0005063930	0.9316326276
181	从不	限制性副词中时间副词	12587	0.0004986285	0.9321312561
182	尽量	描摹性副词表状态	12526	0.0004962121	0.9326274682

续表

序号	副词	具体分类	频次	使用频率	累计频率
183	偏偏	评注性副词	12100	0.0004793363	0.9331068044
184	随时	描摹性副词表状态	11859	0.0004697891	0.9335765936
185	立刻	限制性副词中时间副词	11237	0.0004451489	0.9340217424
186	一眼	描摹性副词表方式	11215	0.0004442774	0.9344660198
187	本	评注性副词	11076	0.0004387709	0.9349047907
188	点	限制性副词中程度副词	10891	0.0004314422	0.9353362330
189	全都	限制性副词中范围副词	10864	0.0004303726	0.9357666056
190	整整	描摹性副词表状态	10830	0.0004290258	0.9361956314
191	分别	限制性副词中范围副词	10760	0.0004262527	0.9366218841
192	不禁	描摹性副词表方式	10687	0.0004233609	0.9370452450
193	欲	时间副词	10585	0.0004193202	0.9374645652
194	远远	限制性副词中程度副词	10542	0.0004176168	0.9378821819
195	过于	限制性副词中程度副词	10521	0.0004167849	0.9382989668
196	一下子	限制性副词中时间副词	10484	0.0004153191	0.9387142859
197	逐渐	描摹性副词表状态	10390	0.0004115953	0.9391258812
198	回头	限制性副词中时间副词	10312	0.0004085054	0.9395343866
199	共	限制性副词中范围副词	10277	0.0004071189	0.9399415055
200	皆	限制性副词中范围副词	10240	0.0004056532	0.9403471587
201	即	限制性副词中范围副词	10239	0.0004056135	0.9407527722
202	颇	限制性副词中程度副词	10160	0.0004024840	0.9411552562
203	宁愿	评注性副词	10073	0.0003990375	0.9415542937
204	从未	限制性副词中时间副词	9937	0.0003936499	0.9419479437
205	恐怕	评注性副词	9916	0.0003928180	0.9423407617
206	无奈	评注性副词	9880	0.0003913919	0.9427321536
207	深深	描摹性副词表情状	9794	0.0003879851	0.9431201387
208	顿时	限制性副词中时间副词	9669	0.0003830332	0.9435031719
209	一向	限制性副词中时间副词	9630	0.0003814883	0.9438846602

序号	副词	具体分类	频次	使用频率	累计频率
210	可	评注性副词	9394	0.0003721392	0.9442567994
211	相互	描摹性副词表状态	9116	0.0003611264	0.9446179258
212	稍微	限制性副词中程度副词	9061	0.0003589476	0.9449768734
213	极其	限制性副词中程度副词	9039	0.0003580761	0.9453349495
214	时常	限制性副词中频率副词	8797	0.0003484893	0.9456834388
215	瞎	限制性副词中否定副词	8778	0.0003477367	0.9460311755
216	狠狠	描摹性副词表情状	8756	0.0003468651	0.9463780406
217	何必	评注性副词	8718	0.0003453598	0.9467234004
218	拼命	描摹性副词表比况	8581	0.0003399326	0.9470633330
219	一道	限制性副词中协同副词	8452	0.0003348223	0.9473981553
220	赶快	描摹性副词表状态	8336	0.0003302270	0.9477283823
221	莫	限制性副词中的否定副词	8300	0.0003288009	0.9480571832
222	单	限制性副词中范围副词	8281	0.0003280482	0.9483852314
223	白	限制性副词中范围副词	8221	0.0003256713	0.9487109028
224	可是	评注性副词	8095	0.0003206799	0.9490315827
225	大多	限制性副词中范围副词	8001	0.0003169561	0.9493485388
226	极度	限制性副词中程度副词	7996	0.0003167581	0.9496652969
227	老	限制性副词中时间副词	7928	0.0003140643	0.9499793612
228	刻意	描摹性副词表方式	7924	0.0003139058	0.9502932670
229	干脆	评注性副词	7879	0.0003121232	0.9506053902
230	早早	限制性副词中时间副词	7705	0.0003052302	0.9509106204
231	越是	评注性副词	7638	0.0003025761	0.9512131965
232	不大	限制性副词中程度副词	7603	0.0003011895	0.9515143860
233	先是	限制性副词中时间副词	7600	0.0003010707	0.9518154567
234	渐	限制性副词表频率	7567	0.0002997634	0.9521152201
235	刚好	评注性副词	7556	0.0002993277	0.9524145478
236	同时	限制性副词中协同副词	7546	0.0002989315	0.9527134793

序号	副词	具体分类	频次	使用频率	累计频率
237	大大	限制性副词中程度副词	7396	0.0002929893	0.9530064687
238	每每	限制性副词中频率副词	7375	0.0002921574	0.9532986261
239	早点	描摹性副词表状态	7363	0.0002916821	0.9535903081
240	共同	限制性副词中协同副词	7284	0.0002885525	0.9538788606
241	格外	限制性副词中程度副词	7238	0.0002867302	0.9541655909
242	大约	评注性副词	7234	0.0002865718	0.9544521626
243	始	限制性副词中时间副词	7220	0.0002860172	0.9547381798
244	悄悄	描摹性副词表情状	7169	0.0002839968	0.9550221766
245	时不时	限制性副词中频率副词	7085	0.0002806692	0.9553028458
247	难怪	评注性副词	7055	0.0002794808	0.9555823266
246	略	限制性副词中程度副词	7065	0.0002798769	0.9558622035
248	稍	限制性副词中程度副词	7000	0.0002773020	0.9561395055
249	一块	限制性副词中协同副词	6956	0.0002755589	0.9564150644
250	实际上	评注性副词	6954	0.0002754797	0.9566905441
251	足以	限制性副词中程度副词	6894	0.0002731028	0.9569636469
252	绝不	限制性副词中否定副词	6878	0.0002724690	0.9572361159
253	微微	限制性副词中程度副词	6858	0.0002716767	0.9575077926
254	不仅仅	限制性副词中范围副词	6534	0.0002588416	0.9577666341
255	均	时间副词；范围副词；评注性副词	6506	0.0002577324	0.9580243665
256	永不	限制性副词中否定副词	6413	0.0002540482	0.9582784147
257	独	限制性副词中范围副词	6373	0.0002524636	0.9585308784
258	未必	评注性副词	6342	0.0002512356	0.9587821139
259	偏	评注性副词；限制性副词中范围副词	6286	0.0002490172	0.9590311311
260	不时	限制性副词中频率副词	6238	0.0002471157	0.9592782468
261	切	评注性副词	6210	0.0002460065	0.9595242532
262	一共	限制性副词中范围副词	6204	0.0002457688	0.9597700220
263	统统	限制性副词中范围副词	6161	0.0002440653	0.9600140873

序号	副词	具体分类	频次	使用频率	累计频率
264	特意	描摹性副词表方式	6107	0.0002419262	0.9602560135
265	尚	限制性副词中重复副词；时间副词	6020	0.0002384797	0.9604944932
266	着实	描摹性副词表状态	5911	0.0002341617	0.9607286549
267	一度	限制性副词中频率副词	5910	0.0002341221	0.9609627770
268	唯	限制性副词中范围副词	5858	0.0002320621	0.9611948391
269	硬	评注性副词	5757	0.0002280611	0.9614229001
270	毫不	限制性副词中程度副词	5750	0.0002277838	0.9616506839
271	仍旧	限制性副词中时间副词	5715	0.0002263972	0.9618770811
272	立即	限制性副词中时间副词	5690	0.0002254069	0.9621024880
273	绝	限制性副词中程度副词	5690	0.0002254069	0.9623278949
274	尽情	描摹性副词表状态	5688	0.0002253277	0.9625532226
275	专	限制性副词中范围副词	5684	0.0002251692	0.9627783918
276	一同	限制性副词中协同副词，	5661	0.0002242581	0.9630026498
277	为此	限制性副词中关联副词	5655	0.0002240204	0.9632266702
278	似	评注性副词	5518	0.0002185932	0.9634452634
279	白白	限制性副词中否定副词	5448	0.0002158202	0.9636610835
280	从没	限制性副词中否定副词	5353	0.0002120568	0.9638731403
281	亲自	描摹性副词表状态	5294	0.0002097195	0.9640828598
282	再不	限制性副词中否定副词	5294	0.0002097195	0.9642925793
283	越发	评注性副词	5203	0.0002061146	0.9644986939
284	将近	评注性副词	5182	0.0002052827	0.9647039766
285	好歹	描摹性副词表状态	5180	0.0002052035	0.9649091800
286	永	限制性副词中时间副词	5176	0.0002050450	0.9651142250
287	狠	限制性副词中程度副词	5131	0.0002032623	0.9653174874
288	纷纷	限制性副词中范围副词	5111	0.0002024700	0.9655199574
289	自动	描摹性副词表方式	5079	0.0002012024	0.9657211598
290	时而	限制性副词中频率副词	5073	0.0002009647	0.9659221245

序号	副词	具体分类	频次	使用频率	累计频率
291	索性	评注性副词	4987	0.0001975578	0.9661196823
292	时刻	限制性副词中频率副词	4983	0.0001973994	0.9663170817
293	异常	限制性副词中程度副词	4980	0.0001972805	0.9665143623
294	忽	限制性副词中时间副词	4948	0.0001960129	0.9667103751
295	空	限制性副词中否定副词	4947	0.0001959733	0.9669063484
296	美美	描摹性副词表情状	4925	0.0001951017	0.9671014501
297	方	限制性副词中时间副词	4881	0.0001933587	0.9672948088
298	一面	限制性副词中协同副词	4874	0.0001930814	0.9674878902
299	特地	描摹性副词表状态	4874	0.0001930814	0.9676809716
300	确	评注性副词	4716	0.0001868223	0.9678677939
301	愈	限制性副词中程度副词	4686	0.0001856339	0.9680534278
302	早	限制性副词中时间副词	4680	0.0001853962	0.9682388239
303	无非	限制性副词中范围副词	4670	0.0001850000	0.9684238240
304	必定	评注性副词	4665	0.0001848020	0.9686086259
305	猛	限制性副词中程度副词	4625	0.0001832174	0.9687918433
306	立马	限制性副词中时间副词	4594	0.0001819893	0.9689738326
307	定	评注性副词	4589	0.0001817912	0.9691556238
308	另	限制性副词中范围副词	4587	0.0001817120	0.9693373358
309	快快	描摹性副词表情状	4585	0.0001816328	0.9695189686
310	暂	限制性副词中时间副词	4514	0.0001788202	0.9696977888
311	更为	限制性副词中程度副词	4451	0.0001763244	0.9698741132
312	满	限制性副词中程度副词	4451	0.0001763244	0.9700504377
313	最为	限制性副词中程度副词	4449	0.0001762452	0.9702266829
314	一口气	描摹性副词表方式	4377	0.0001733930	0.9704000758
315	一再	限制性副词中重复副词	4353	0.0001724422	0.9705725180
316	同	限制性副词中协同副词	4333	0.0001716499	0.9707441679
317	向来	限制性副词中时间副词	4260	0.0001687581	0.9709129260

序号	副词	具体分类	频次	使用频率	累计频率
318	一一	描摹性副词表状态	4167	0.0001650739	0.9710779999
319	一头	描摹性副词表方式	4165	0.0001649947	0.9712429946
320	幸亏	评注性副词	4163	0.0001649154	0.9714079100
321	怪不得	评注性副词	4156	0.0001646381	0.9715725481
322	尽	限制性副词中范围副词	4138	0.0001639251	0.9717364732
323	久久	限制性副词中频率副词	4121	0.0001632516	0.9718997248
324	处处	描摹性副词表状态	4041	0.0001600825	0.9720598073
325	时时	限制性副词中频率副词	4030	0.0001596467	0.9722194540
326	少	限制性副词中时间副词、范围副词	3997	0.0001583394	0.9723777934
327	尽快	描摹性副词表状态	3954	0.0001566360	0.9725344294
328	未曾	限制性副词中时间副词	3950	0.0001564775	0.9726909069
329	将要	限制性副词中时间副词	3941	0.0001561210	0.9728470279
330	转眼	限制性副词中时间副词	3922	0.0001553683	0.9730023963
331	有点儿	限制性副词中程度副词	3914	0.0001550514	0.9731574477
332	随后	限制性副词中时间副词	3893	0.0001542195	0.9733116672
333	被迫	描摹性副词表状态	3880	0.0001537045	0.9734653717
334	早日	限制性副词中时间副词	3864	0.0001530707	0.9736184424
335	已然	限制性副词中时间副词	3857	0.0001527934	0.9737712358
336	亲手	描摹性副词表方式	3839	0.0001520803	0.9739233161
337	互	描摹性副词表状态	3809	0.0001508919	0.9740742080
338	不定	评注性副词	3723	0.0001474850	0.9742216930
339	从	限制性副词中时间副词	3653	0.0001447120	0.9743664050
340	无从	限制性副词中否定副词	3626	0.0001436424	0.9745100474
341	想必	评注性副词	3615	0.0001432067	0.9746532541
342	照样	描摹性副词表状态	3587	0.0001420974	0.9747953515
343	勿	限制性副词中否定副词	3566	0.0001412655	0.9749366171
344	苦苦	描摹性副词表情状	3565	0.0001412259	0.9750778430

续表

序号	副词	具体分类	频次	使用频率	累计频率
345	深深地	描摹性副词表情状	3557	0.0001409090	0.9752187520
346	不免	评注性副词	3540	0.0001402356	0.9753589876
347	凡	限制性副词中范围副词	3509	0.0001390075	0.9754979951
348	事先	描摹性副词表状态	3501	0.0001386906	0.9756366857
349	宁可	评注性副词	3483	0.0001379775	0.9757746632
350	极为	限制性副词中程度副词	3478	0.0001377795	0.9759124427
351	万一	名词；连词；限制性副词中频率副词	3475	0.0001376606	0.9760501033
352	尚未	限制性副词中否定副词	3432	0.0001359572	0.9761860605
353	一手	描摹性副词表方式	3427	0.0001357591	0.9763218196
354	尽力	描摹性副词表状态	3394	0.0001344518	0.9764562715
355	明	评注性副词	3387	0.0001341745	0.9765904460
356	一味	限制性副词中时间副词	3345	0.0001325107	0.9767229567
357	纯粹	描摹性副词表状态	3327	0.0001317977	0.9768547544
358	成天	描摹性副词表状态	3319	0.0001314807	0.9769862351
359	只得	评注性副词	3299	0.0001306885	0.9771169236
360	何尝	评注性副词	3285	0.0001301338	0.9772470574
361	单独	限制性副词中范围副词	3280	0.0001299358	0.9773769932
362	随手	描摹性副词表方式	3275	0.0001297377	0.9775067309
363	当场	描摹性副词表状态	3265	0.0001293416	0.9776360725
364	陆续	限制性副词中频率副词	3247	0.0001286285	0.9777647010
365	多半	限制性副词中范围副词	3244	0.0001285097	0.9778932106
366	足足	限制性副词中范围副词	3220	0.0001275589	0.9780207695
367	从头	限制性副词中时间副词；重复副词	3185	0.0001261724	0.9781469419
368	快速	描摹性副词表状态	3166	0.0001254197	0.9782723616
369	再度	限制性副词中重复副词	3100	0.0001228052	0.9783951668
370	稍稍	限制性副词中程度副词	3095	0.0001226071	0.9785177739
371	足	限制性副词中范围副词	3094	0.0001225675	0.9786403413

序号	副词	具体分类	频次	使用频率	累计频率
372	不愧	评注性副词	3078	0.0001219336	0.9787622750
373	岂	评注性副词	3066	0.0001214583	0.9788837332
374	临时	限制性副词中时间副词	3031	0.0001200717	0.9790038050
375	暗自	描摹性副词表状态	3031	0.0001200717	0.9791238767
376	猛然	限制性副词中时间副词	2997	0.0001187249	0.9792426016
377	依稀	描摹性副词表情状	2962	0.0001173383	0.9793599399
378	随之	描摹性副词表状态	2929	0.0001160311	0.9794759710
379	全然	限制性副词中范围副词	2925	0.0001158726	0.9795918436
380	反倒	评注性副词	2910	0.0001152784	0.9797071220
381	预	描摹性副词表状态	2897	0.0001147634	0.9798218854
382	起初	限制性副词中时间副词	2870	0.0001136938	0.9799355792
383	按时	描摹性副词表状态	2867	0.0001135750	0.9800491541
384	暗暗	描摹性副词表状态	2844	0.0001126638	0.9801618180
385	无意间	描摹性副词表状态	2835	0.0001123073	0.9802741253
386	从中	描摹性副词表状态	2774	0.0001098908	0.9803840161
387	肆意	描摹性副词表方式	2745	0.0001087420	0.9804927581
388	大都	限制性副词中范围副词	2726	0.0001079893	0.9806007474
389	依次	限制性副词中频率副词	2723	0.0001078705	0.9807086178
390	迟迟	描摹性副词表情状	2721	0.0001077912	0.9808164091
391	硬是	评注性副词	2713	0.0001074743	0.9809238834
392	一个劲	描摹性副词表方式	2700	0.0001069593	0.9810308427
393	先后	限制性副词中时间副词	2699	0.0001069197	0.9811377624
394	酷	限制性副词中程度副词	2695	0.0001067613	0.9812445237
395	恰恰	评注性副词	2682	0.0001062463	0.9813507699
396	满心	描摹性副词表方式	2672	0.0001058501	0.9814566201
397	万分	限制性副词中程度副词	2670	0.0001057709	0.9815623910
398	连连	限制性副词中频率副词	2654	0.0001051371	0.9816675280

续表

序号	副词	具体分类	频次	使用频率	累计频率
399	到头来	限制性副词中时间副词	2625	0.0001039882	0.9817715162
400	不妨	评注性副词	2624	0.0001039486	0.9818754649
401	悄然	描摹性副词表情状	2624	0.0001039486	0.9819794135
402	算	评注性副词	2623	0.0001039090	0.9820833225
403	通通	限制性副词中范围副词	2616	0.0001036317	0.9821869542
404	果真	评注性副词	2586	0.0001024433	0.9822893975
405	总共	限制性副词中范围副词	2566	0.0001016510	0.9823910484
406	犹	限制性副词中评注性副词	2563	0.0001015321	0.9824925806
407	不由得	描摹性副词表方式	2558	0.0001013341	0.9825939146
408	遂	限制性副词中时间副词	2534	0.0001003833	0.9826942980
409	极力	描摹性副词表状态	2531	0.0001002645	0.9827945624
410	一路	限制性副词中协同副词	2528	0.0001001456	0.9828947080
411	初	限制性副词中时间副词	2524	0.0000999872	0.9829946952
412	够	限制性副词中程度副词	2513	0.0000995514	0.9830942466
413	总归	评注性副词	2512	0.0000995118	0.9831937584
414	亲眼	描摹性副词表方式	2481	0.0000982837	0.9832920421
415	进一步	限制性副词中的程度副词	2480	0.0000982441	0.9833902863
416	大致	限制性副词中范围副词	2470	0.0000978480	0.9834881342
417	且	限制性副词中时间副词	2463	0.0000975707	0.9835857049
418	误	描摹性副词表状态	2454	0.0000972141	0.9836829191
418	一心	描摹性副词表方式	2453	0.0000971745	0.9837800936
420	非得	评注性副词	2451	0.0000970953	0.9838771889
421	凡是	限制性副词中范围副词	2442	0.0000967388	0.9839739277
422	分明	评注性副词	2435	0.0000964615	0.9840703891
423	忒	限制性副词中程度副词	2415	0.0000956692	0.9841660583
424	颇为	限制性副词中程度副词	2396	0.0000949165	0.9842609748
425	尤	限制性副词中程度副词	2391	0.0000947184	0.9843556932

序号	副词	具体分类	频次	使用频率	累计频率
426	固然	评注性副词	2389	0.0000946392	0.9844503324
427	动不动	描摹性副词表方式	2361	0.0000935300	0.9845438624
428	而后	限制性副词中时间副词	2346	0.0000929358	0.9846367982
429	整夜	描摹性副词表状态	2345	0.0000928962	0.9847296944
430	断	评注性副词	2345	0.0000928962	0.9848225905
431	怪	限制性副词中程度副词	2308	0.0000914304	0.9849140209
432	一齐	限制性副词中协同副词	2298	0.0000910343	0.9850050552
433	全力	描摹性副词表状态	2290	0.0000907174	0.9850957726
434	莫非	评注性副词	2290	0.0000907174	0.9851864899
435	偷	描摹性副词表情状	2285	0.0000905193	0.9852770092
436	大力	描摹性副词表状态	2251	0.0000891724	0.9853661816
437	迟早	限制性副词中时间副词	2236	0.0000885782	0.9854547598
438	死活	描摹性副词表比况	2214	0.0000877066	0.9855424664
439	尽可能	描摹性副词表状态	2203	0.0000872709	0.9856297373
440	随身	描摹性副词表方式	2196	0.0000869936	0.9857167309
441	改天	限制性副词中时间副词	2192	0.0000868351	0.9858035660
442	牢牢	描摹性副词表情状	2172	0.0000860428	0.9858896089
443	乍	限制性副词中时间副词	2164	0.0000857259	0.9859753348
444	恰好	评注性副词	2158	0.0000854882	0.9860608230
445	不见得	评注性副词	2110	0.0000835867	0.9861444097
446	迎面	描摹性副词表方式	2063	0.0000817248	0.9862261346
447	一转眼	描摹性副词表比况	2060	0.0000816060	0.9863077406
448	照例	描摹性副词表状态	2059	0.0000815664	0.9863893070
449	何苦	评注性副词	2045	0.0000810118	0.9864703188
450	无须	评注性副词	2045	0.0000810118	0.9865513306
451	日渐	描摹性副词表状态	2039	0.0000807741	0.9866321047
452	随即	限制性副词中时间副词	2014	0.0000797837	0.9867118884

续表

序号	副词	具体分类	频次	使用频率	累计频率
453	单单	限制性副词中范围副词	2004	0.0000793876	0.9867912760
454	以便	描摹性副词表状态	1988	0.0000787538	0.9868700297
455	本该	评注性副词	1966	0.0000778822	0.9869479120
456	齐	限制性副词中协同副词	1965	0.0000778426	0.9870257546
457	顶多	限制性副词中范围副词	1948	0.0000771692	0.9871029238
458	活活	评注性副词	1928	0.0000763769	0.9871793007
459	唯独	限制性副词中范围副词	1926	0.0000762977	0.9872555983
460	未免	评注性副词	1920	0.0000760600	0.9873316583
461	总会	限制性副词中频率副词	1914	0.0000758223	0.9874074806
462	频频	限制性副词中频率副词	1903	0.0000753865	0.9874828671
463	难	描摹性副词表状态	1899	0.0000752281	0.9875580951
464	日夜	描摹性副词表状态	1889	0.0000748319	0.9876329271
465	欣然	描摹性副词表情状	1874	0.0000742377	0.9877071648
466	活该	评注性副词	1868	0.0000740000	0.9877811648
467	草草	描摹性副词表情状	1868	0.0000740000	0.9878551648
468	急忙	描摹性副词表方式	1852	0.0000733662	0.9879285310
469	整日	描摹性副词表状态	1848	0.0000732077	0.9880017387
470	亲身	描摹性副词表方式	1842	0.0000729700	0.9880747087
471	从今	限制性副词中时间副词	1822	0.0000721777	0.9881468864
472	一下	限制性副词中时间副词	1815	0.0000719004	0.9882187869
473	再三	限制性副词中重复副词	1815	0.0000719004	0.9882906873
474	徒	限制性副词中范围副词；否定副词	1812	0.0000717816	0.9883624689
475	毅然	描摹性副词表情状	1801	0.0000713458	0.9884338147
476	深情	描摹性副词表方式	1796	0.0000711478	0.9885049625
477	提早	描摹性副词表状态	1791	0.0000709497	0.9885759122
478	无端	描摹性副词表状态	1779	0.0000704743	0.9886463865
479	日益	描摹性副词表状态	1767	0.0000699989	0.9887163854

序号	副词	具体分类	频次	使用频率	累计频率
480	真真	评注性副词	1751	0.0000693651	0.9887857506
481	任意	描摹性副词表方式	1735	0.0000687313	0.9888544818
482	净	限制性副词中范围副词	1726	0.0000683747	0.9889228566
483	突	限制性副词中时间副词	1726	0.0000683747	0.9889912313
484	一律	限制性副词中范围副词	1721	0.0000681767	0.9890594080
485	奋力	描摹性副词表状态	1691	0.0000669882	0.9891263962
486	百般	描摹性副词表比况	1691	0.0000669882	0.9891933844
487	连忙	描摹性副词表方式	1679	0.0000665129	0.9892598973
488	依旧	限制性副词中时间副词	1668	0.0000660771	0.9893259744
489	放声	描摹性副词表方式	1665	0.0000659583	0.9893919326
490	虚	限制性副词中否定副词	1650	0.0000653640	0.9894572967
491	当面	描摹性副词表状态	1642	0.0000650471	0.9895223438
492	确实	评注性副词	1641	0.0000650075	0.9895873513
493	岂不	评注性副词	1635	0.0000647698	0.9896521211
494	终归	评注性副词	1628	0.0000644925	0.9897166136
495	压根	评注性副词	1613	0.0000638983	0.9897805119
496	所幸	评注性副词	1598	0.0000633041	0.9898438160
497	免	限制性副词中否定副词	1592	0.0000630664	0.9899068824
498	姑且	评注性副词	1585	0.0000627891	0.9899696715
499	碰巧	评注性副词	1575	0.0000623929	0.9900320644
500	无不	限制性副词中范围副词	1573	0.0000623137	0.9900943781
501	有意	描摹性副词表方式	1536	0.0000608480	0.9901552261
502	早晚	限制性副词中时间副词	1535	0.0000608084	0.9902160345
503	蓦然	描摹性副词表情状	1533	0.0000607291	0.9902767636
504	年年	限制性副词中频率副词	1529	0.0000605707	0.9903373343
505	自行	描摹性副词表状态	1525	0.0000604122	0.9903977465
506	万万	评注性副词	1524	0.0000603726	0.9904581191

续表

序号	副词	具体分类	频次	使用频率	累计频率
507	特此	描摹性副词表状态	1523	0.0000603330	0.9905184521
508	较为	限制性副词中程度副词	1514	0.0000599765	0.9905784285
509	愈发	限制性副词中程度副词	1496	0.0000592634	0.9906376919
510	恰	评注性副词	1487	0.0000589069	0.9906965988
511	顺手	描摹性副词表方式	1468	0.0000581542	0.9907547529
512	最少	限制性副词中范围副词	1458	0.0000577580	0.9908125110
513	何以	评注性副词或语气副词	1456	0.0000576788	0.9908701898
514	反过来	评注性副词	1441	0.0000570846	0.9909272744
515	一连	描摹性副词表方式	1437	0.0000569261	0.9909842005
516	随口	描摹性副词表方式	1433	0.0000567677	0.9910409682
517	执意	描摹性副词表方式	1423	0.0000563715	0.9910973397
518	好容易	评注性副词	1419	0.0000562131	0.9911535528
519	横	评注性副词	1411	0.0000558962	0.9912094489
520	生来	限制性副词中时间副词	1411	0.0000558962	0.9912653451
521	衷心	描摹性副词表方式	1408	0.0000557773	0.9913211224
522	恍然	描摹性副词表情状	1406	0.0000556981	0.9913768205
523	终将	评注性副词	1394	0.0000552227	0.9914320432
524	时	限制性副词中时间副词	1388	0.0000549850	0.9914870282
525	妄	描摹性副词表方式	1381	0.0000547077	0.9915417359
526	并未	限制性副词中否定副词	1374	0.0000544304	0.9915961663
527	相继	限制性副词中频率副词	1371	0.0000543116	0.9916504779
528	恐	评注性副词	1368	0.0000541927	0.9917046706
529	加倍	限制性副词中程度副词	1358	0.0000537966	0.9917584672
530	无条件	描摹性副词表状态	1348	0.0000534004	0.9918118676
531	分外	限制性副词中程度副词	1341	0.0000531231	0.9918649908
532	接连	限制性副词中频率副词	1329	0.0000526478	0.9919176385
533	差一点	限制性副词中程度副词	1324	0.0000524497	0.9919700882

序号	副词	具体分类	频次	使用频率	累计频率
534	眼睁睁	描摹性副词表状态	1319	0.0000522516	0.9920223398
535	总得	评注性副词	1318	0.0000522120	0.9920745518
536	大肆	描摹性副词表状态	1316	0.0000521328	0.9921266846
537	徒步	描摹性副词表方式	1307	0.0000517762	0.9921784608
538	恰巧	评注性副词	1306	0.0000517366	0.9922301975
538	过早	限制性副词中时间副词	1305	0.0000516970	0.9922818945
540	沿途	描摹性副词表状态	1302	0.0000515782	0.9923334726
541	低声	描摹性副词表方式	1300	0.0000514989	0.9923849716
542	私下	描摹性副词表状态	1277	0.0000505878	0.9924355594
543	未尝	评注性副词	1274	0.0000504690	0.9924860283
544	何不	评注性副词	1258	0.0000498351	0.9925358635
545	徐徐	描摹性副词表情状	1254	0.0000496767	0.9925855401
546	眼看	描摹性副词表比况	1224	0.0000484882	0.9926340283
547	何其	限制性副词中程度副词	1222	0.0000484090	0.9926824373
548	准	评注性副词	1206	0.0000477752	0.9927302125
549	愈来愈	限制性副词中程度副词	1205	0.0000477356	0.9927779481
550	陆陆续续	限制性副词中频率副词	1203	0.0000476563	0.9928256044
551	日日	限制性副词中频率副词	1197	0.0000474186	0.9928730230
552	大抵	评注性副词	1194	0.0000472998	0.9929203228
553	不只	限制性副词中范围副词	1188	0.0000470621	0.9929673849
554	连着	限制性副词中频率副词	1186	0.0000469829	0.9930143678
555	当即	限制性副词中时间副词	1184	0.0000469036	0.9930612714
556	逐步	描摹性副词表状态	1179	0.0000467056	0.9931079770
557	并肩	描摹性副词表方式	1165	0.0000461510	0.9931541280
558	何等	限制性副词中程度副词	1164	0.0000461114	0.9932002393
559	愣是	评注性副词	1163	0.0000460717	0.9932463111
560	顺带	描摹性副词表状态	1160	0.0000459529	0.9932922640

序号	副词	具体分类	频次	使用频率	累计频率
561	彻夜	描摹性副词表状态	1155	0.0000457548	0.9933380188
562	趁机	描摹性副词表状态	1142	0.0000452398	0.9933832586
563	由衷	描摹性副词表方式	1137	0.0000450418	0.9934283004
564	愈加	限制性副词中程度副词	1134	0.0000449229	0.9934732233
565	竭力	描摹性副词表状态	1117	0.0000442495	0.9935174728
566	甚至于	评注性副词	1100	0.0000435760	0.9935610488
567	飞速	描摹性副词表比况	1095	0.0000433779	0.9936044268
568	自古	限制性副词中时间副词	1087	0.0000430610	0.9936474878
569	骤然	描摹性副词表情状	1070	0.0000423876	0.9936898754
570	径直	描摹性副词表状态	1065	0.0000421895	0.9937320649
571	略微	限制性副词中程度副词	1062	0.0000420707	0.9937741356
572	全身心	描摹性副词表状态	1055	0.0000417934	0.9938159289
573	自此	限制性副词中时间副词	1054	0.0000417538	0.9938576827
574	惟独	限制性副词中范围副词	1052	0.0000416745	0.9938993572
575	极端	限制性副词中程度副词	1034	0.0000409615	0.9939403187
576	即时	限制性副词中时间副词	1032	0.0000408822	0.9939812009
577	决	评注性副词	1022	0.0000404861	0.9940216870
578	正巧	评注性副词	1009	0.0000399711	0.9940616581
579	几近	评注性副词	1007	0.0000398919	0.9941015500
580	没准	评注性副词	1004	0.0000397730	0.9941413230
581	亲口	描摹性副词表方式	981	0.0000388619	0.9941801849
582	大步	描摹性副词表方式	976	0.0000386638	0.9942188487
583	赶忙	描摹性副词表状态	976	0.0000386638	0.9942575125
584	猛地	限制性副词中时间副词	970	0.0000384261	0.9942959386
585	冷眼	描摹性副词表方式	963	0.0000381488	0.9943340875
586	高速	描摹性副词表状态	963	0.0000381488	0.9943722363
587	终日	描摹性副词表状态	962	0.0000381092	0.9944103455

序号	副词	具体分类	频次	使用频率	累计频率
588	起	限制性副词中时间副词	959	0.0000379904	0.9944483359
589	早些	描摹性副词表状态	958	0.0000379508	0.9944862866
590	当下	描摹性副词表状态	936	0.0000370792	0.9945233659
591	趁早	描摹性副词表状态	936	0.0000370792	0.9945604451
592	一概	限制性副词中范围副词	933	0.0000369604	0.9945974055
593	尤为	限制性副词中程度副词	931	0.0000368812	0.9946342866
594	无故	描摹性副词表状态	927	0.0000367227	0.9946710093
595	粗	限制性副词中程度副词	926	0.0000366831	0.9947076924
596	常年	限制性副词中频率副词	914	0.0000362077	0.9947439001
597	并排	描摹性副词表方式	908	0.0000359700	0.9947798702
598	万般	描摹性副词表比况	907	0.0000359304	0.9948158006
599	屡	限制性副词中频率副词	893	0.0000353758	0.9948511764
600	互不	描摹性副词表状态	890	0.0000352570	0.9948864333
601	即刻	限制性副词中时间副词	883	0.0000349797	0.9949214130
602	甚	限制性副词中程度副词	876	0.0000347024	0.9949561154
603	不胜	限制性副词中程度副词	875	0.0000346627	0.9949907781
604	险些	限制性副词中程度副词	875	0.0000346627	0.9950254409
605	好生	描摹性副词表状态	865	0.0000342666	0.9950597075
606	恣意	描摹性副词表方式	853	0.0000337912	0.9950934987
607	势必	评注性副词	845	0.0000334743	0.9951269730
608	尽管	限制性副词中范围副词	844	0.0000334347	0.9951604077
609	必将	评注性副词	842	0.0000333555	0.9951937632
610	务必	评注性副词	837	0.0000331574	0.9952269205
611	但	限制性副词中范围副词	829	0.0000328405	0.9952597610
612	只怕	评注性副词	826	0.0000327216	0.9952924827
613	忽而	限制性副词中时间副词	822	0.0000325632	0.9953250458
614	敢情	评注性副词	817	0.0000323651	0.9953574109

序号	副词	具体分类	频次	使用频率	累计频率
615	当众	描摹性副词表状态	816	0.0000323255	0.9953897364
616	当真	评注性副词	805	0.0000318897	0.9954216261
617	悉心	描摹性副词表方式	803	0.0000318105	0.9954534366
618	既	限制性副词中时间副词	802	0.0000317709	0.9954852075
619	一块儿	限制性副词中协同副词	801	0.0000317313	0.9955169388
620	只管	限制性副词中范围副词	801	0.0000317313	0.9955486701
621	连夜	描摹性副词表状态	797	0.0000315728	0.9955802429
622	屡屡	限制性副词中频率副词	794	0.0000314540	0.9956116968
623	自小	限制性副词中时间副词	790	0.0000312955	0.9956429923
624	一个劲儿	描摹性副词表方式	776	0.0000307409	0.9956737332
625	大为	限制性副词中程度副词	773	0.0000306221	0.9957043553
626	间或	限制性副词中频率副词	771	0.0000305428	0.9957348981
627	顺势	描摹性副词表状态	769	0.0000304636	0.9957653617
628	来回	限制性副词中重复副词	761	0.0000301467	0.9957955084
629	兴许	评注性副词	753	0.0000298298	0.9958253382
630	定时	描摹性副词表状态	750	0.0000297109	0.9958550491
631	无形中	描摹性副词表状态	745	0.0000295129	0.9958845620
632	倍加	限制性副词中程度副词	741	0.0000293544	0.9959139164
633	快步	描摹性副词表方式	741	0.0000293544	0.9959432707
634	微	限制性副词中程度副词	734	0.0000290771	0.9959723478
635	尽早	描摹性副词表状态	732	0.0000289979	0.9960013457
636	随地	描摹性副词表状态	731	0.0000289582	0.9960303039
637	充其量	评注性副词	730	0.0000289186	0.9960592226
638	高声	描摹性副词表方式	724	0.0000286809	0.9960879035
639	存心	描摹性副词表方式	720	0.0000285225	0.9961164260
640	惟	限制性副词中范围副词	713	0.0000282452	0.9961446712
641	预先	描摹性副词表状态	713	0.0000282452	0.9961729164

序号	副词	具体分类	频次	使用频率	累计频率
642	只身	描摹性副词表方式	710	0.0000281263	0.9962010427
643	急匆匆	描摹性副词表方式	708	0.0000280471	0.9962290898
644	至	限制性副词中程度副词	708	0.0000280471	0.9962571370
645	如期	描摹性副词表状态	692	0.0000274133	0.9962845502
646	迭	描摹性副词表状态	692	0.0000274133	0.9963119635
647	轮番	描摹性副词表状态	683	0.0000270567	0.9963390203
649	随处	描摹性副词表状态	680	0.0000269379	0.9963659582
648	但凡	限制性副词中范围副词	680	0.0000269379	0.9963928961
650	反反复复	限制性副词中重复副词	663	0.0000262645	0.9964191605
651	不堪	限制性副词中否定副词	659	0.0000261060	0.9964452665
652	再就是	评注性副词	650	0.0000257495	0.9964710160
653	起先	限制性副词中时间副词	647	0.0000256306	0.9964966466
654	甭	限制性副词中否定副词	646	0.0000255910	0.9965222376
655	几	限制性副词中程度副词,	645	0.0000255514	0.9965477890
656	本当	评注性副词	638	0.0000252741	0.9965730631
657	亏了	评注性副词	633	0.0000250760	0.9965981391
658	挨个	描摹性副词表状态	609	0.0000241253	0.9966222644
659	稍后	限制性副词中时间副词	604	0.0000239272	0.9966461916
660	立	限制性副词中时间副词	602	0.0000238480	0.9966700396
661	胡	限制性副词中否定副词	600	0.0000237687	0.9966938083
662	小声	描摹性副词表方式	596	0.0000236103	0.9967174186
663	逐一	描摹性副词表状态	595	0.0000235707	0.9967409893
664	轰然	描摹性副词表情状	587	0.0000232538	0.9967642430
665	全盘	描摹性副词表状态	584	0.0000231349	0.9967873779
666	方才	限制性副词中频率副词	577	0.0000228576	0.9968102355
667	愤愤	描摹性副词表情状	575	0.0000227784	0.9968330139
668	专程	描摹性副词表状态	572	0.0000226595	0.9968556734

序号	副词	具体分类	频次	使用频率	累计频率
669	刚巧	评注性副词	570	0.0000225803	0.9968782537
670	凭空	描摹性副词表状态	568	0.0000225011	0.9969007548
671	终生	描摹性副词表状态	567	0.0000224615	0.9969232163
672	按说	描摹性副词表状态	566	0.0000224218	0.9969456381
673	暗地里	描摹性副词表状态	565	0.0000223822	0.9969680203
674	断然	描摹性副词表情状	563	0.0000223030	0.9969903233
675	一举	限制性副词中时间副词	562	0.0000222634	0.9970125867
676	果	评注性副词	561	0.0000222238	0.9970348105
677	怅然	描摹性副词表情状	558	0.0000221049	0.9970569154
678	兀自	限制性副词中时间副词	557	0.0000220653	0.9970789807
679	私自	描摹性副词表状态	557	0.0000220653	0.9971010461
680	顺路	描摹性副词表状态	549	0.0000217484	0.9971227945
681	陡然	限制性副词中时间副词	548	0.0000217088	0.9971445032
682	历来	限制性副词中时间副词	543	0.0000215107	0.9971660139
684	即兴	描摹性副词表状态	540	0.0000213919	0.9971874058
683	后来	限制性副词中时间副词	542	0.0000214711	0.9972088769
685	只顾	限制性副词中范围副词	540	0.0000213919	0.9972302688
686	然后	限制性副词中时间副词	538	0.0000213126	0.9972515814
687	公然	描摹性副词表情状	532	0.0000210749	0.9972726564
688	大体	限制性副词中范围副词	525	0.0000207976	0.9972934540
689	顷刻	限制性副词中时间副词	524	0.0000207580	0.9973142120
690	暗中	描摹性副词表状态	523	0.0000207184	0.9973349305
691	擅自	描摹性副词表状态	518	0.0000205203	0.9973554508
692	无时	限制性副词中频率副词	516	0.0000204411	0.9973758919
693	难道说	评注性副词	516	0.0000204411	0.9973963330
694	冷不丁	描摹性副词表状态	515	0.0000204015	0.9974167345
695	定睛	描摹性副词表方式	504	0.0000199657	0.9974367003

序号	副词	具体分类	频次	使用频率	累计频率
696	交替	描摹性副词表状态	502	0.0000198865	0.9974565868
697	率先	描摹性副词表状态	496	0.0000196488	0.9974762356
698	屡次	限制性副词中频率副词	491	0.0000194508	0.9974956864
699	悻悻	描摹性副词表情状	486	0.0000192527	0.9975149390
700	借机	描摹性副词表状态	483	0.0000191338	0.9975340729
701	差点儿	评注性副词	483	0.0000191338	0.9975532067
702	豁然	描摹性副词表情状	483	0.0000191338	0.9975723405
703	甚为	限制性副词中程度副词	481	0.0000190546	0.9975913952
705	誓死	描摹性副词表比况	478	0.0000189358	0.9976103309
704	实地	描摹性副词表状态	479	0.0000189754	0.9976293063
706	稳稳	描摹性副词表情状	476	0.0000188565	0.9976481628
707	幸而	评注性副词	475	0.0000188169	0.9976669797
708	永世	限制性副词中时间副词	474	0.0000187773	0.9976857570
709	随机	描摹性副词表状态	472	0.0000186981	0.9977044551
710	如约	描摹性副词表状态	468	0.0000185396	0.9977229947
711	概	限制性副词中范围副词	466	0.0000184604	0.9977414551
712	冉冉	描摹性副词表情状	464	0.0000183812	0.9977598363
713	究	评注性副词	463	0.0000183415	0.9977781778
714	急剧	描摹性副词表状态	461	0.0000182623	0.9977964401
715	长年	描摹性副词表状态	459	0.0000181831	0.9978146232
716	潜心	描摹性副词表方式	455	0.0000180246	0.9978326479
717	截然	描摹性副词表情状	452	0.0000179058	0.9978505536
718	连声	描摹性副词表方式	448	0.0000177473	0.9978683010
719	遍	限制性副词中范围副词	441	0.0000174700	0.9978857710
720	毋	限制性副词中否定副词	440	0.0000174304	0.9979032014
721	一经	限制性副词中范围副词	433	0.0000171531	0.9979203545
722	源源	描摹性副词表情状	433	0.0000171531	0.9979375076

序号	副词	具体分类	频次	使用频率	累计频率
723	届时	描摹性副词表状态	432	0. 0000171135	0. 9979546211
724	如实	描摹性副词表状态	429	0. 0000169946	0. 9979716158
725	迄今	限制性副词中时间副词	427	0. 0000169154	0. 9979885312
726	些	限制性副词中程度副词	425	0. 0000168362	0. 9980053674
727	决然	描摹性副词表情状	425	0. 0000168362	0. 9980222036
728	火速	描摹性副词表比况	424	0. 0000167966	0. 9980390001
729	旋	限制性副词中时间副词	421	0. 0000166777	0. 9980556779
730	日趋	描摹性副词表状态	419	0. 0000165985	0. 9980722764
731	毫	限制性副词中程度副词	416	0. 0000164797	0. 9980887560
732	层层	描摹性副词表状态	415	0. 0000164400	0. 9981051961
733	许	评注性副词	411	0. 0000162816	0. 9981214777
734	相依	描摹性副词表状态	410	0. 0000162420	0. 9981377196
735	乘机	描摹性副词表状态	407	0. 0000161231	0. 9981538428
736	整年	描摹性副词表状态	405	0. 0000160439	0. 9981698867
737	穷	限制性副词中否定副词	405	0. 0000160439	0. 9981859306
738	一气	描摹性副词表方式	403	0. 0000159647	0. 9982018952
739	成心	描摹性副词表方式	402	0. 0000159251	0. 9982178203
740	或者	评注性副词	402	0. 0000159251	0. 9982337453
741	就近	描摹性副词表状态	399	0. 0000158062	0. 9982495516
742	独家	描摹性副词表状态	399	0. 0000158062	0. 9982653578
743	急急	描摹性副词表情状	395	0. 0000156478	0. 9982810055
744	实	评注性副词	387	0. 0000153308	0. 9982963364
745	背地里	描摹性副词表状态	385	0. 0000152516	0. 9983115880
746	动辄	描摹性副词表状态	383	0. 0000151724	0. 9983267603
747	弥	限制性副词中程度副词	383	0. 0000151724	0. 9983419327
748	压根儿	评注性副词	375	0. 0000148555	0. 9983567882
749	立时	限制性副词中时间副词	372	0. 0000147366	0. 9983715248

序号	副词	具体分类	频次	使用频率	累计频率
750	齐声	描摹性副词表方式	372	0.0000147366	0.9983862614
751	横竖	评注性副词	371	0.0000146970	0.9984009584
752	一时	限制性副词中频率副词	370	0.0000146574	0.9984156158
753	深层次	描摹性副词表状态	369	0.0000146178	0.9984302336
754	徒然	限制性副词中否定副词；范围副词	366	0.0000144989	0.9984447325
755	逐个	描摹性副词表状态	366	0.0000144989	0.9984592315
756	宛	评注性副词	362	0.0000143405	0.9984735719
757	及早	描摹性副词表状态	361	0.0000143009	0.9984878728
758	大幅	描摹性副词表状态	360	0.0000142612	0.9985021340
759	多方	描摹性副词表状态	358	0.0000141820	0.9985163160
760	依法	描摹性副词表状态，我认为	356	0.0000141028	0.9985304188
761	一溜烟	描摹性副词表比况	350	0.0000138651	0.9985442839
762	小	限制性副词：程度副词；时间副词；评注性副词	350	0.0000138651	0.9985581490
763	或	评注性副词	344	0.0000136274	0.9985717764
764	莫不	评注性副词，我认为	342	0.0000135482	0.9985853246
765	大幅度	描摹性副词表状态	341	0.0000135086	0.9985988332
766	分头	描摹性副词表状态	340	0.0000134690	0.9986123021
767	就地	描摹性副词表状态	338	0.0000133897	0.9986256919
768	何妨	评注性副词	336	0.0000133105	0.9986390024
769	自幼	限制性副词中时间副词	336	0.0000133105	0.9986523128
770	骤	限制性副词中时间副词	336	0.0000133105	0.9986656233
771	信手	描摹性副词表方式	335	0.0000132709	0.9986788942
773	该	评注性副词	329	0.0000130332	0.9986919274
772	现已	限制性副词中时间副词	332	0.0000131520	0.9987050795
774	独独	限制性副词中范围副词	325	0.0000128747	0.9987179542
775	大面积	描摹性副词表状态	324	0.0000128351	0.9987307893

序号	副词	具体分类	频次	使用频率	累计频率
776	悉数	描摹性副词表状态	319	0.0000126370	0.9987434264
777	拼死	描摹性副词表比况	319	0.0000126370	0.9987560634
778	方可	评注性副词	319	0.0000126370	0.9987687004
780	越加	限制性副词中程度副词	315	0.0000124786	0.9987811790
779	稍许	限制性副词中程度副词	316	0.0000125182	0.9987936972
781	殊	限制性副词中程度副词	312	0.0000123597	0.9988060570
782	无私	描摹性副词表状态	311	0.0000123201	0.9988183771
783	忽地	限制性副词中时间副词	304	0.0000120428	0.9988304199
784	奋勇	描摹性副词表状态	303	0.0000120032	0.9988424232
785	素来	限制性副词中时间副词	301	0.0000119240	0.9988543471
786	忙不迭	描摹性副词表方式	300	0.0000118844	0.9988662315
787	纵情	描摹性副词表方式	294	0.0000116467	0.9988778782
788	娓娓	描摹性副词表情状	290	0.0000114882	0.9988893664
789	亏	评注性副词	289	0.0000114486	0.9989008150
790	另外	限制性副词中协同副词	286	0.0000113298	0.9989121448
791	新近	限制性副词中时间副词	285	0.0000112902	0.9989234349
792	何须	评注性副词，我认为	284	0.0000112505	0.9989346855
793	临了	限制性副词中时间副词	276	0.0000109336	0.9989456191
794	稍加	限制性副词中程度副词	276	0.0000109336	0.9989565527
795	霎时	限制性副词中时间副词	273	0.0000108148	0.9989673675
796	有些	限制性副词中程度副词	271	0.0000107355	0.9989781030
797	傲然	描摹性副词表情状	269	0.0000106563	0.9989887594
798	差	限制性副词中程度副词	269	0.0000106563	0.9989994157
799	决意	描摹性副词表方式	268	0.0000106167	0.9990100324
800	冷不防	描摹性副词表状态	267	0.0000105771	0.9990206095
801	何曾	评注性副词	265	0.0000104979	0.9990311073
802	贸然	描摹性副词表情状	263	0.0000104186	0.9990415260

序号	副词	具体分类	频次	使用频率	累计频率
803	大凡	限制性副词中范围副词	258	0.0000102206	0.9990517465
804	大踏步	描摹性副词表状态	255	0.0000101017	0.9990618482
805	竞相	描摹性副词表状态	253	0.0000100225	0.9990718707
806	亲笔	描摹性副词表方式	250	0.0000099036	0.9990817744
807	到底	评注性副词	249	0.0000098640	0.9990916384
808	死	描摹性副词表比况	248	0.0000098244	0.9991014628
809	愤然	描摹性副词表情状	246	0.0000097452	0.9991112080
810	侧耳	描摹性副词表方式	245	0.0000097056	0.9991209136
811	大体上	限制性副词中范围副词	241	0.0000095471	0.9991304607
812	亲耳	描摹性副词表方式	239	0.0000094679	0.9991399285
814	节节	描摹性副词表情状	236	0.0000093490	0.9991492776
813	雅	限制性副词中程度副词，时间副词	237	0.0000093887	0.9991586662
815	宁肯	评注性副词	234	0.0000092698	0.9991679360
816	切切	评注性副词	233	0.0000092302	0.9991771662
817	两度	限制性副词中频率副词	232	0.0000091906	0.9991863568
818	大加	限制性副词中程度副词	229	0.0000090717	0.9991954285
819	飘然	描摹性副词表情状	229	0.0000090717	0.9992045003
820	其	评注性副词	226	0.0000089529	0.9992134532
821	霎时间	限制性副词中时间副词	226	0.0000089529	0.9992224061
822	伺机	描摹性副词表状态	225	0.0000089133	0.9992313193
823	历历	描摹性副词表情状	225	0.0000089133	0.9992402326
824	真真是	评注性副词	222	0.0000087944	0.9992490271
825	行将	限制性副词中时间副词	220	0.0000087152	0.9992577423
826	岂料	评注性副词	219	0.0000086756	0.9992664179
827	倏忽	限制性副词中时间副词	217	0.0000085964	0.9992750142
828	真个	评注性副词	217	0.0000085964	0.9992836106
829	旋即	限制性副词中时间副词	213	0.0000084379	0.9992920485

序号	副词	具体分类	频次	使用频率	累计频率
830	暗地	描摹性副词表状态	212	0.0000083983	0.9993004468
831	约摸	评注性副词	212	0.0000083983	0.9993088451
832	改日	限制性副词中时间副词	211	0.0000083587	0.9993172037
833	蓄意	描摹性副词表方式	210	0.0000083191	0.9993255228
834	顿然	描摹性副词表情状	209	0.0000082794	0.9993338022
835	备	限制性副词中程度副词	207	0.0000082002	0.9993420024
837	按理	描摹性副词表状态	206	0.0000081606	0.9993501630
836	历	描摹性副词表状态	206	0.0000081606	0.9993583236
838	厉声	描摹性副词表方式	205	0.0000081210	0.9993664446
839	委实	评注性副词	205	0.0000081210	0.9993745656
840	莫不是	评注性副词	204	0.0000080814	0.9993826470
841	定然	描摹性副词表情状	201	0.0000079625	0.9993906095
842	下意识	描摹性副词表状态	199	0.0000078833	0.9993984928
843	蓦地	描摹性副词表状态	198	0.0000078437	0.9994063365
844	像	评注性副词	196	0.0000077645	0.9994141010
845	广为	限制性副词中程度副词	189	0.0000074872	0.9994215881
846	业已	限制性副词中时间副词	188	0.0000074475	0.9994290356
847	向	限制性副词中时间副词	188	0.0000074475	0.9994364832
849	反	评注性副词	183	0.0000072495	0.9994437327
848	照旧	限制性副词中时间副词	185	0.0000073287	0.9994510613
850	必得	评注性副词	179	0.0000070910	0.9994581524
851	大规模	描摹性副词表状态	177	0.0000070118	0.9994651641
852	登时	限制性副词中时间副词	175	0.0000069325	0.9994720967
853	殆	限制性副词中程度副词	173	0.0000068533	0.9994789500
854	借故	描摹性副词表状态	171	0.0000067741	0.9994857241
855	分批	描摹性副词表状态	171	0.0000067741	0.9994924982
856	斗胆	描摹性副词表比况	170	0.0000067345	0.9994992327

序号	副词	具体分类	频次	使用频率	累计频率
857	劈头	描摹性副词表方式	167	0.0000066156	0.9995058483
858	确确实实	评注性副词	167	0.0000066156	0.9995124639
859	凭栏	描摹性副词表状态	164	0.0000064968	0.9995189607
860	一窝蜂	描摹性副词表比况	163	0.0000064572	0.9995254179
861	径自	描摹性副词表状态	162	0.0000064176	0.9995318354
863	逐年	描摹性副词表状态	161	0.0000063779	0.9995382134
862	本能	描摹性副词表状态	161	0.0000063779	0.9995445913
864	不单	限制性副词中范围副词	160	0.0000063383	0.9995509297
865	眼巴巴	描摹性副词表状态	160	0.0000063383	0.9995572680
866	定点	描摹性副词表状态	158	0.0000062591	0.9995635271
867	久	限制性副词中时间副词	157	0.0000062195	0.9995697466
868	小规模	描摹性副词表状态	156	0.0000061799	0.9995759265
869	不久	限制性副词中时间副词	153	0.0000060610	0.9995819875
870	略微	限制性副词中程度副词	152	0.0000060214	0.9995880089
871	约摸	评注性副词	149	0.0000059026	0.9995939115
872	倏地	限制性副词中时间副词	147	0.0000058233	0.9995997348
873	稳步	描摹性副词表方式	146	0.0000057837	0.9996055185
874	绝然	描摹性副词表情状	146	0.0000057837	0.9996113023
875	渐次	限制性副词中频率副词	145	0.0000057441	0.9996170464
876	长距离	描摹性副词表状态	145	0.0000057441	0.9996227905
877	悄声	描摹性副词表方式	144	0.0000057045	0.9996284950
878	贸然	描摹性副词表情状	140	0.0000055460	0.9996340410
879	徒手	描摹性副词表方式	138	0.0000054668	0.9996395078
881	囵囫	描摹性副词表情状	137	0.0000054272	0.9996449350
880	偏巧	评注性副词	137	0.0000054272	0.9996503622
882	浑然	描摹性副词表情状	137	0.0000054272	0.9996557894
883	高标准	描摹性副词表状态	135	0.0000053480	0.9996611374

序号	副词	具体分类	频次	使用频率	累计频率
884	瞬即	限制性副词中时间副词	133	0.0000052687	0.9996664061
885	轻声	描摹性副词表方式	131	0.0000051895	0.9996715956
886	连日	描摹性副词表状态	129	0.0000051103	0.9996767059
887	尽数	限制性副词中范围副词	127	0.0000050310	0.9996817370
888	舍身	描摹性副词表方式	127	0.0000050310	0.9996867680
889	定向	描摹性副词表状态	126	0.0000049914	0.9996917594
890	疾步	描摹性副词表方式	126	0.0000049914	0.9996967509
891	拦腰	描摹性副词表方式	125	0.0000049518	0.9997017027
892	迎头	描摹性副词表方式	125	0.0000049518	0.9997066545
894	久已	限制性副词中频率副词	121	0.0000047934	0.9997114479
893	绝顶	限制性副词中程度副词,	124	0.0000049122	0.9997163601
895	甫	限制性副词中时间副词	121	0.0000047934	0.9997211535
896	来回来去	描摹性副词表状态	120	0.0000047537	0.9997259072
897	缓步	描摹性副词表状态	120	0.0000047537	0.9997306610
898	甚而	评注性副词	119	0.0000047141	0.9997353751
899	油然	描摹性副词表情状	117	0.0000046349	0.9997400100
900	批量	描摹性副词表状态	114	0.0000045161	0.9997445261
901	席地	描摹性副词表状态	113	0.0000044764	0.9997490025
902	正好	评注性副词	113	0.0000044764	0.9997534789
903	婉言	描摹性副词表方式	109	0.0000043180	0.9997577969
905	大举	描摹性副词表状态	107	0.0000042388	0.9997620357
904	严词	描摹性副词表方式	107	0.0000042388	0.9997662744
906	逐日	描摹性副词表状态	107	0.0000042388	0.9997705132
907	顿	限制性副词中时间副词	105	0.0000041595	0.9997746727
908	从速	描摹性副词表状态	104	0.0000041199	0.9997787927
909	日见	描摹性副词表状态	104	0.0000041199	0.9997829126
910	次第	描摹性副词表状态	103	0.0000040803	0.9997869929

序号	副词	具体分类	频次	使用频率	累计频率
911	乃	评注性副词，我认为	101	0.0000040011	0.9997909939
912	权且	限制性副词中时间副词	101	0.0000040011	0.9997949950
913	每	限制性副词中频率副词	101	0.0000040011	0.9997989961
914	幡然	描摹性副词表情状	100	0.0000039615	0.9998029575
915	稍微	限制性副词中程度副词	100	0.0000039615	0.9998069190
916	一骨碌	描摹性副词表比况	98	0.0000038822	0.9998108012
917	保不住	评注性副词	98	0.0000038822	0.9998146834
918	猝然	描摹性副词表情状	98	0.0000038822	0.9998185657
919	赶巧	评注性副词	96	0.0000038030	0.9998223687
920	侃侃	描摹性副词表情状	94	0.0000037238	0.9998260924
921	唯唯	限制性副词中范围副词	94	0.0000037238	0.9998298162
922	平素	描摹性副词表状态	91	0.0000036049	0.9998334211
923	聊	限制性副词中程度副词	90	0.0000035653	0.9998369864
924	近乎	限制性副词中程度副词	88	0.0000034861	0.9998404725
925	酌情	描摹性副词表方式	87	0.0000034465	0.9998439190
926	复	限制性副词中重复副词	86	0.0000034069	0.9998473258
927	大半	限制性副词中范围副词	86	0.0000034069	0.9998507327
928	如数	描摹性副词表状态	86	0.0000034069	0.9998541396
929	统共	限制性副词中范围副词	86	0.0000034069	0.9998575464
930	不光	限制性副词中范围副词	85	0.0000033672	0.9998609136
931	益发	限制性副词中程度副词	85	0.0000033672	0.9998642809
932	信口	描摹性副词表方式	83	0.0000032880	0.9998675689
933	整个儿	限制性副词中范围副词	83	0.0000032880	0.9998708569
934	诚然	评注性副词	83	0.0000032880	0.9998741449
935	巍然	描摹性副词表情状	82	0.0000032484	0.9998773933
936	挨个儿	描摹性副词表状态	81	0.0000032088	0.9998806021
937	现	限制性副词中时间副词	81	0.0000032088	0.9998838109

序号	副词	具体分类	频次	使用频率	累计频率
938	超负荷	描摹性副词表状态	80	0.0000031692	0.9998869800
939	当堂	描摹性副词表状态	78	0.0000030899	0.9998900700
940	连年	描摹性副词表状态	78	0.0000030899	0.9998931599
941	全速	描摹性副词表状态	77	0.0000030503	0.9998962102
942	酣然	描摹性副词表情状	77	0.0000030503	0.9998992605
943	怕	评注性副词	76	0.0000030107	0.9999022713
944	按期	描摹性副词表状态	74	0.0000029315	0.9999052027
945	特为	描摹性副词表状态	74	0.0000029315	0.9999081342
946	保准	评注性副词	73	0.0000028919	0.9999110261
947	可巧	评注性副词	72	0.0000028522	0.9999138783
949	全天候	描摹性副词表状态	69	0.0000027334	0.9999166117
948	正色	描摹性副词表方式	70	0.0000027730	0.9999193847
950	联袂	描摹性副词表比况	69	0.0000027334	0.9999221182
952	不仅	限制性副词中范围副词	66	0.0000026146	0.9999247327
951	鼎力	描摹性副词表状态	67	0.0000026542	0.9999273869
953	互为	描摹性副词表状态	66	0.0000026146	0.9999300014
954	保不齐	评注性副词	66	0.0000026146	0.9999326160
955	无怪	评注性副词	64	0.0000025353	0.9999351513
956	止	限制性副词中范围副词	62	0.0000024561	0.9999376074
957	确乎	评注性副词	62	0.0000024561	0.9999400635
958	鱼贯	描摹性副词表比况	62	0.0000024561	0.9999425197
959	同声	描摹性副词表方式	61	0.0000024165	0.9999449361
960	远	限制性副词中程度副词	60	0.0000023769	0.9999473130
961	倏然	限制性副词中时间副词	59	0.0000023373	0.9999496503
962	行	限制性副词中时间副词	59	0.0000023373	0.9999519875
963	些微	限制性副词中程度副词	58	0.0000022976	0.9999542852
964	宁	评注性副词	57	0.0000022580	0.9999565432

序号	副词	具体分类	频次	使用频率	累计频率
965	着意	描摹性副词表方式	57	0.0000022580	0.9999588012
966	稍事	限制性副词中程度副词	57	0.0000022580	0.9999610593
967	亟	描摹性副词表方式	56	0.0000022184	0.9999632777
968	如实地	描摹性副词表状态	56	0.0000022184	0.9999654961
969	霍然	描摹性副词表情状	56	0.0000022184	0.9999677145
970	竭诚	描摹性副词表状态	55	0.0000021788	0.9999698933
971	高效	描摹性副词表状态	55	0.0000021788	0.9999720721
973	大批量	描摹性副词表状态	53	0.0000020996	0.9999741717
972	阔步	描摹性副词表方式	54	0.0000021392	0.9999763109
974	悍然	描摹性副词表情状	53	0.0000020996	0.9999784104
975	群起	描摹性副词表比况	53	0.0000020996	0.9999805100
976	趁势	描摹性副词表状态	53	0.0000020996	0.9999826096
977	于今	限制性副词中时间副词	52	0.0000020600	0.9999846696
978	愣	评注性副词	51	0.0000020203	0.9999866899
979	一准儿	评注性副词	49	0.0000019411	0.9999886310
980	照实	描摹性副词表状态	49	0.0000019411	0.9999905721
981	远程	描摹性副词表状态	49	0.0000019411	0.9999925132
982	好像	评注性副词	48	0.0000019015	0.9999944147
983	时时处处	描摹性副词表状态	48	0.0000019015	0.9999963162
984	逐字	描摹性副词表状态	47	0.0000018619	0.9999981781
985	迅即	限制性副词中时间副词	46	0.0000018223	1.0000000000

附录三 男性博客重叠副词统计表

序号	男性重叠式副词	频次	频率
1	好好	34519	0.0025061951
2	慢慢	31483	0.0022857713
3	刚刚	20717	0.0015041236
4	往往	19838	0.0014403053
5	常常	16185	0.0011750852
6	渐渐	14482	0.0010514417
7	仅仅	12502	0.0009076871
8	天天	12362	0.0008975226
9	远远	6856	0.0004977686
10	明明	6145	0.0004461476
11	偷偷	5858	0.0004253104
12	整整	5589	0.0004057801
13	偏偏	5078	0.0003686798
14	深深	4792	0.0003479153
15	轻轻	4762	0.0003457372
16	纷纷	4623	0.0003356453
17	早早	4078	0.0002960765
18	大大	3955	0.0002871463
19	每每	3682	0.0002673255
20	悄悄	3629	0.0002634776
21	狠狠	3606	0.0002618077

续表

序号	男性重叠式副词	频次	频率
22	微微	3157	0.0002292088
23	缓缓	2992	0.0002172292
24	恰恰	2561	0.0001859372
25	处处	2387	0.0001733042
26	苦苦	2367	0.0001718521
27	统统	2338	0.0001697466
28	一一	2205	0.0001600904
29	白白	2078	0.0001508698
30	久久	2019	0.0001465862
31	时时	1978	0.0001436094
32	足足	1691	0.0001227723
33	稍稍	1559	0.0001131886
34	迟迟	1558	0.0001131160
35	快快	1433	0.0001040406
36	暗暗	1324	0.0000961268
37	频频	1315	0.0000954734
38	单单	1227	0.0000890843
39	草草	1187	0.0000861802
40	连连	1149	0.0000834212
41	年年	1005	0.0000729664
42	活活	935	0.0000678841
43	屡屡	926	0.0000672307
44	通通	919	0.0000667225
45	万万	858	0.0000622937
46	美美	794	0.0000576471
47	徐徐	740	0.0000537265
48	陆陆续续	581	0.0000421825

序号	男性重叠式副词	频次	频率
49	日日	542	0. 0000393510
50	真真	456	0. 0000331071
51	悴悴	355	0. 0000257742
52	愤愤	288	0. 0000209098
53	层层	266	0. 0000193125
54	节节	265	0. 0000192399
55	稳稳	261	0. 0000189495
56	冉冉	217	0. 0000157549
57	反反复复	205	0. 0000148837
58	急急	155	0. 0000112535
59	历历	150	0. 0000108905
60	娓娓	147	0. 0000106727
61	切切	138	0. 0000100193
62	确确实实	130	0. 0000094384
63	源源	126	0. 0000091480
64	时时处处	48	0. 0000019015
65	侃侃	124	0. 0000090028
66	唯唯	53	0. 0000038480
67	悠悠然	1904	0. 0000126334

附录四 女性博客重叠副词统计表

序号	女性重叠式副词	频次	频率
1	好好	88552	0.0035079491
2	慢慢	58967	0.0023359521
3	刚刚	37779	0.0014965987
4	常常	36780	0.0014570237
5	渐渐	27169	0.0010762881
6	天天	26856	0.0010638888
7	往往	24340	0.0009642185
8	默默	18879	0.0007478834
9	明明	18235	0.0007223716
10	偷偷	13651	0.0005407784
11	仅仅	13471	0.0005336478
12	偏偏	12100	0.0004793363
13	整整	10830	0.0004290258
14	远远	10542	0.0004176168
15	深深	9794	0.0003879851
16	狠狠	8756	0.0003468651
17	早早	7705	0.0003052302
18	大大	7396	0.0002929893
19	每每	7375	0.0002921574
20	悄悄	7169	0.0002839968
21	统统	6161	0.0002440653

序号	女性重叠式副词	频次	频率
22	白白	5448	0.0002158202
23	纷纷	5111	0.0002024700
24	美美	4925	0.0001951017
25	快快	4585	0.0001816328
26	一一	4167	0.0001650739
27	久久	4121	0.0001632516
28	处处	4041	0.0001600825
29	时时	4030	0.0001596467
30	苦苦	3565	0.0001412259
31	足足	3220	0.0001275589
32	稍稍	3095	0.0001226071
33	暗暗	2844	0.0001126638
34	恰恰	2682	0.0001062463
35	连连	2654	0.0001051371
36	通通	2616	0.0001036317
37	牢牢	2172	0.0000860428
38	单单	2004	0.0000793876
39	活活	1928	0.0000763769
40	频频	1903	0.0000753865
41	草草	1868	0.0000740000
42	真真	1751	0.0000693651
43	年年	1529	0.0000605707
44	万万	1524	0.0000603726
45	陆陆续续	1203	0.0000476563
46	日日	1197	0.0000474186
47	屡屡	794	0.0000314540
48	反反复复	663	0.0000262645

序号	女性重叠式副词	频次	频率
49	愤愤	575	0. 0000227784
50	悻悻	486	0. 0000192527
51	稳稳	476	0. 0000188565
52	冉冉	464	0. 0000183812
53	源源	433	0. 0000171531
54	层层	415	0. 0000164400
55	急急	395	0. 0000156478
56	独独	325	0. 0000128747
57	娓娓	290	0. 0000114882
58	节节	236	0. 0000093490
59	切切	233	0. 0000092302
60	历历	225	0. 0000089133
61	确确实实	167	0. 0000066156
62	侃侃	94	0. 0000037238
63	唯唯	94	0. 0000037238
64	时时处处	48	0. 0000019015

附录五 《现代汉语词典》(第五版)
副词统计表

（副词923个，具体词项1100个，

包括13个口语、85个书面和38个方言副词）

挨次、挨个儿、按理、按例、按期、按时、按说、暗暗、暗自、巴巴儿地、白、白手、白嘴儿、保不齐、保不住、倍儿、倍加、本、本来、比比、比较、比年、必、必得、必定、必然、必须、毕竟、别、别价、秉公、不、不必、不待、不单、不迭、不定、不断、不妨、不光、不过、不见得、不仅、不禁、不愧、不免、不日、不要、不用、不曾、参差、草草、插花、差、差不多、差点儿、长短、长年、常、常常、常年、敞开、畅怀、彻夜、趁便、趁机、趁势、趁手、趁早、成年、成日、成宿、成天、成心、成夜、诚、诚然、乘便、乘机、乘时、乘势、乘隙、乘兴、乘虚、迟迟、迟早、啻、抽冷子、处处、垂垂、纯然、从此、从来、从实、从小、从新、从中、猝、猝尔、猝然、搭便、打迸儿、打头（~儿）、大、大不了、大大、大抵、大都、大多、大凡、大概、大举、大力、大肆、大体、大为、大小、大约、大约摸、单单、单独、单个儿、但、但凡、当场、当即、当面、当时、当头、当下、当真、当众、倒、倒是、倒转、到处、到底、到了儿、到头来、得亏、的当、的确、登时、等闲、迭次、迭搓强敌、鼎、鼎力、定、定规、定然、动、动不动、动辄、斗胆、独、独力、独自、端的、短不了、断、断断、断乎、断然、遄、遄批、多、多方、多么、翻然、凡、凡是、反、反倒、反而、反复、反正、方、方才、方将、方始、仿佛、仿若、飞速、非、非常、非得、分外、纷纷、奋力、改日、改天、干、干脆、赶紧、赶快、

247

赶忙、赶明儿、赶巧、赶早、敢、敢情、敢是、刚、刚刚、刚巧、各、各个、根、根本、跟脚、跟手、更、更番、更加、更其、公然、共、共同、共总、姑、姑且、古来、怪、怪不得、怪道、归齐、归总、果、果然、果真、过天、过于、好、好不、好歹、好好儿、好赖、好生、好像、好在、何必、何不、何尝、何啻、何等、何妨、何故、何苦、何其、何须、何以、何以、何曾、很、狠、横、横是、忽、忽地、忽而、忽然、胡、互、互相、还、还是、活、活活(~儿的)、活脱儿、或、或许、或者、霍、霍地、霍然、基本、基本上、及早、即将、即刻、即时、极、极顶、极度、极端、极其、极为、极意、亟、急忙、几多、几曾、既、加意、间或、简直、渐、渐次、渐渐、将、将次、将将、将近、将要、交关、交互、交口、较、较比、较为、皆、截然、竭力、届期、届时、借端、借故、仅、仅仅、仅只、尽、尽管、尽快、尽量、尽情、尽数、尽先、尽早、尽自、进一步、浸、经常、净、径、径行、径直、径自、竞相、竟、竟然、竟日、竟至、竟自、究、究竟、久久、久已、就便、就此、就地、就近、就中、讵、俱、遽、遽然、决、绝、绝顶、绝对、绝口、均匀、慨然、可、可不、可可儿的、可巧、可是、克期(刻期)、克日(刻)、刻、刻意、溘、溘然、肯定、空、空口、恐、恐怕、口口声声、苦、苦口、苦心、快、款款、拦腰、老、累次、里外里、历、历来、厉声、立、立地、立即、立刻、立马、立时、连连、连忙、连声、连夜、聊、聊且、临机、临了、临时、另、溜、拢共、拢总、陆续、旅、屡、屡次、屡屡、率、率尔、率然、率先、率性、乱、略、略略、略微、略为、轮次、轮番、论理、论说、麻利、马上、满、满共、满口、满心、忙不迭、冇、冒死、贸然、没、没有、每、每常、每每、美美、闷头儿、猛、猛不丁、猛不防、猛孤丁、猛可、猛然、弥、明、明明、莫、莫不、莫不是、莫非、蓦地、蓦然、默默、乃、难道、宁、宁可、宁肯、宁愿、偶、偶尔、偶或、偶然、怕、碰巧、批量、劈脸、劈面、劈手、劈头、劈胸、偏、偏好、偏偏、偏巧、拼力、拼命、拼死、频、频频、平白、凭空、叵、齐、齐声、其、其实、岂、岂非、岂止、迄、恰、恰好、恰恰、恰巧、千万、强行、悄悄、切、切切、且、亲笔、亲口、亲身、亲手、亲眼、亲自、轻易、全、全都、全然、权、权且、却、确、确乎、确实、冉冉、仍、仍旧、仍然、日见、日渐、日趋、日夕、日益、日臻、容、容或、如期、如实、如数、扫数、擅、擅自、上紧、尚、捎带、捎带脚儿、稍、稍稍、稍微、稍为、稍许、少、深、审、甚、甚为、生、生来、十二分、十分、时、时不时、时常、时而、时刻、实地、实际上、实时、实在、实则、矢口、始、始终、是否、适才、誓死、首先、倏、倏地、倏忽、倏然、庶、庶几、双双、爽声、爽性、顺便、顺次、顺带、顺道、顺脚、顺路、顺势、顺手、顺序、顺嘴、说不定、说话、私下、私自、死、死劲儿、死命、似、似乎、肆意、素来、素昔、算、算是、随处、随地、随后、随机、随即、随口、随时、随手、索、索性、太、泰、忒、特、特别、特此、特地、特为、特意、挺、通共、通力、通通、通统、同、统、统共、统统、痛、偷、偷偷、偷眼、突、徒步、徒然、徒手、脱、宛、宛然、万、万般、万分、万难、万万、往往、枉、枉自、妄、微、微微、为何、唯、唯独、委实、未、未必、未便、未尝、未尝、未免、未始、未曾、稳步、无不、无从、无端、无妨、无非、无故、无怪、无何、无乃、无任、无日、无心、无形、无形中、无须、无意识、无由、毋、毋宁、毋庸、勿、务、务必、务须、悉、悉数、悉心、先、先后、咸、险、险些、现、相、相互、相继、相率、相与、想必、向、向来、像、小、心心念念、新、新近、信笔、信手、兴、兴许、行将、幸而、幸好、幸亏、幸喜、休、胥、虚、徐、徐徐、许、旋、旋即、迅、迅即、压根儿、雅、奄、奄忽、奄然、俨然、眼见、眼看、也、也许、业、业经、业已、一边、一并、一划、一朝、一旦、一道、一定、一动、一度、一发、一概、一个劲、一共、一股劲、一股脑、一经、一径、一举、一口气、一例、一连、一路、一齐、一起、一同、一头、一味、一心、一一、一再、一直、一准、一总、依次、依法、依旧、依然、已、已而、已经、已然、亦、益发、毅然、应声、应时、迎风、迎面、迎头、硬、硬是、庸、永、永世、永续、永远、尤、尤其、尤为、犹、犹然、犹自、有点、有时、有些、有心、有意、有意识、又、鱼贯、原本、原来、怨不得、约、约略、约莫、越、越发、越加、越是、再、再次、再度、再三、在、在先、在在、暂、暂且、早、早早、曾经、乍、照常、照旧、照理、照例、照实、照说、照样、照直、真、真个、真正、镇、正、正好、正巧、正色、正在、直、止、只、只得、只顾、只管、只好、只身、只是、至、至多、至今、至少、终、终归、终究、终久、终年、终日、终岁、终于、逐步、逐个、逐渐、逐年、逐日、逐一、专、专诚、专程、专门、准、准定、着实、着意、自、自动、自古、自来、自是、自相、自行、总、总得、总共、总归、总算、足、卒、最、最好、最为、左不过、左右